日本宗教史のキーワード

近代主義を超えて

大谷栄一・菊地暁・永岡崇 編著

慶應義塾大学出版会

はじめに――この本がめざすもの

この本は、日本宗教史のキーワード集である。編著者三名の座談会、五三個のキーワードの解説、三〇冊のブックガイドから構成されている。本書を読めば、日本宗教史の全体像を把握することができ、高校の教科書で習った日本史をより深く理解することができる、というわけではない。本書はむしろ、教科書に掲載されている定説化した「常識」を覆すことに重きを置いている。教科書には載っていないような知識や視点によって、日本宗教史の新たな見方を提示し、従来の日本宗教史像を再構築することをめざしている（妙にマニアックなワードが入っているかと思えば、古典的な重要単語が入っていなかったりすることに、戸惑いを覚える人もいるかもしれない。そう、教科書的なバランス感覚は、本書では無視されているのだ）。

そもそも、本書は二〇一四～二〇一六年度にかけて京都大学人文科学研究所で実施された共同研究「日本宗教史像の再構築」を基盤としている。三年間にわたる研究成果の一端をもとに編み上げたのが、この本である（共同研究の経緯と意義については「あとがき」を、活動記録については巻末の「軌跡」を参照してほしい）。

本書の成り立ちとコンセプトはこの共同研究と密接に関連しているため、少々長くなるが、共同研究の目的を紹介しておこう。

近年、日本宗教史の研究は新たなステージを迎えている。近代仏教史を例に挙げれば、従来の研究が更新されつつある。長年、この分野を牽引してきた吉田久一、柏原祐泉、池田英俊らの研究に多大な実証的成果を認める一方、宗教史的事実の位置付けに一定の「偏向」があることも徐々に明らかとなってきた。

たとえば、神智学協会会長・オルコットの来日（明治二二年）という出来事の宗教史的意義が検討されることはまれだった。しかし実際には、来日したオルコットは各地で大歓迎され、一種の仏教リバイバルを引き起こした。ここに、「神智学」のオカルティズムに対する近代仏教研究側の予見があったことは認めざるを得ない。すなわち、近代主義的な「宗教」観に基づく事例の取捨選択が強固に作用していたのである。

こうした既存の宗教史研究の「近代主義的」なバイアスを解きほぐし、それによって不可視化されていた事象に光を当て、新たな日本宗教史像を構築していくことが、本研究の目的である。

今、私たちが「日本宗教史」を語ろうとする時、それらのほとんどが近代の学知によってもたらされた認識であり、そこで用いられる「宗教」や「仏教」も近代の刻印を受けた概念であることが明らかになっている。例えば、かつて「鎌倉新仏教」を日本仏教史の中心あるいは頂点とする考え方があった。明治二〇年代に形成されたこの歴史観では、「鎌倉新仏教」が西洋の宗教改革と比べられ、その平民性が高く評価されてきたことが、本書の執筆者の一人、福島栄寿によって指摘されている（「〈近代仏教〉再考―日本近代仏教史研究と「鎌倉新仏教」論―」『日本仏教綜合研究』一〇号、二〇一二年）。しかし、黒田俊雄が一九七五年に発表した「顕密体制論」によって、日本の中世仏教に関する捉え方は根本的に変化した。鎌倉・室町期に「新仏教」の勢力や影響力は非常に小さかったのに対して、延暦寺や興福寺などの「旧仏教」が平安・院政期に続いて大きな勢力と影響力を誇り、「旧仏教」こそが中世仏教の中心と考えられるようになったのだ。

また、二〇世紀初頭、マックス・ヴェーバーが発表した論文「プロテスタンティズムの倫理と資本主義の精神」（一九〇四～一九〇五年）で示された命題（プロテスタンティズムの経済倫理が近代の資本主義精神をもたらした）は、いわゆるヴェーバー・テーゼとして、日本の宗教研究者にも大きな影響を与えてきた。日本で禁欲的プロテスタンティズムと同じ機能を果たしたものを探そうとする研究が、一九四一年の内藤莞爾の論文「宗教と経済倫理―浄土真宗と近江商人―」に始まり、現代に至るまで続いている。

このように「近代化」「合理化」「民主化」などの近代的価値を「日本宗教史」に探索する、あるいは日本の事例に当てはめる研究のあり方こそが、「近代主義的」なバイアスと呼ぶべきものである。また、このバイアスには西洋近代に由来する「宗教」概念の自明化、「一国史観」に自足した歴史叙述、「宗派」や「教派」ごとに分断された研究も加えることができるであろう。

こうした「近代主義的」な視点や立場性を所与の前提とした日本宗教史研究では、当然のことながら、それらに当てはまらない出来事や問題は捨象される。例えば、「冥顕」という世界観から、日本思想史をとらえなおす末木文美士の研究（例えば、『日本思想史の射程』敬文社、二〇一七年）は、近世以降の現世中心主義という「常識」を覆す可能性を示唆している。つまり、今、「近代主義的」な視点や立場性を超えて、「日本宗教史」を語りなおすための新たな方途が求められているのである。

では、どのように「日本宗教史」を語りなおすのか？

現在、日本宗教史研究は既存の宗教史像と、新たな宗教史像の萌芽が併存している状態にある。共同研究では、既存の日本宗教史像を支えてきた諸研究の時代的制約を徹底的にあぶり出す作業を行った。これは、いわゆる学説史を一歩進めた、学問の思想史ないし学問の社会史というべきアプローチである。たとえば、「宮座をめぐる冒険—肥後和男『宮座の研究』とその周辺—」「安丸宗教史を読みなおす」「高取正男を読みなおす」などのワークショップを実施した。本書でもこうした視点から、新たに「日本宗教史」を語りなおすための試みを示したい。

また、共同研究では日本宗教史について宗教学、歴史学、社会学、民俗学など、さまざまな実証研究を行っている研究者が事例報告を通じて、既存の宗教史像の視角や欠落を指摘していく作業も同時に遂行した。そのことで新たに見えてきたことも多い。たとえば、「近代日本宗教史における〈皇道〉のポリティクス」「帝国日本と民間信仰」「寺社組織の近世化を問い直す」「「異端的宗教活動」の近世—キリシタン・かくれ念仏・民衆宗教—」「近代日本のメディアと宗教」「聖なるものとその複製」「近代と秘教ネットワーク」などの試みはいずれも刺激的であり、挑発的な問題提起を参加者に投げかけた。

共同研究におけるこうした二つのアプローチ、つまり、日本宗教史像の思想史的・社会史的再検討と実証的な宗教史研究の成果を提示するとともに、両者を架橋する試みも本書で行ってみたい。

以上のような問題意識に立脚し、多角的な視点からこの課題に向き合うための戦略として、本書ではキーワード集という形式を選択した。共同研究にメンバーやゲストスピーカー、あるいは聴衆として参加した研究者、またとくに発言していただきたい研究者に呼びかけ、新たな宗教史研究にアプローチするための拠点となるキーワードをめぐってクリティカルな問題提起を行ってもらった。それぞれのキーワードに刻み込まれた歴史性を問い、それを今日的な社会的・学問的状況に接続させて、来るべき研究の課題を展望すること。それはさらなる議論を呼びこむ仕掛けとなり、日本宗教史研究全体の活性化をもたらすことにもつながるだろう。

さまざまな専門の研究者が分野横断的に新たな視点から執筆に取り組むことで、「近代主義的」なバイアスを克服し、「日本宗教史像」を語りなおすとともに、従来の日本宗教史像を再構築することを、本書はめざす。

本書はどこから読み始めていただいても構わない。一応、冒頭の座談会は、本書全体のイントロダクションの役割を果たしている。編著者三名の考える本書の読み方やポイントを示したつもりなので、この座談会を足掛かりに、本書を読み進めていただいてもよいが、興味・関心のあるキーワードを拾い読みしたり、編著者三名の偏ったセンスの反映したブックガイドを堪能いただくのもよいかもしれない。

本書に収められた五三個のキーワードは断片的なものだが、それぞれのキーワードは有機的に関連し、その連なりが新たな宗教史像を指し示す可能性を秘めている。その可能性を読者のみなさんに少しでも感じ取っていただけると、編著者としては望外の喜びである。

編著者

日本宗教史のキーワード＊目次

⑤ディスコース――思想 …… 323

座談会　日本宗教史像の再構築に向けて

大谷栄一・菊地暁・永岡崇

大谷　現在、私たちが日本宗教史を語ろうとするとき、そこで用いられている概念のほとんどが近代の学知によってもたらされた認識にもとづいていることが明らかになっています。

本書を編集するきっかけとなった京都大学人文科学研究所の共同研究「日本宗教史像の再構築」は、近代主義的なバイアス（制約）を外して宗教史や宗教的な事象を見ることを重要なテーマにしていました。「近代化」「合理化」「民主化」などの近代的価値を日本宗教史の中に探し出すことや、西洋近代に由来する宗教概念を日本の事例に当てはめること、さらには西洋近代に由来する「宗教」概念の自明視、一国史観に自足した歴史の叙述、宗派や教派ごとに分断された研究などを近代主義的なバイアスと捉え、その外し方を模索しました。この共同研究を踏まえつつ、本書は、今まで見えていなかった日本宗教史をめぐる事象に光を当てて、新たな日本宗教史像を構築していくことを目指しています。

寄稿者のみなさんには、新たな宗教史研究にアプローチするための準拠点となるキーワードについてクリティカルにご検討いただき、日本宗教史像の再構築のための課題や展望を示していただきました。

この座談会では、本書の読み方やポイントを、三人の編著者で語り合ってみたいと思います。いくつかのテーマに沿って、話をしていきましょう。

トランスナショナルな宗教運動をとらえる

菊地　本書で大きく扱うことができたのが、トランスナショナルな宗教の問題です。共同研究では植民地朝鮮、台湾、あるいは移民についてさまざまな議論ができましたし、本書の項目でいうと、**川瀬貴也**「**朝鮮仏教**」、**田中悟**「**韓国葬墓文化の変容**」、そして**林承緯**「**和風神輿**」、**金泰勳**「**帝国**」がその課題に取り組んでおられます。林さんと金さんが対照的で、マテリアルな議論をしている林さんと、とても理論的なパースペクティブを提出している金さんとが並んでいて、この問題がはらむ広がりについてあれこれと考えられるのが、本書の良いところの一つなのではないかと思っております。

大谷　トランスナショナルな宗教といえば、**一色哲**「**南島とキリスト教**」が重要な問題提起をしています。近代以降の南島地域——奄美、沖縄、宮古、八重山の各群島を含む地域——において、キリスト教がいかに受容されたかを扱っています。また朝鮮、中国、満洲、台湾など、日本以外の東アジアのキリスト教史との共通の課題や問題意識を見出し、南島から台湾にかけての民衆キリスト教の弧とでもいうべきネットワークを提示しています。この項目では、日本宗教史の一国史観が完全に相対化されています。

永岡　一色さんは、近代日本のキリスト教が知識人中心のイメージで語られてきた中で、民衆のキリスト教史、いわば草の根からのキリスト教の伝播のあり方というものを浮き彫りにしています。一国史的な枠組を問いなおすとともに、宗教の担い手に関する問題提起となっているという意味でも、非常に興味深いと思います。

菊地　付言すると、南島宗教史というと、普通ユタやノロなど、内地では無くなってしまった古き良き日本が南の島に残っているというような、いわば「古代宗教幻想」で語られることが少なくないのですが、そこを完全にスルーして、あえてキリスト教に焦点を当てているのがユニークです。

永岡　「植民地主義と宗教」の問題についても考えておく必要があります。帝国主義の展開と軌を一にした日本宗教の海外進出については、これまでもよく知られてきたし、実証的にも研究の蓄積があるわけですけれども、近年の議論においては、たとえば植民地期の経験が朝鮮あるいは韓国、台湾といった地域における宗教理解をどのように変容させたのか、ポスト・コロニアル状況の中でどのような展開を見せているのか、というところが具体的に検証されています。帝国主義時代の経験が日本側の宗教地形にもさまざまな形で影を落としているという指摘もなされていて、そのあたりがまさに林さんや金さん、川瀬さんの論考の中で議論されています。

大谷　本書にはオリエンタリズム批判、カルチュラル・スタディーズ、ポスト・コロニアル研究等を踏まえて執筆されている項目が数多く集められています。ですから、さまざまな研究領域で問われるべき課題を、日本宗教史という事例を通じて検討している本とも言えます。

現在の欧米における近代仏教研究では、グローバルな視点から近代仏教の形成過程を分析するということが当たり前のようになされています。例えば、トーマス・ツイード（Thomas Tweed）さんは――独特の言い回しですが――「越境的流動性（transfluence）」、「交錯地点（crossings）」、すなわち、さまざまな意味や権力の相互作用の過程を通じて、近代仏教は形成されたという言い方をされています。日本でも、グローバルな視点からの研究が増えています。

そもそも日本の近代仏教研究のいう「近代化」は、プラスの側面のみ強調されてきた経緯があります。帝国主義や植民地主義の問題をどう捉えるのか。日本仏教の近代化に、マイナスの側面を主題化して見ていく必要があるということを、韓日近代史を研究する諸点淑さんから指摘されて納得したことがあります(「日本仏教の近代性と植民地朝鮮」末木文美士編『近代と仏教』国際日本文化研究センター、二〇一二年)。日本は西洋との関係とアジアとの関係があるわけですけれども、アジアに対して西洋的な立ち居振る舞いをして、植民地支配を行ってきた。その中で、それぞれの宗教世界にもたらされた変容や相互影響性について、きちんと研究する必要があります。

菊地　しかし、例えば仏教に関して言えば、昔から東アジア世界は人や思想やテクストが交流しているわけです。国境を越えた宗教思想の交流って別に近代に限った話ではないですよね。量とスピードが桁違いという点で、やはり近代は特別ということなのでしょうが。

永岡　近代であれ、近世以前であれ、海をこえて宗教思想が流れ込み、流れ出していく動きはつねにあったわけですよね。近代以降の国民国家の枠組みをそこに強引に当てはめようとするからおかしくなってしまう。要するに研究する者の視点が問われるのだと思うのですが、むしろ近代宗教史の研究者の方が、近代国家の枠組みに縛られてきた部分が大きいのではないでしょうか。他方、いま近代史の領域でさかんに言われているトランスナショナルという視点も、近代的なネイション概念を内に含んでいる以上、そのまま近世以前の東アジア世界には適用できない。あとで近世／近代の断絶と連続性をどう問いなおすか、という話題も出ると思いますが、その際にはこの地域秩序の変化をどう議論に組み込んでいくかが一つの課題になるのではないでしょうか。

メディアと経験

菊地　無教会キリスト教がプリント・キャピタリズ

ム（出版資本主義）と結びついていて、雑誌メディアが教会や教団、信仰のあり方にとても大きく影響しているという**赤江達也「無教会キリスト教」**は非常に面白いですね。無教会キリスト教に限らず、いろいろな宗教がメディアとどう付き合ってきたかというのは重要なトピックです。研究会でも何度かワークショップを開催しました。

大谷　無教会運動は、読者共同体と集会群からなる「紙上の教会」であるという赤江さんのご指摘は、メディアの問題が近代宗教史を考えるうえで非常に重要であることを提起しています。私が専門とする近代仏教研究の中でも強く意識されている問題です。日本仏教史研究の中では、近世仏教研究がメディアの問題について一番研究が進んでいる領域ではないかと思います。本書では、**大澤絢子「親鸞像」**が中世から現代に至る親鸞像の変遷を分析しています。**岩田真美「妙好人」**もメディアの問題に密接に関わっています。近世後期以降、真宗の篤信者に対する特別な呼称として「妙好人」が用いられ、その言行録である「妙好人伝」が刊行されたこと、近代以降も続々と編纂されたことが紹介されています。とりわけ、鈴木大拙の研究がきっかけとなり、アジア・太平洋戦争後に学界で妙好人研究が進み、戦後の妙好人像が構築されるのだけれども、そこには一定の制約やコンテクストが見られることが指摘されていて、大変興味深いです。

永岡　たしかにメディアの分析に関しては仏教研究がリードしてきました。たとえば真宗大谷派の近角常観が中心となって刊行していた雑誌『求道』において、信仰体験談の共有というのが重要な意味を担っていたということを、岩田文昭さんが明らかにされています（『近代仏教と青年』岩波書店、二〇一四年）。他方、新宗教研究の場合も、教団機関誌の信仰体験談のようなメディアが研究上の主要な資料となってきています。従来から信仰体験談を重視してきた新宗教研究と仏教研究の間を架橋する仕事として今後のヒントを与えてくれています。メディアを民衆の自己表現の場として捉えることもおそらくできるでしょう。

宗教史のなかのメディアを考える際には、出版メディアと宗教経験の関係も重要です。出口王仁三郎の大本では一九二〇年代から『人類愛善新聞』を出して、この新聞を一部ずつ信徒が売っていくことを救世の神業と位置づけていましたけれども、人類愛善運動という宗教的な運動と、新聞＝メディアを売るという行為とが結びつけられている事例として興味深い。宗教がメディアを活用するということは、単に情報などを共有するということにとどまるのではなくて、このように身体性――この事例においてはメディアを「売る」身体性――もふくみこんで考える必要があるでしょう。**佐藤守弘「遺影写真」**で論じられている、メディアの宗教性ともつながるのではないでしょうか。

菊地　佐藤さんにはまさにそうした狙いでお願いしました。メディアは人と人とをつなぐだけではなく、人と聖なるものの存在のあり方まで変えていく契機にもなるわけです。「メディア」という言葉がそもそも霊媒（medium）の複数形であるということからして、メディアと聖なるものとは元から重なっているところがあります。

民間信仰の場合、文字からある一定の距離を保ったところで成立してきたものが多いので、信者たちがメディアを媒介に共同体を作っていくのは、仏教や新宗教に比べると遅れて現れてくる現象なのではと思っています。一方で、民間信仰に対する眼差しの組織化というのが、柳田國男の『郷土研究』を初めとする雑誌メディアによって行われたのは研究史上重要なモーメントです。

また、儀礼の普及や展開にマニュアルが持っている役割はとても重要だという指摘を**角南聡一郎「物質文化／マテリアリティ」**がされています。儀礼マニュアルが一般的に配られるのは近世以降の話だと思うのですが、実際そういう形で展開した信仰はいろいろとあったはずで、民間信仰にとってもメディアは重要です。

ところで、仏教や新宗教はメディアが結節点になる印象がありますが、近代の神道にはそういうものがあるのでしょうか。仏教や新宗教ほどはっきりした形はないような気がします。一方で、メディアで議論を戦わすというよりも、礼拝作法はこのような型だと、現在であれば神社本庁がマニュアライズしたものが全国の神社に配られることなどがあるのでしょうか。神道だと、メディアは議論の場というよりもマニュアルとしての意味が大きいのかもしれません。

永岡　この点については、神社は「国家の宗祀」であって「宗教」ではないんだ、という建前にもとづいた、近代日本の宗教制度の影響を考えておく必要がありますね。

大谷　共同研究でもこの本でも、残念ながら、近代の神社や神道の話は深く追究することはできませんでしたが、藤本頼生さんの神職会会報に関する研究（「地方神職会会報からみる近代神道史」『宗教研究』八七巻別冊、二〇一四年）や、畔上直樹さんの地域レベルの神職や神社の動向に関する研究（『「村の鎮守」と戦前日本』有志舎、二〇〇九年）があります。

さて、さきほど菊地さんが人と聖なるものをつなぎ、そのあり方まで変容させてゆくものとしてメディアがあるとおっしゃいましたが、大事な指摘です。近代における聖なるもののあり方にも関わってくる問題でしょう。世俗化によって聖なるものの価値が一層低下していくのが、近代の特徴です。ただし、近代日本の場合にはいわゆる「国家神道」の問題があるので、そう単純に割り切ることはできないのですが。そうした状況の中、人と聖なるものをつなぐために、その時代における最先端のメディアが活用されているのが、仏教の動きを見ているとよく分かります。例えば、明治時代の演説、新聞・雑誌もそうですし、ラジオやレコードなどを次々に活用して、布教・教化をしている。信者（檀信徒）と聖なるものをつなぐ、国民と聖なるものをつなぐという努力をつねに行っていたのです。

永岡　二〇世紀以降、有力な新宗教も出版資本主義と運動とをつなげていきました。さきほどふれた出口王仁三郎もそうですし、さらに谷口雅春の生長の家になると、本や雑誌の購読と病気の治癒を結びつけた新聞広告を打ち、「新宗教の名目で出版屋を始めた」（大宅壮一）といわれたほど、活動の根本的なレベルでメディアと不即不離の関係にありました。

また神智学的な実践が、郵便技術などのメディアを活用しながら国際的なネットワークを形成するというような場面では、教団単位の宗教史というものはほとんど意味をなしません。スピリチュアリズムの潮流の中で、個人が知識を海外から得て、それを自分なりに変容させ、また越境させていく。そういう動きをとらえる研究が現れてきています。

大谷　メディアと消費を媒介として宗教的な知が近代社会に拡散していく状況については、**平野直子「精神療法」**でも触れられています。平野さんはそうした状況を捉えるための新たな枠組みが必要であると指摘しています。

メディアに関してもう少し付け加えたいのが、出版社の問題が非常に大きいということです。近世仏教史研究の引野亨輔さんが、近世から近代にかけての仏教系出版社の研究をしています（「日本近代仏書出版史序説」（『宗教研究』九〇巻一号、二〇一六年）。日本仏教史研究には、近世と近代の連続性と断絶をどう考えるかという問題があるのですが、メディアという補助線を引くことによって、その連続性を実証しています。いわゆる「御用書林」が近代においても継承されていて、とくに京都においては連続しているところが多い。法蔵館や平楽寺書店がそうですね。それに対して東京では新興の出版社が活躍していた、と。

さらに近代以降を見ると、教団自体が自ら出版社を持つようになります。在家仏教教団の国柱会や、新宗教も自前の出版社を持って新聞・雑誌を発行していくという形態が現代まで続いています。

正統と異端

永岡　本書のコンセプトの一つとして、教団とか宗派ごとのタコツボ的な宗教史のあり方を再考するということがあります。これまで「新宗教」「民衆宗教」「民間信仰」のような、近代アカデミズムが形成してきたカテゴリーが日本の宗教および宗教研究者の活動を分断してきたことは否めません。制度的なカテゴリーというのは、重要ではあるのだけれども、見方によっては副次的なものにすぎないとも言えます。むしろカテゴリーを越えて、さまざまな領域を横断しながら形成される宗教性をとらえないと、宗教史は理解できないのではないか。

その点で興味深いのが、**大橋幸泰「異端的宗教活動」**です。大橋さんの提示されたこの概念は、日本宗教史に新たな地平を開く提言だと思っています。ある種の異端性をはらんでいるが、とりあえずは海のものとも山のものとも分からないような近世社会における宗教活動から、あるものは如来教や金光教のような教団宗教として成長していく、またあるものは「切支丹」へと展開していく、という事態をとらえるような概念です。宗教活動のダイナミズムを近世日本の政治的力学と関わらせて考えていくところに、新たな宗教史の叙述の可能性があると思います。

近代ではどうかというと、いわゆる超「宗教」的な宗教思想や実践の領域に関する研究があります。**栗田英彦「修養」**は、心身修養の実践が、キリスト教、仏教、新宗教などの個別宗教のカテゴリーを越境し、さらに政治の領域にもまたがるような形で、近代史の中で浸透していたということを論じています。「〜教研究」というような枠から出発するのではなく、個々人の実践と身体に着目することで、宗教史の見方を変えうることを示す好例だろうと思います。このあたりの問題は、**吉永進一「霊術」**でもくわしく議論されています。

菊地　近世よりも前に遡って考えてみると、**林淳「顕密体制」**が注目されます。正統と異端を成立させる「顕密仏教」は、顕教も密教も含まれるが「何でもあり」ではなく、専修念仏その他の新仏教系が異端として排除される。顕密体制論の限界を示しつつ有効なところを「顕密仏教」概念でうまく救い出そうとしているのが非常に刺激的です。顕密体制論を念仏教団の動向から再検討した**坪井剛「専修念仏教団」**と併せて読みたいところです。

大谷　正統と異端が何を基準として分けられるのかは、非常に興味深いところです。例えば、国家の正統性に関わるものを基準として、正統と異端が分かれるという場合があります。安丸良夫『近代天皇像の形成』(岩波書店、一九九二年)では、天皇の権威や国体論を基準にして、異端的なものが生成し、排除されていく構造が分析されています。安丸さんは近代天皇制国家の正統性が基準になって、正統と異端が分かれていると考えています。ただし——安丸さんがそうであるというわけではありませんが——正統と異端を単純化しすぎると、議論が平板になってしまう。正統と異端の関係は複雑で、その分節にもまた複雑なプロセスがあるというところを、注意して見ていく必要があります。

近代仏教の宗派問題

大谷　ご存知のように、近世・近代仏教研究では真宗の持つ位置が非常に大きいのですね。本書の**藤田和敏「近世の延暦寺」**のように、まったく注目されてこなかった対象を扱うのは、本当に必要な作業です。

　しかし、なぜ近世・近代仏教研究で真宗がこれほど大きく取り上げられるのか。その問題自体も考えることが非常に重要です。近世において真宗は特殊な存在だが、近代になると中心を占める。すなわち評価が逆転をしていく。真宗と日本の近代社会との相性が非常に良かったということはさまざまな研究者が語ってはいますが、なぜ、真宗が特権的に取り上げられるのかということを、研究史に即してきちんと考える必要があります（詳しくは**碧海寿広「真宗中心史観（近代仏教）」**、**福島栄寿「精神主義」**参照）。

　近代の真宗研究でいうと、さきほど永岡さんが挙げられた、岩田文昭さん、碧海寿広さんらによる近角常観というこれまで注目されてこなかった研究対象の掘り起こしであるとか、本書の**名和達宣「京都学派と親鸞思想」**で提起された「教行信証の近代」という、魅力的なテーマの設定が求められます。近代真宗研究の中にもさまざまな展開があるということは付け加えておきたいと思います。

菊地　ところで、仏教が近代の荒波にもまれてある種の原理主義運動を起こすときに、なぜインドに帰らず宗祖で止まるのかという問題は非常に面白いと思うのですが、近代仏教研究者はなぜだとお考えでしょうか。

大谷　お答えとしては、宗派意識があまりにも強すぎるからということになります。仏教の近代化、仏教モダニズムのような運動において、仏陀への回帰というのが一部の仏教者の間や、いわゆる原始仏教（初期仏教）の研究（仏教学）で重視されました。しかし、日本の仏教は基本的には宗派仏教です。戻るべき先は宗派、宗祖なのですよね。ではその宗派意識がいつ明確になるのかというと、引野亨輔さんの研究では、近世以降です（『近世宗教世界における普遍と異端』法藏館、二〇〇七年）。現在の日本仏教の原型——檀家制度や葬式仏教的な性質など——も近世に確立します。近世に確立された制度とそれに規定された意識が、今でもずっと継承されていて、その枠から出ない。仏陀には還らない。

なかには、**佐藤哲朗「テーラワーダ仏教」**のように、上座仏教に直接アクセスして出家・得度をし、僧院で修業をする僧侶が近代以降、現在に至るまで出ているわけです。しかしそれは、小さな動きに留まり、結局、仏教界の主流には大きな影響力を及ぼすことができなかった（ただし、佐藤さんが指摘されているように、現在ではテーラワーダ仏教の瞑想メソッドが日本仏教のあり方に変容をもたらしています）。それがなぜなのかは、問われて然るべきです。

永岡　いわゆる宗教概念批判の議論にからめていうと、近世はそれぞれの宗派意識だったのが、近代には「仏教」という統一的な概念ができた。でもその一方では宗派の縦割りメンタリティーが持続していた、というところでしょうか。

大谷　そうですね。現代仏教では通宗派的にいろんな宗派の人達が協力をし合って活動することが一つのトレンドになってはいます（これは近代以降、見られる傾向ですが）。ただ、各宗派に所属していることが前提なのです。宗派という堅固な組織と宗派意識があって、なかなかそこから出ないのです。

菊地　インターセクトであってトランスセクトではないということですね。近世の寺院制度の強固さみたいな話としてもとらえられるのですか。そういう意味では、近世寺院制度とそれが近代にどうなるかの研究が大切だということでしょうか。

大谷　まさにそうです。近代仏教研究は、国家神道研究に比べて制度論的な視点が弱いと言われ続けていて、近世との関係性の中で、その連続性／断絶性をきちんと考えていかなければと思います。なお、近世の仏教教団の制度的側面については、**朴澤直秀「近世の寺院制度」**で説明されているので、ご参照いただければと思います。

日本の「世俗化」？

大谷　日本仏教史研究において、「仏教と国家」の関係という問題設定は古代から現代にいたるまでベーシックなものです。そのなかで、**佐藤文子「鎮護国家」**が提起している問題は非常に大きいのではないでしょうか。

「鎮護国家」は、これまで「仏教が国家を守る」というような教科書的な理解が続いてきているのですが、佐藤さんは、当時の意味はそうではないと主張されています。八世紀に出現する鎮護国家思想は、仏教の力で、国家（nation や state）を守ろうという思想ではない。寺やその檀越が自分達の寄付行為によって為政者一族にも功徳を送ろうとする思想である。つまり、近代的な国家概念を古代に当てはめることの問題点を指摘されています。本書の主題である近代主義的なバイアスの問題です。

例えば、末木文美士さんや佐藤弘夫さんは、中世は日本史の中で一番宗教性が強かった時代であると主張されます。冥なる世界と顕なる世界、冥顕の世界観が生きていた。佐藤（弘夫）さんによれば、それが近世の世俗化によって、他界、死者の世界、すなわち冥なる世界の位置づけが低下してゆきます（『死者のゆくえ』岩田書院、二〇〇八年）。日本の世俗化をいつからと考えるのかは、それこそ日本宗教史研究の重要な問題ではあるのですが、少なくとも宗教的な世界観が影響力を失っていったのは、やはり近世以降と言えるでしょう。

そうした場合、前近代の宗教現象、つまり、当時の宗教世界、民衆世界のリアリティを近代的な概念や文法で分析をしていく際には細心の注意が必要です。

永岡　世俗世界と死者の世界の関係については、**川村邦光「亡霊」**が問題提起をしています。世俗的な世界観が現代社会では普及していると言えるかもしれませんが、しかし、例えばアジア太平洋戦争の戦死者の亡霊が現れたという話が無数に残っていることをどのように受け止めるか。生き残った者の負い目によって幻覚が生じたという心理主義的な理解がとりあえずはできるけれども、川村さんの場合は心理主義的な理解をせずに、生者がいかに「共同幻想」としての亡霊に向き合い、そこにこめられた政治性や歴史性を読み説いていくことができるかを問いかけています。こういった問題はアカデミズムの言葉になかなか乗せにくいのですが、私たちが自明視している学知の言語や発想を問いなおすという意味で、面白い試みだと思っています。

大谷　われわれは二〇一一年三月一一日に発生した東日本大震災以降の世界に生きており、死者や幽霊の問題がアクチュアリティを持っています。被災地で幽霊を見た話など、霊性やスピリチュアルなものを踏まえた震災復興論を金菱清さんが『震災学入門』（ちくま新書、二〇一六年）で展開されています。むしろ現在の課題として、死者の問題はあるのではないかと思います。

菊地　死者の語るリアリティだけでなく、それを取り囲むコマーシャリズム、ジャーナリズムとのせめぎ合いを見据えつつ付き合っていかなければいけないと思います。

世俗の話に戻しますと、高取正男が、神道は成立において本来的に世俗的な宗教であって、日本宗教に世俗を超越する教権が成立したことはただの一度もないと言っています。最初から現在まで世俗のようにも見えるという、いわば世俗論の系譜があるというのを思い出しました。

大谷　高取のいう世俗の問題は、日本宗教史研究にとって非常に大事な話です。「世俗化（secularization）」という西洋の学問世界で提起された概念は、日本では使えない、日本に世俗化の概念をそのまま当てはめるのは難しいだろうと言われてきました。では、「世俗主義（secularism）」が当てはまるかというと、これも適用できるかどうかの結論は出ていないと思います。世俗化や世俗主義は世界中の宗教研究で使われていますが、では日本ではそれを全く使わずに研究をすればいいのか。佐藤弘夫さんの聖なるものと世俗的なものの分節や交渉は、宗教研究にとって大事なものなので、日本のコンテクストに当てはまるような概念の使い方ができないものかと思っています。これは、日本の学問の根本的な問題かもしれませんけれども。

永岡　「世俗化」という言葉を使うときにやっかいなのは、結局「世俗的であるとはどういうことなのか」という問いに、あらかじめ答えが出ていなければ話が進まないことです。私はむしろ、人類学者のタラル・アサド（Talal Asad）が論じているように（『世俗の形成』岩波書店、二〇〇六年）、歴史的コンテクストのなかで「世俗」や「宗教」といった言葉がそれぞれどのような意味を担わされてきたのか、その線引きの変容過程を考えるということが大事だと思っています。この境界線はつねに揺れ動くので、「世俗」とは何かという問いに答えを出してしまうと、たちまち取り逃がしてしまう。この線引きの問題は、権力論という観点からしてもたいへん重要だと思います。

　加えていうなら、「世俗」／「宗教」の線引きに関わる重要な論点として、近代の自然科学と宗教との関係の洗いなおしが挙げられるはずです。進化論や医学といった新しい知が宗教にもたらしたインパクトは深甚なものだったと思いますが、両者の関係は単純な対抗でもなければ融合でもなく、境界線をめぐる複雑な交渉がくりかえされてきたのだといえます。本書では**岡田正彦「世界観と世界像」**や**ゴダール・クリントン「進化論の受容」**においてその過程が論じられています。

暗い時代の宗教的ナラティヴ――後期近代と終末論

大谷　「近世仏教堕落論」や「鎌倉新仏教中心史観」のような、従来の日本宗教史研究におけるマスター・ナラティヴ（大きな物語）があります（「近世仏教堕落論」については**上野大輔「近世仏教衰微史観」**参照）。例えば、辻善之助の近世仏教堕落論に対する批判という形で、近世仏教研究はさまざまな蓄積を重ね、ナラティヴの更新を図ろうとしてきたわけですし、現在もその書き直しを図ろうとしているわけです。近代仏教研究でも、吉田久一の近代主義的なナラティヴの批判が行われています。すなわち、時代ごとのその研究領域のナラティヴをどのように対象化・相対化していくかということが課題ではあるのですが、それが難しいのは、そもそも「近代」をどうとらえるかがどんどん変わってきているからだと思います。

共同研究のシンポジウムで、「日本の近代化と宗教」という話をしました。「近代化」という概念はもはや有効ではない。また、西洋近代をモデルとした近代概念に代えて、「近代の複数性」、「複数の近代」が重要だという指摘がなされました。けれども、それだけでは思考停止であって、ではどういう近代のバリエーションがあるのかを意識するのが重要です。

ここで具体的には申し上げることができないですが、東アジアの近代や欧米の近代、帝国主義近代や植民地近代など、従来の研究が提起した「複数の近代」論を踏まえて、宗教史研究の側面から、近代の新たな語り直しをしていく必要があります。それが十分にできるかどうかは今後の課題ですが。

菊地　文化人類学では、「近代の複数性」を理論化した人として、アパデュライ（Arjun Appadurai）の名前が挙がると思います（『さまよえる近代――グローバル化の文化研究』平凡社、二〇〇四年）。近代は一つの巨大な運動、すなわち、関連はするけれど相対的に自立した複数のモーメントの重なりであり、それは観察するポイントによって違った見え方がするということを、「エスノスケープ（ethnoscape）」という概念で説明するものです。エスノスケープ（人の流れ）、メディアスケープ（情報の流れ）、テクノスケープ（技術の流れ）、ファイナンスケープ（資本の流れ）、イデオスケープ（思想の流れ）という五つの構成要素でとらえ、それらの重なり如何によって世界は色々なところで色々な見え方をしているというのです。これは近代だけではなくて、前近代にも拡張できるし、複数の近代というのをとらえるとき、有効な見方ではないでしょうか。

大谷　話を拡散させすぎのような気がするのですが、現在、「近世化」の議論が盛り上がっています（清水光明編『「近世化」論と日本』勉誠出版、二〇一五年）。世界史的な視点から、東アジアに共通する「近世」や「近世化」を検討するという問題提起が中国史や朝鮮史の研究者からなされています。これは時代区分の問題とも関わってきますが、「近代」をどう定義するかと同じように、「近世」をどう定義をするか。一国史観的に日本の近世をどう考えるかではなくて、アジアレベルで近世というものをとらえなおす。それは近代の定義にもつながってくるはずです。前近代のことも踏まえつつ、トランスナショナルな視点から日本宗教史をとらえ返すことができれば、と思います。

菊地　ところで、近世化に関する議論は、私はピンとこなかったですね。中世以前をどういうものだと思っているのかが明確ではないので、何が近世化なのかがよく分かりませんでした。一七世紀前後に東アジア各国で政治的大変動が起こる、という指摘は承知の上ですが。朝尾直弘さんが『日本の近世１　世界史のなかの近世』（中央公論社、一九九一年）の巻頭論文で、マルクス主義的な世界史法則と日本の歴史とのずれを調整するためにねじ込んだ概念が

「近世」である、という身も蓋もない言い方をしていました。

大谷　どうしても時代区分に戻ってしまうのですが、大きな物語を支えていたマルクス主義的な歴史観、あるいは丸山真男・大塚久雄的な近代主義史観の影響がまだ見られ、完全に相対化しきれていないところはありますし、私も自分自身の研究に近代主義的な側面があると思っています。先行する歴史のナラティヴに向き合うのは容易ではない。

菊地　近代化された素晴らしい社会というゴールが示せないので、現在、われわれはナラティヴを語れないのですよね。しかし、「戦争は嫌だ」「全体主義も嫌だ」など、消極的ではあるけれどもいくつかのイメージがあるので、そういうものに向けて物語を編み直すということは、できるのかもしれないし、した方がいいのかもしれない。ファシズム化の茶番劇のようなニュースを耳にすることが多いこの二〇一〇年代に、そう思わないでもありません（**塚田穂高「戦後宗教の右派性」**参照）。

大谷　近代化については、アンソニー・ギデンズ（Anthony Giddens）やウルリヒ・ベック（Ulrich Beck）といった社会学者が言っているように、近代化と再帰的近代化、近代と後期近代を分けてとらえるのは一定の説得力があります。日本でいうと、高度経済成長期前とその後の近代のありようは違うということです。明るい未来がイメージとしてあるわけではないから、再帰的近代化とか後期近代のイメージは暗いですね。

菊地　ところで、暗い未来よりさらに暗いはずの終末論は、日本では「終わりなき日常」（宮台真司）に負けてしまうという印象があります。日本の宗教は非終末論的だという概括もできそうな気すらします。

永岡　そうかもしれません。日本における終末論、あるいは千年王国主義については、まずはミロク信仰をどう理解するか、という点が一つのポイントになるのでしょう。理想世界としての「ミロクの世」という観念は、近世まではあくまで幻想的なものにとどまり、一つの思想体系にまでは発達してこなかったということが、安丸良夫さんとひろたまさきさんの研究で指摘されていますが（安丸良夫『日本の近代化と民衆思想』青木書店、一九七四年）、近代では丸山教や大本系の教団などによってミロク信仰が摂取されて、ラディカルな千年王国主義的運動が展開されます（**對馬路人「千年王国思想（運動）」**）。しかし、例えば中国の太平天国の乱や朝鮮の東学農民戦争がある種の自治政府を構築しようとしたのに比べると、微温的なものでしかなかったと言った方がいいのだろうと思います。

大谷　たしかに、他の国と比べると、日本に千年王国主義が明確にあるというわけではないですね。しかし、確たる系譜がなくとも、終末論的な要素は日本仏教史のさまざまな側面に見ることができます。例えば、日蓮の終末論。仏教の末法史観と終末論は違うのですが、接近するときもあって、日本仏教は独自の終末論的な展開をしています。近代になると、国柱会の田中智学や智学に影響を受けた陸軍軍人の石原莞爾は、日蓮の終末論を「日本による世界統一」に向けての終末論的な教義に編みなおしたといえます。したがって皆無ではないのですが（智学と石原については、**ユリア・ブレニナ「日蓮主義」**参照）。ちなみに、日蓮の終末論は一二五七年の大地震を、石原の終末論は一九二三年の関東大震災の経験が重要なきっかけとなって形成されています。終末論の形成に与える自然災害の影響は、日本宗教史の重要な検討課題かもしれません。この点は本書に収められた**長谷川雄高「地震」**が参考になるはずです。

菊地　なぜ日本で終末論は受けないのか。終末論がそれなりの広がりを見せるときというのはどういうときだったのか。例えば日蓮主義の場合、何が条件だったといえるのでしょうか。

大谷　日蓮主義の場合、当時の時代状況やコンテクストの中で産み出された「国立戒壇の建立による日本統合→「世界の大戦争」による世界統一」という智学の終末論的なヴィジョンがそうした状況に合致して説得力を持ち、一部の人々の間で受容されます。その受容の条件は、そうしたヴィジョンが当時の状況の中で有した独特のリアリティ、「日本による世界統一」という目的意識の明確さ、日蓮遺文にもとづく教説の正統性などが挙げられると思います。

受容と担い手

永岡　さきほど大谷さんが指摘されたように、本書の項目を執筆された方々には、直接・間接にカルチュラル・スタディーズの影響があると思います。近代に生み出された「マリア観音」という用語にさまざまなイメージが付与され、一人歩きしていく過程自体を宗教文化史的に考えようとする**日沖直子「マリア観音」**などもその例でしょう。

宗教思想・文化の受容や流通、通俗化の問題、つまり思想の発信者だけではなく、それを受け止める人たちの問題が重要なのは、それが専門的宗教者、思想家だけではなく、一般信徒レベルへの着目につながっていくからです。**村山由美「病気なおし」**で論じられている病気なおしを受ける人々や、宗教雑誌を読んで投稿する人たち、あるいは戦時増産体制を支えるために、農村や工場や炭鉱へ動員されていく信者たちの姿を、あらためて民衆史の一つの主題としてとらえていくということが大事ではないか。民衆がある程度まとまった言葉を残す場として宗教をとらえるということです。そのなかで女性信者のポジションとか主体性、実践のありようなどが浮き彫りになり、ジェンダーの視点から宗教史を問いなおすことにもつながっていくでしょう。宗教の指導層の分析はどうしても男性中心主義的になってしまうのですが、受け手を意識するとだいぶ違った景色が見えてくると思います。

大谷　女性の問題、ジェンダー的な視点は重要です。たとえば、日本の「宗教とジェンダー」研究の近年の成果として、南山宗教文化研究所発行の *Japanese Journal of Religious Studies*, Vol. 44, No. 1（2017）の特集号「Gendering Religious Practices in Japan」（川橋範子・小林奈央子編集）があります。また、川橋範子『妻帯仏教の民族誌―ジェンダー宗教学からのアプローチ―』（人文書院、二〇一二年）では日本の「妻帯仏教」が取り上げられ、現代日本の仏教教団に見られる「虚偽の出家主義」が批判されています。この点は、近代以降の日本仏教界の戒律と肉食妻帯にかかわる問題です。中村生雄『肉食妻帯考』（青土社、二〇一一年）によれば、明治初期（一八七二年）の肉食妻帯蓄髪勝手令以降、日本仏教は真宗化したというように説明されているのですが、その後、「近代仏教とジェンダー」の問題がきちんと扱われてきたわけではありません。

近代における寺院の日常レベルの問題を考える場合、葬祭や寺族、檀家・檀信徒の問題はまだまだ十分に扱われておらず、文章が残っている男性の宗門知識人や作家知識人が研究の中心です。近代仏教研究で女性やジェンダーの研究が進んでいない背景には、こうした事情があります。民衆宗教史や民俗学の知見を借りながら、今後、研究を深めて行く必要があります。本書での**小林奈央子**「**女人禁制**」、**岩田真美**「**妙好人**」などがその端緒となればと思います。

菊地　民間信仰、民俗宗教研究からこの問題を眺めてみると、研究対象には少なからず女性も含まれていて、それなりの蓄積があることは事実です。一方、それをジェンダーという概念に照らしてみることがあまりなかったというのが現状だと思います。データはあるけれども、考えてこなかった。

ジェンダーの重要性には異論はないのですが、しかし正直に言うと、ジェンダーで見直された日本宗教史のイメージがまだ湧きません。水子信仰など、個々の宗教実践を見ていれば、ジェンダー的な構造が至るところに見出されるわけですが、悪くすると、既存の実証研究にジェンダー的なタームを付け加えただけで、ためにする議論に終始してしまう。

永岡　新しい宗教史のイメージを考えるという場合に、近代の社会主義やマルクス主義といった思潮と宗教の関係を問いなおすことも重要な課題ですね。社会主義の受容基盤として宗教を見なおすという視点（**中川剛マックス「大逆事件と宗教者」**）も大切ですし、**近藤俊太郎「マルクス主義と反宗教運動」**が示すように、マルクス主義者など宗教に対して敵対的に関わっていった人たちを宗教史の担い手として取り込んで考えていくことも非常に大事なのではないかと思っています。近藤さんの論考では、一九三〇年代の反宗教運動が宗教の外側で起こっていたというだけではなくて、投獄されたマルクス主義者の転向に仏教がはたした役割にも踏み込んでおり、両者の入り組んだ関係が浮き彫りにされています。そういう視点でとらえていくと、宗教史の領域というのはもっと広げて考えることができるのだろうと感じます。

大谷　永岡さんが「特高警察と民衆宗教の物語」という論考（井上章一編『学問をしばるもの』思文閣出版、二〇一七年所収）で特高警察の問題を扱われていて、大本事件を捜査した特高体制と民衆宗教研究との共犯関係を指摘しています。

永岡　戦後、マルクス主義的な問題意識を引きついで形成された民衆宗教研究は、国家的弾圧機構のシンボルである特高警察とはイデオロギー的に正反対と言っていいわけですが、無意識の理論を援用して宗教的な表現を世俗的に翻訳し、さらにそれを政治的に解釈しなおしたりするという論理操作に関しては、両者は驚くほどよく似ています。これは彼らが対立しているにもかかわらずというよりも、対立しているからこその相似性なのだと思いますが、このように警察行政や変態心理学などといったプレイヤーが宗教史像の形成過程にどのように関係していたのかを考えるのは、なかなか面白いテーマではないかと。

近代研究、前近代研究は連携できるか

菊地　前近代史と近代史の研究上のギャップを埋める、あるいはハードルを越える試みは、過去にいくつものプロジェクトが挑戦して難航を極め、私達もやはり同様でした。なぜうまくいかないのでしょう。

大谷　私も以前に経験があります。最初は近世仏教研究者と近代仏教研究者が一緒に研究会をしていたのですが、次第に別々に研究会をやるようになってしまった。時代越境的に研究に取り組まれている研究者が両者をつなぐような問題提起をされるのだけれども、両者ともなかなかその提起を受け止めきれなくて、結局別々に研究をせざるをえなかったという苦い思い出があります。

しかし、先ほど例に挙げた、引野亨輔さんの仏教系出版社（書林・書肆）などのメディア研究ではうまくつながってくるのではないかと思いますし、本書の**松金直美「「伝統仏教」―近世から近代への展開―」**では近世以来の「伝統宗学」と近代の「近代教学」を二項対立的にとらえるのではなく、その複雑な関係性に注目することを提起されています。つまり、問いの立て方によっては、前近世と近代の仏教研究が協働できるのではないかと思います。

菊地　民間信仰研究者にとって、前近代と近代、あるいは宗派を超えることは、じつはそれほど難しくはありません。例えば村上紀夫さんは本書には江戸時代の話を寄稿されましたが（**村上紀夫「遠忌」**）、地蔵盆の戦国時代から現在までを串刺しするような仕事もされています（『京都地蔵盆の歴史』法藏館、二〇一七年）。民間信仰の研究者が自然にまたげるのに、なぜ他の分野の方々はそんなに引っかかるの

か、聞いてみたいです。

永岡　民衆宗教研究はそもそもいくつかの分野の狭間に生まれてきた分野だから、分裂しているような感じもしますね。もちろん、一九世紀前半の民衆宗教と二〇世紀のそれについての研究の視角が違っているのは当然だし、それはそれでいいのだけれども、その違いを突き合わせて徹底して考えるということができていない。シンプルに知的怠慢といってもいいのでしょうが。

菊地　扱うテクストの性質の差異があるのでしょうね。活字を読むのか、古文書を読むのか、仏典を読むのか。民間信仰は、基本的にそこから切り離されていることが多いから、「そんなのあるよね」みたいな感じで時代と宗派を超えられるのだと思うのです。

大谷　例えば、**大澤絢子「親鸞像」**は、中世から現在まで時代を通覧して、親鸞像の形成や変容過程を論じており、当然時代を超えるわけです。時代を超えてできる研究があるし、そうしなければならない対象もある。永岡さんが提起された受容史は、そうしたものでしょう。本書では**斎藤英喜「神話（解釈史）」**が、まさに古代の神話が中世、近世にどのように受容されて読み替えられたかという神話解釈史を展開されています。経典や、広くテクストが受容されて解釈しなおされる問題は、時代を通覧する可能性を持っています。

仏教研究においても、中世の日蓮のテクストが近世にどのように受容されて、近代ではどのように解釈されているのかという問題の立て方ができるはずですが、時代を通覧した研究をしている方は少ないです。どうしても、中世、近世、近代の日蓮仏教研究者という形で分かれてしまい、なかなか時代を超えられない状況です。

対話の回路――ベタ・メタ・ネタ

永岡　戦後歴史学では、国家神道 対 諸宗教とか、天皇制 対 民衆というような、二項対立的な問題構成を取ってきました。そのことによって見えにくくなっていた多様な側面を取り上げて、バラエティーに富んだ宗教史像を作り上げようという意図が、寄稿者のなかに暗黙の内に共有されている気がします。ただ、二項対立から単純に解放すればすばらしい日本宗教史像が立ち上がるのかというと、私はそうでもないのではないかという気もしています。

例えば「民衆宗教」は、さきほどもいったように、戦後マルクス主義的な問題構成のなかで生まれて、練り上げられてきた概念です（**石原和「民衆宗教」**）。一九八〇年代以降には、「天皇制国家に対峙する民衆思想の精華」というような民衆宗教イメージは、理論的にも実証的にも有効性や妥当性が疑問視され、研究は方向転換を迫られてきました。概念としての民衆宗教の自律性は曖昧になり、近世・近代の宗教社会史の中にいわば溶け込んでいくというような趨勢になってきたわけです。その結果として、一九九〇年代以降に大きく展開した国民国家論、メディア史、ジェンダー史というような領域との接続は不可避となり、このことによって民衆宗教の実像に近づいていくということはできるでしょう。しかし、それに反比例して、研究上の思想的インパクトは、低下してしまっているということも否めないのではないでしょうか。初期の民衆宗教研究とは別のかたちで、権力論を視野に入れた民衆宗教像を再構築することが必要です。

個人的には、安丸良夫さんの民衆宗教研究を読みなおすということをやらなければならないと思っているのです。安丸さんの民衆宗教論は、教祖たちのテクストを内在的に読み込み、そこから資本主義社会や近代天皇制に対抗しうる「論理」を抽出するものでした。こうした論理へのこだわりは、民衆宗教の一部を強調しすぎ、他の側面を捨象するという問題を抱えていることはたしかです。ただ一方で、安丸さんは、民衆の不定形な「活力」にも関心を持ち、それを〈民俗的なもの〉として把握しています。この概念には、あまりにも漠然とした言い方で内実が分からないという批判もあります。しかし、私は安丸さんの〈民俗的なもの〉が曖昧であることには、それなりの根拠と意味があると考えたほうがよいのではないかと思っているのです。

　民衆宗教の「論理」に対抗したり、それを攪乱したりするよく分からない活力として〈民俗的なもの〉はとらえられている。それは安丸さんの思想体系を危機に陥らせるような可能性を持っているのだけれども、にもかかわらず無視できない存在として彼は関心を持ち続けざるをえなかった。彼の「論理」の問題と「活力」というものとの関係性を問いなおすことによって、安丸さんがやってきたこととその限界を、安丸さんとともに超えるということができるという気がします。

　少々わき道に逸れましたが、なにが言いたいのかというと、従来のナラティヴ——マルクス主義でも、民衆史でも、一国史観でもよいのですが——を単純に廃棄するのではなく、それを読み抜いていくという作業をしなければ、人文学の批判性が失われ、素朴実証主義の泥沼にはまってしまうのではないかと。

菊地　今のお話は、文化人類学、民俗学が、社会的インパクトを失っていく過程とほぼパラレルな話のように聞こえます。一九九〇年代以降、研究対象のディテールをとらえていくという点で洗練されてゆくのはさまざまな分野で共通した現象です。しかし、何かインパクトがなくなったという同じ病を人文学は抱えていて、その原因の一つが、ご指摘のように権力論の欠如であるという見立ては当たっていると思います。ディテールが分かって、それはそれでいいが、一方でディテールを生み出して規定している構造なりシステムというのは確実にあるはずですが、それを分析する権力論のデザイン／リデザインが、さまざまな分野で要請されているところだと、そういうご指摘と理解しました。

大谷　研究者と研究対象の関係性の問題で私が重要だと思っているのは、永岡さんの『新宗教と総力戦』（名古屋大学出版会、二〇一五年）や「民衆宗教研究の現在」（『日本思想史学』四九号、二〇一七年）で論じられている、「二重構造」論批判です。

永岡　戦前期の「宗教と国家」の関係を考えるときに、つねに念頭におかなければならないのが政府の抑圧的な宗教政策の問題ですよね。そこでは信教の自由は限定されたかたちでしか認められず、天皇制ないし国体に反する信仰の表明などは許されなかった。そして諸宗教の側は、組織をあげて国策に追随し、戦争にも加担していったわけです。

　この経緯に関する従来の有力な説明は、各宗教は表面上は国家に迎合しながら、実態としてはそれぞれの宗教のオリジナルな信仰が守り続けられていた、つまりタテマエとホンネの「二重構造」が形成されていたのだ、とするものでした。これは敗戦後の教団組織にとっても耳触りのよいナラティヴで、研究者が「本来の信仰」の純粋性を語るうえでも都合が良く、広く共有されてきたものだと思いますが、しかし史料を素直に読んでいけば、そんな「二重構造」がきれいに成り立っていたとはとても言えないわけです。したがって、必要なのは、一方では「二重構造」論によって狭められてきた近代宗教運動の多様性をあらためて描きなおしていくことであり、他方では、「二重構造」論的ナラティヴに託された、戦後の宗教研究者や教団・信仰者たちの欲望を批判的に問いなおす作業なのだと思います。

大谷　永岡さんの「二重構造」論批判が持つ意味を私なりに考えると、研究者のナラティヴを対象化することなのではないかと思います。当然のように語られてきたナラティヴが民衆宗教研究にも近代仏教研究にもあります。近代仏教研究では吉田久一の言説や、近代的な価値を近代仏教に見出していく丸山思想史に影響を受けた研究など、近代主義的なナラティヴがこれまで研究の基準とされてきた。しかし、二〇〇〇年代以降の近代仏教研究では、それらを対象化しようする動きが起こっていて、そうした動きは、近代仏教研究に留まらず、宗教史研究の中で同時に生起しているのではないかと思われます。

それに関わる問題として、一九九〇年代以降の宗教概念批判論などが仏教研究にも反映してきています。「宗教」「仏教」などわれわれがこれまで当たり前のように使っていた概念には、実は近代的なバイアスがかかっていると反省させられる場面に立ち会うことになりました。宗教概念批判のような根本的な問題提起を踏まえていかに研究を更新していくかということが問われています。そのときに、概念の用いられ方やその概念を用いたナラティヴのあり方も反省的・批判的に検討すべきでしょう。

近代仏教研究の領域で述べると、戦前の仏教者が近代的な宗教概念を使い、それを研究する研究者も近代的な仏教概念、宗教概念を用いている、ということがあります。では近代的なバイアスを取ると、どのように対象を見ることができるのかを意識しながら研究を進めることが大事です。ただ、近代主義的なナラティヴに代わるものがあるかというと、まだない。だから語り直しをする必要があり、試行錯誤をしている状況だと思います。

菊地　「二重構造」論批判は非常に興味深くて、話を広げてしまうと、タテマエをタテマエと知りつつ受け入れてしまうのはなぜかという、おそらく日本宗教史だけでなく日本史に通底するテーマだろうと思います。

ブックガイドで取りあげた末木文美士さんの『日本宗教史』（岩波新書、二〇〇六年）は、単著の日本宗教史として現在最高峰のものだと思いますが、その中で、結局仏教が入りキリスト教が入り、さまざまな宗教が入りつつ、しかしその教えの中の根本的に大切なところを棚上げして受け止めてしまうということが歴史の中で繰り返されている――例えば、仏教が現世からの解脱を目的とするのではなく、死者祭祀のマニュアルとして受容されるなど――と書かれています。その「通奏低音」は相変わらず大問題ですが、それを末木さんとは違ったかたちでどのように語れるのかが大事だと思っています。

大谷　秘教思想史に精通している宗教学者の吉永進一さんには「研究にはメタとベタが必要だ」という名言があります。現在、宗教史に関する実証的な研究（ベタ）というのはかなり進んでいる。その一方、研究そのものへの視点（メタ）というのも重要。メタとベタのバランスを取りつつ事象を検討していくことが必要で、どちらか一方だけではまずい、と仰っています。

永岡　もし一〇年前に、本書のような企画が立ち上がっていたとしたら、宗教概念の歴史性とか、宗教研究の政治性などが、話題として上っていたと思うのですが、おそらく今は、学問の歴史性や政治性を問う自己省察を踏まえたうえで、あらためて対象にどうアプローチし、歴史像を描いていくかというところが問われている段階で、本書にはその中間報告が掲載されている気がします。

菊地　下手をすると、自己省察を経たはずの実証研究が、自己省察を経る前の実証研究とすごく似ているなんていうことになりかねない。ポスト自己省察の日本宗教史像をどう描くのかというのは、二〇一〇年代も終盤に差しかかっている今の課題です。

　大谷さんがメタとベタが大切だという話をされましたが、もう一つ加えられるなと思ったのが、ネタ。メタファーというか、見立てによって比較していける部分があるという点で、ネタは研究のコミュニケーション上大切なのではないか。話を前に戻すと、古代国家や中世国家は、当然ながら近代における国家ではないのだけれど、あえてそれを国家という括りで比べてみることによって何を照らし出せるのかという点で、ネタは大切だと思うのです。

もう一回古代の話をすると、折口信夫の『死者の書』（青磁社、一九四三年）は、古代末期を舞台にしたおどろおどろしい話で、折口は猟奇的なのが好きだから、くらいに思っていたのですが、あらためて読んでみると、ある種の反グローバリゼーション運動の話として理解できます。天平時代に、律令国家と文明宗教が入ってきたときに、人々がそれらとどう折り合いをつけていくのか、折り合いをつけられない人々がいかに敗れていくのかという話として、じつは読める。高取正男が、学問ではないけれども古代精神史をとてもうまく書けているものとして『死者の書』があると挙げていたのは、発見でした。ネタも大切ということで思いつきました。

日本宗教史の再構築に向けて

菊地　阿満利麿さんの『日本人はなぜ無宗教なのか』（ちくま新書、一九九六年）はブックガイドで取りあげていますが、彼は、「創唱宗教」と「自然宗教」という分け方が、結局有効なのではないかと言っています。古典的な概念ですが、日本宗教史を説明するときにとても便利で、かつ意外と説得力がある分け方なのではないか。研究者は創唱宗教だけを宗教と思いがちですが、民間信仰的、それこそ仏式の葬式などで、自覚せずに信仰を実践しているという状況は、相変わらず日本宗教を考える上で重要だろうと思います。

関一敏　「**プラクティス／ビリーフ**」が阿満さんの区分をブラッシュアップして、オーソドックスとオーソプラクシス（orthopraxis）、すなわち、教義によって権威づけられるものと、プラクティスによって権威づけられるものという対立でとらえています。言語的な自己言及性の有無で区分できるというのです。この観点からすると、日本の宗教史像は圧倒的に言葉の世界の方で構築された部分が大きくて、プラクティスの歴史としての日本宗教史像というのは未開拓です。

　私が編集担当した民間信仰プロパーに即して言うと、民間信仰研究は仏教研究や新宗教研究と、どこかうまくつながらないというのが実感です。**板井正斉**「**氏子**」や**渡部圭一**「**宮座**」はとても力作で、日本における宗教実践の下部構造としての氏子や宮座はとても重要なもののような気がするのですが、他分野とうまくつなげられないのはなぜだったのか。「檀家」という項目がないからうまくつながらないのか。

　あるいは、**鈴木正崇**「**山岳信仰**」や**土居浩**「**アースダイバー**」は、特定の土地が聖地として認識されていくことの歴史性や政治性を抉り出そうとする、これまた大切な問題提起ですが、これに対するカウンターパートが他からは上がってこない。

　民間信仰という領域から対象をとらえていくと、ビリーフ的なフレームとうまく合わないところが多いように感じています。このアンバランスをどうつないでいくのかというのは課題として残されていると思います。

大谷　今のお話は、宗教研究のビリーフ中心主義の問題や、ビリーフとプラクティスとの関係をどう考えるかという、一九九〇年代以降の宗教概念の再考の問題につながってくる話です。

　たしかに、創唱宗教と自然宗教の分け方は分かりやすいですよね。日本人の宗教性みたいな大きな話につながっていく。

　近代仏教研究ではビリーフ中心主義的な研究が優勢でしたので、プラクティスにも注目をしようということで、例えば儀礼、葬式をどうとらえるのかという問題が出てきています。しかし、なかなかビリーフとプラクティスの関係、あるいはそれら自体の捉え直しをどうするかという方向が、はっきりと見えていません。問題は単純な二項対立ではない、つまり、ビリーフ中心主義ではだめだからプラクティスに注目しようという話ではない。両者の複雑な絡み合いをどう読み解くかが重要です。永岡さんが、天理教の「ひのきしん」を通じて論じられている問題ですね。

永岡　そうですね。**新野和暢「皇道仏教」、西村明「慰霊」**も、戦争と宗教を通してビリーフとプラクティスの論点を扱っているし、私の**「総力戦」**もそうです。「戦争と宗教」の関係にもまだ問われるべき問題は多くて、そのときにビリーフ中心主義の問い直しというのは、やはり他の領域と同じように重要です。戦争を正当化する、あるいは反対するにしても、教義や思想のレベルでの分析が圧倒的に豊富で、蓄積はそういう意味ではあるのですが、問題は言葉だけでは当然ないのです。ビリーフとプラクティスとが絡み合う領域こそが総力戦を作っていくのですが、その領域をまだとらえられていないと思います。

例えば、戦争を遂行するためにお寺の梵鐘を供出した事実は周知のことですが、ではこれが、宗教史的・宗教学的にどういう意味があるのかについては、問われてこなかったのではないか。鐘を供出する直前に、その鐘の前で法要をしている場面を撮影した写真が各地に残されていますが、非言語的な実践がこうした法要やメディアのなかでどのように語りなおされていくかなど、そこから考えるべきことは多いのではないでしょうか。ビリーフではなくてプラクティスが大事なんだと、序列をそのままひっくり返すのでは意味がないですが、戦時期の言説がもつある種の平板さを乗り越えるという意味でもこうした視角は大事です。日中戦争開始以降、検閲を通じてあらゆる言説が天皇万歳、戦争万歳になっていく。その意味でなかなか分析は難しいということはたしかなんですが、言説と実践、ビリーフとプラクティスとの絡み合いを分析すれば、十分に、九三〇年代後半から四〇年代の史料も、有効に読み解くことはできるでしょう。

大谷　戦争と宗教の問題における言説と実践の関係を考えるには、そうした未開拓の対象が手掛かりになるのではないかと思います。仏教だけに留まらず、キリスト教にも関わってくる重要な問題です。

永岡　そろそろ締めくくりの時間ですが、「日本」も「宗教」も脱構築されてきた今、本書のようにあえて日本宗教史像を再構築する必要がそもそもあるのか、あるとしたらどのようにそれを根拠づけるのか、ということについて、それぞれの考えを提示しておく必要があるのではないでしょうか。

大谷　ポストモダンの嵐が一九八〇年代に吹き荒れて、さまざまなものが脱構築されて、その後も国民国家批判がありましたし、歴史の捉え方や宗教概念の捉え直しについてもさまざまな議論がありました。

　私は、そこで批判されたことについていかに語りなおしていくかというところに、今の研究のステージがあるのではないかと思っています。これまでの批判的な研究を踏まえつつ、従来の日本宗教史像をいかに語りなおしていくかということを検討すべきでしょう。ただ、たしかに「日本」に限定する必要はもうないかもしれませんけれどもね。

菊地　私なりには二つ答えがあります。一つは学問内の話をすると、脱構築、再構築が行われたあとに、結局それぞれの分野でタコツボ化していて、それをインターフェイスするような作業というのが十分になされていなかった。せっかく脱構築したのに、すごく古いものが残っていることなどもあるので、インターフェイスの工夫があってよいだろうというのが一つ。「日本」にしても「宗教」にしても「史」にしても、すべて構築的な概念であり、便宜的な参照枠でしかないことを踏まえつつ、いったんインターフェイスするのは、研究者が立ち位置の確認をする上で必要な作業でしょう。

大谷　タコツボ的宗教史像のインターフェイス化ですね。

菊地　もう一つは実践的な課題として、日本が近代国家になり政教分離も実現して、世俗化したつもりになっているけれども、二〇一〇年代から現在の光景というのは、本当に世俗化なのか。よく分からない宗教イデオロギー的なものがのさばって発言権を得て、よく見てみたら、世俗化も脱魔術化もしていなかったのかもしれないという、私達の周りの状況があります。そういう問題を考える意味でも、日本宗教のアウトラインは見据えておいた方がいいのではないでしょうか。ちなみに、個人的には、極論すれば、神仏習合あるいは仏教土着という現象を本当にキチンと説明できたら、日本宗教史の基本構造は説明できたことになるのではないかと私は考えております（**鈴木正崇「神と仏」**、**幡鎌一弘「春日若宮おん祭」**、拙稿「**小鳥居**」参照）。

永岡　「日本宗教史」という枠を設定して本書を編集しているわけですが、通読していただければ、むしろ、「日本」というナショナルな枠組みにぜんぜん収まっていないよね、とか、結局「宗教」って何だかよく分からないよね、ということが明確になるのではないかと思います。「日本宗教史」が、ある意味で不適切なネーミングだということを逆説的に示すという、パフォーマティヴな本になっているのではないかと思います（笑）。

菊地　そうですね。だから、デリダ風に書けば、「~~日本宗教史~~」みたいな感じですよね。日本も宗教も歴史も、現在は全部オープンな問いである、われわれはここまで考えてみた、ということで、いかがでしょうか。

大谷　本書を読者がどう受け取ってくださるか、とても楽しみです。

①イコン・アイテム・トポス——聖なるもの（への回路）

神と仏

鈴木正崇

多次元的関係性の提唱

日本では六世紀に伝来した仏教は在地の信仰と複雑な融合を遂げた。外来の仏と在地の神は、相互作用と相互変容、葛藤と相克を通していわゆる「神仏習合」を遂げてきた。神と仏は、特に山を「結節点」として融合し、日本独自の山岳仏教や修験道などの実践を生み出し、思想としては、天台本覚論、本地垂迹《ほんじすいじゃく》、両部神道、中世日本紀、神本仏迹（反本地垂迹）などを生成してきた。日本では長期にわたって神仏混淆が維持され、仏教寺院には鎮守社があり、神社には神宮寺があり、御神体が仏像であることも珍しくなかった。根底には「神と仏の多次元的関係性」があり、時代の変遷を通じてその関係性や性格を変化させてきたのである。六世紀以来の長い思想や精神の歴史を強引に断ち切って近代的に再構築したのが明治の神仏分離であった。

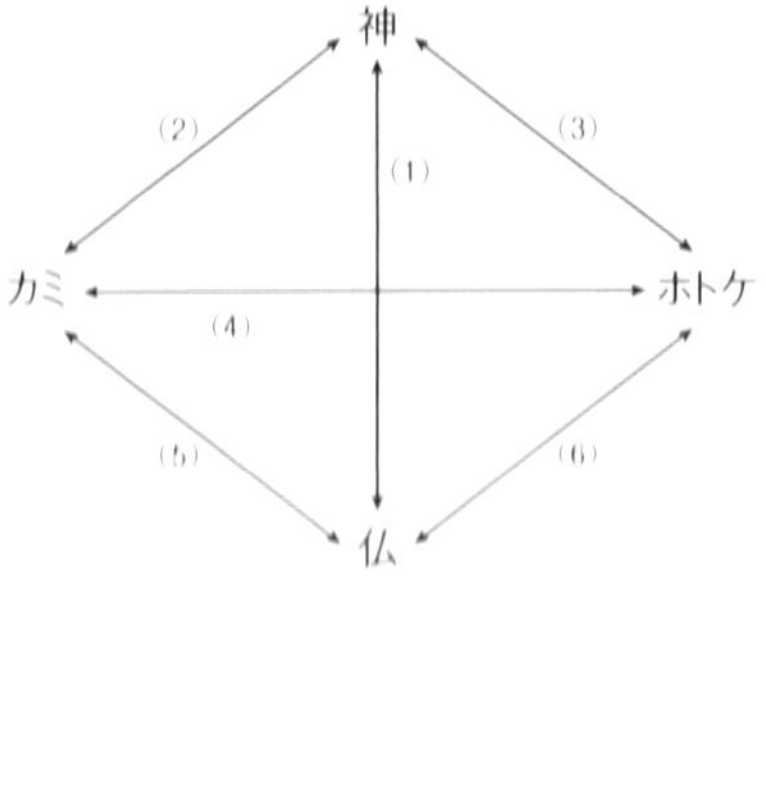

神と仏の関係性の在り方をモデル化して六つの次元、①神《しん》―仏《ぶつ》、②神《かみ》―カミ、③神《かみ》―ホトケ、④カミ―ホトケ、⑤カミ―仏《ほとけ》、⑥仏《ほとけ》―ホトケ、で考えてみることにした（図）。各々の概念を暫定的に定義してその意味や特性を提示すると以下のようになろう。

（一）神は名前があり社や祠で祀られるが、カミは樹木や石や泉などに祀られ名前を持たず、社や祠もない。神は儀礼や教義などで統御・制度化されるが、カミは流動的で荒ぶる性格を持ち統御が難しい。

（二）カミはモノ・タマ・オニなどの観念と混淆・融合・変容し、両義性を持つ。変化の原理は「類似性」analogy を介して、隠喩 metaphor として展開していく。似たもの同士が結びついて転換していくのである。

（三）仏はサンスクリット語のブッダ Buddha の漢訳であり、漢語の仏は土着化して和語のホトケと融合した。三国伝来の文化的翻訳で変形と読み変えが行なわれ各地で土着化していった。

（四）ホトケの意味は多義性 polysemy を帯び、仏像・名号・仏法・死者・死霊・覚霊・ミタマ・先祖など、文脈・時・場・人に応じて様々に変化した。変化の原理は「接触」contact を介して、換喩 metonymy として展開した。重なりあいつつ意味が転換していくのである。

（五）カミの隠喩的性格はホトケの換喩的性格と混淆し、漢語として表記される神と仏との関係と重なり合って二重性を帯びて複雑な「異種混淆」の世界を生成する。

（六）カミは本来は不可視であったが、仏像の影響で具象性を帯び、神像として表現されて可視的な神にもなった。仏は受容にあたっては仏像という具象性が特徴であったが、次第に不可視性を加味したホトケにもなった。一方で、不可視のカミと可視の仏という根源的原理は残り、相互に影響を与えつつ秘仏・秘神の観念が生成された。

（七）カミやホトケは霊魂・精霊・神霊・御霊、気や力などの漢語と混淆し和製漢語になって文献に書かれ、文字を読める知識人の思考に想像力を与えて、二次的・三次的に展開した。

（八）「カミ以前」には森羅万象の世界があり、山・川・海・天体・宇宙など「天地《あめつち》」の野生の力は神・仏・カミ・ホトケに浸透し、「いのち」や「ちから」として作用する。西欧風の「自然」によってはとらえきれない多様な方向性をもった作用が広がっていく。

生々流転する「神と仏の多次元的関係性」の特徴は複合性 complexity、多機能性 multifunctionality、異種混淆性 hybridity の三つである。このモデルによって多様な神と仏の関係を再考し位置付け直すことが可能になるであろう。

例えば、平安時代中期後期の本地垂迹、権現思想《ごんげんしそう》、和光同塵《わこうどうじん》などのいわゆる「神仏習合」を巡る思想や実践は、「神と仏の多次元的関係性」のうち、⑴神―仏の関係を強調した見方に過ぎず、巨大な世界観の一部の説明に留まる。「日本仏教」は独自の展開を遂げたが、教義上は霊魂の存在を否定する仏教が、民間受容に際しては教義と矛盾なく説明されて実践できるかが問われる。霊魂について現在の教団では日蓮宗と高野山真言宗は存在は認めるが、他の教団は曖昧な立場をとっている。モデルにおいては、⑤カミ―仏、⑥仏―ホトケがこの問題に強く関わる。

神仏混淆の典型は明治の神仏分離以前まで大きな影響力を持った修験道で、神・仏・カミ・ホトケの混淆を特徴として日本独自の体系化と展開を遂げた。神仏混淆を深く推し進めた修験道は⑴から⑹

の六つの次元を複雑に組み合わせ、山岳の意味付けと修行を中心に地域ごとに個性的に展開し、自然の力を「身体化」して、山岳修行によって特別な力を獲得し、里においては民衆の現世利益に応える加持祈禱《かじきとう》を行った。一般には山伏や法印と呼ばれる。教義的には密教の影響が強く即身成仏の達成を目指したが、究極には自然との一体化へと向かい、自らは「人神」となって人々の救済にあたった。山を曼荼羅とし山川河海に仏性を認める思想を基本に据え、最終的には仏教の教理を越えて、生物・無生物を問わず森羅万象と一体化する。修験道は日本各地の山岳信仰を介して大きな影響を与えたが、一八七二年（明治五）九月一五日付の太政官布告第二七三号の修験宗廃止令で消滅し、その後は徐々に復活して現在に至る。修験道は霊魂を認める立場に立つので仏教の教理矛盾は克服しており、このことが民間に修験道が広く受容された理由であろう。江戸時代は檀家の葬祭や死者供養を行う仏教寺院に対し、修験者は現世利益に応える在俗の法印や行者として活動し相互に補完しあう関係にあった。

柔軟性に富む言語表現

日本文化の特徴は、漢字とひらがな・カタカナという三種の文字を組合せる柔軟性を持つ表現力である。口頭伝承の世界を文字化する時に、漢字では「音」と「訓」、仮名ではひらがなとカタカナを巧みに併用して、創造性と想像力を発揮した。神や仏や霊を巡る表現は表意文字と表音文字の独自の組合せによって複雑化した。古代の場合、『万葉集』での鬼の訓読みはモノであり、鎮魂はタマフリと訓じられ、その後も変化を遂げてきた。タマ・モノ・カミ・オニは相互に浸透し転換する。死霊や先祖は墓に祀られ、お盆には家に招いて交流するミタマ祭りを行う。彼岸にも死霊や先祖との交流を欠かさない。位牌には先祖が宿るという感覚もあり、ゴセンゾサマという愛着を持った名前で呼びかけられる。また、死者の遺影や愛用品のモノをいとおしむ。モノは単なる物ではなく霊が宿ったり籠ったりする。特に中空のモノや箱にはその傾向が顕著である。神像や仏像というモノは、不可視と可視をつなぐ表象が絡んで一層複雑化する。一方、モノノケのように平安時代に使用され時代と共に消滅した表現もある。しかし、現代のアニメーションの「もののけ姫」では、独自の視覚表現が用いられて蘇った。

　死霊は年忌供養によって時間をかけて浄化されて次第にホトケ（仏）からカミや神へと昇華していくとされ、祖霊という表現も使われ、僧侶は先祖を「覚霊」とも表現する。仏教の「覚者」と「霊魂」を結合した概念である。他方で、先祖は民間ではショウリョウサマ（精霊様）と愛着を籠めて呼ばれる。精霊は時には無縁の霊を指す言葉とされ、仏教儀礼では施餓鬼供養としてお盆の重要な行事として組み込まれ回向の対象にもなる。一方、山の神は春には里に下って、田の神となり、秋には山に登って山の神となる。死者のタマシイは死後には山に登って鎮まり、カミ・神・先祖は混淆する。

　祭りでは神霊を「みたま遷し」で神輿に移して町内を巡行・渡御する。神の宿るモノ、「御霊代」の移動である。他方、「御霊」はゴリョウと訓じられることで怨恨を持って祟りを及ぼす荒ぶる霊となり、祭りによって鎮めたり、祀り上げて神として祀られる。葬儀を巡ってはタマやモノに関する多様な解釈が入り乱れる。こうした融通無碍で柔軟性に富み一般化を拒否する日本語の表現は、文字の伝承と口頭の伝承を混淆させて、使い分け、重なり合うことで、多元化と一元化の極のあいだを行き来し、様々な読み替えと変容を許容する。本項目で提示した「多次元的関係性」のモデルは複雑多岐な神と仏の関係を整理して生々流転する錯綜した世界を描き出す新たな見方を試論として提示したものである。

参考文献

岩田慶治　一九八九（一九八四）『カミと神—アニミズム宇宙の旅—』講談社学術文庫
佐々木宏幹　一九九三『仏と霊の人類学—仏教文化の深層構造—』春秋社
鈴木正崇　二〇〇一『神と仏の民俗』吉川弘文館
宮田登編　一九八三『神と仏—民俗宗教の諸相—』小学館
山折哲雄　一九九三『仏教民俗学』講談社学術文庫

親鸞像

大澤絢子

宗祖としての親鸞聖人像

親鸞（一一七三～一二六二）の生涯を語る代表的テキストが、『親鸞伝絵《しんらんでんね》』（以下、『伝絵《でんね》』）と呼ばれる絵巻物である。その初稿本は親鸞の没後三十三年後に親鸞の曽孫にあたる覚如によって制作されており、真宗寺院における最も重要な年中行事である報恩講《ほうおんこう》では、『伝絵』の絵相部分を抜き出して掛幅にした「御絵伝《ごえでん》」が掲げられ、詞書部分を抜き出した『御伝鈔《ごでんしょう》』が拝読される。

親鸞像についてまず注目すべきなのは、その伝播の過程である。『伝絵』は、早い時期から「御絵伝」と『御伝鈔』に分けられ、蓮如の頃には本山から末寺への絵伝の下付制が確立している。現在の真宗各寺院に所蔵されている絵伝のほとんどが四幅であるのは本願寺が末寺へ下付する絵伝が四幅絵伝であるからで、本山から末寺へ下付される「御絵伝」の形式は完全に定型化しており、その構成から各場面の登場人物、姿態に至るまでほぼ同一の型が固く守られている〔小山 二〇〇六〕。

さらに本山から末寺へと「御絵伝」を下付するこのような体制は、本願寺の経済基盤を支える強力な財政ネットワークを形成することにも寄与してきた。「御絵伝」は、本尊や影像とともに絵表所と呼ばれる本山直轄の工房で制作されており、末寺が「御絵伝」を受けるためには本山へ相応の礼金を納める必要がある。つまり、本山から末寺まで同じ絵相の「御絵伝」は宗祖としての親鸞イメージを固定化するだけでなく、その入手経路が本山へ集約されることにより、教団の経済と直接結びついてきたのである。例えば近世には、『御伝鈔』を仮名書きにして墨単色の「御絵伝」を書き加えた伝記とともに、親鸞を題材にした浄瑠璃が東本願寺によって強引に板木《はんぎ》が買取られ、刊行・上演禁止の訴えがなされている。その理由として東本願寺は、『御伝鈔』は本山が末寺へ拝読を許可するもので あって好き勝手に読めるものではなく、「御絵伝」は本山で仕立てて末寺に下付するもので相応の礼金が必要であり、本願寺がそのような末寺や門徒の助成で成り立っていることを挙げている［柏原ほか編 一九七八］。歴史上の人物の実像が明らかでない例は少なくないが、親鸞のように早くにそのイメージが確立し、その統制されたイメージが再生産されることによって集団の信仰と経済の両面を支えてきた点は注目に値しよう。

語られた親鸞

それでも絵入り親鸞伝の実質的禁止が次第に解け、浄瑠璃も親鸞物でないかのように偽装されて発展していったことから、民衆の間で親鸞への興味や関心が高まっていったことがうかがえる。特に近世には、その後の親鸞伝に多大な影響を及ぼした高田派の良空による『高田親鸞聖人正統伝《たかだしんらんしょうにんしょうとうでん》』ほか、読本作家による親鸞伝なども登場している。

そして近年、こうした近世の親鸞伝に注目したのが、塩谷菊美の『語られた親鸞』（二〇一一年）である。従来の親鸞の伝記研究が断片的に事実を繋ぎ合わせるものが中心であったのに対し、塩谷は、親鸞が「いかに語られたか」という観点に基づき親鸞伝の読み直しを行なった。例えば「伝絵」も、親鸞の恩を知り徳に報いるといった明確な目的によって制作され、「如来の化現」としての親鸞のイメージが強く打ち出されているが、今後はそうした「語り」という営みから語る者の意図や各時代特有の思潮を捉えつつ、親鸞という存在の全体像を捉えることも求められる。

とりわけ近世の親鸞伝を通して定着していったのが、親鸞と玉日との結婚の物語や、「越後の七不思議」に代表される奇譚である。これらのエピソードは史実としては不明であり、また「伝絵」にも登場しないが、人々の関心を親鸞に惹きつけるに際して大きな役割を果たしたと考えられ、親鸞やその門弟ゆかりの地を訪ねる「二十四輩巡拝」なども盛んに行なわれた。親鸞の語られ方という視点によって、これまであまり顧みられることのなかったそれらの伝承から、近世の人々が親鸞に何を求めたのかをよりリアルに捉え直すことも可能だろう。

近代以降の親鸞像

ところで、そのように中世・近世を通して語られてきた親鸞は、近代に入り大きな転換点を迎えている。近代実証史学の立場から、非合理的な要素が排除された「人間親鸞」像が浮き彫りにされたのである［末木 二〇一六］。その代表的研究である長沼賢海の「親鸞聖人の研究」（一九〇七年）では、「伝絵」の記述が徹底的に検証され、親鸞自身がその生涯について語った唯一の箇所と言うべき『教行信証』の後序の記述までもが否定された。さらには親鸞の名が同時代の真宗以外の史料に登場したいことから、その実在を疑う「親鸞抹殺論」までもがささやかれたのであった。その後、辻善之助による筆跡研究によって親鸞の実在はようやく確かめられ［辻 一九二〇］、『教行信証』も史料としての信用性が証明されることとなった。さらに一九二一年（大正十）には、『恵信尼消息』が発見されて親鸞の生涯がある程度明らかになったと同時に、親鸞の妻として、それまで伝承されてきた玉日ではなく恵信尼に多くの関心が寄せられ、親鸞と恵信尼との夫婦愛が語られるようになっていった。

一方、教団の側では、一九一一年（明治四四）に親鸞六五〇回御遠忌《ごえんき》法要が盛大に営まれ、宗祖としての親鸞像が捉え直されていった。特に大谷派では、清沢満之《きよざわまんし》門下が御遠忌記念出版を刊行し、佐々木月樵《ささきげっしょう》の『親鸞聖人伝』（一九一〇年）では、史学的に親鸞の生涯を明らかにする姿勢に対抗するように、宗祖としての親鸞への信仰を軸にその生涯が綴られ、同じく暁烏敏《あけがらすはや》も『歎異鈔講話』（一九一一年）において、歴史上の親鸞ではなく『歎異抄』の親鸞こそが自分にとっての親鸞であるとして、自身の赤裸々な体験を通した独自の親鸞像を語り出した。このように近代では、実証史学による史実上の親鸞像と、信仰に基づく親鸞像の二つの立場が混在することになったのである。

親鸞への接近

さらに近代の親鸞像のもう一つの特徴として、教団を経ずに親鸞へ接近する道が大きく開かれたことが挙げられる。福島和人の『近代日本の親鸞―その思想史―』（一九七三年）では、親鸞が近代に再生するためには伝記のベールに覆われた親鸞に対する科学的検証と、「明治の知識層が時代思想の煩悶のひとつの解決策として教団仏教を介せず釈尊、親鸞に直参することが必要であった」と指摘されているが、後者の動きは明治後半から大正にかけて顕著になり、その代表作というべき倉田百三の『出家とその弟子』（一九一七年）が登場した。本作は学生や知識人の必読書として親鸞の名と『歎異抄』を広く世に知らしめ、恋愛や性、人生に苦悶する青年達が私的な読書経験のなかで親鸞に触れていった。特に近代以降は『歎異抄』の言葉をもとに親鸞を語る傾向が強く、近年では暁烏をはじめ思想家や文学者たちの『歎異抄』受容が議論されている（子安二〇一四）。

さらに、一九二二年（大正一一）からの数年間には、親鸞を題材とした文芸作品が立て続けに登場する「親鸞ブーム」が起こり、個の成長や恋愛といった時代思潮を取り入れた、「人間」としての親鸞の側面がよりクローズアップされていった（大澤二〇一七）。加えて同時期以降、新聞や雑誌などのメディアが急成長を遂げていき、僧侶や門徒だけでない不特定多数の人々が親鸞像の伝え手／受け手となっていった。この傾向は大正期以降も引き継がれ、親鸞像はメディアや受け手の性格によっても変化し、時に大衆の求めるヒーロー的存在として、時に自己の弱さを吐露する人間として、あるいは社会主義的視点からも語り出され、現代においては、全国四十紙以上の新聞に同時連載され人気を博した五木寛之の『親鸞』シリーズ（二〇〇九〜二〇一四年）が、親鸞の人生をドラマティックに描き出している。

親鸞像研究の視点

さて、明治以降に活発化した親鸞に関する実証的研究は、赤松俊秀の『親鸞』（一九六一年）によってようやく一つの達成を見ることとなるが、その後も研究は継続され、平雅行の『歴史のなかに見る親鸞』（二〇一一年）では親鸞を同時代の社会情況に照らし合わせてその行実が再検証されており、一方では、松尾剛次の『知られざる親鸞』（二〇一二年）ように玉日の存在を検証し直す動きもある。また史学以外の分野からも、吉本隆明の『最後の親鸞』（一九七六年）や、教学では小谷信千代の『真宗の往生論—親鸞は「現世往生」を説いたか—』（二〇一五年）が議論を呼び、最近では、中島岳志（『親鸞と日本主義』二〇一七年）のように親鸞思想が日本主義的視点から読み解かれてきたことに注目した研究も登場している。紙面の都合上、すべてに言及することはできないが、そうした学知による成果から新たな親鸞像が生み出され、それが文学作品や人々の語りを通して一般社会に浸透することで、親鸞像は現在も変化しつつある。

重要なのは、そうした変化がある一方で、宗祖としての親鸞像も依然として語られ続けていることである。宗教者像の語りの形成を扱った幡鎌一弘編『語られた教祖—近世・近現代の信仰史—』（二〇一二年）では、教祖を語るという行為と信者あるいは一般社会との関係性が論じられており、教団史における教祖在世時代と没後における教祖の神格化、人間化、教団の内と外、信仰者と研究者といった対立項を問い、「教祖の物語は、救済者と求道者、教祖と信者・研究者、過去と現在という、容易には解消しえない二分法を内包して成立するのであり、だからこそ、多様な解釈を可能にする」［幡鎌 二〇一二］ことが指摘されている。親鸞像も、例えば大衆化、「人間親鸞」化という方向を目指して一貫して変化していくというよりは、伝統と革新、信仰と学知の間を行き来し、その過程において、構築や脱構築、転倒などが複雑に絡み合って展開されている。よって今後は、信仰や史実あるいは中世、近世、近代のいずれかに偏ることなく親鸞像の全容を捉えていくことが必要である。

参考文献

大澤絢子　二〇一七「石丸梧平と『人間親鸞』」大澤絢子監修『親鸞文学全集大正編1　石丸梧平「人間親鸞」』同朋舎新社

小山正文　二〇〇六「解説」真宗史料刊行会編『大系真宗史料［特別巻］絵巻と絵詞』法藏館

柏原ほか編　一九七八「浄瑠璃本平太郎板行一件」『真宗史料集成第十巻　法論と庶民教化』同朋舎

子安宣邦　二〇一四『歎異抄の近代』白澤社

末木文美士　二〇一六『親鸞―主上臣下、法に背く―』ミネルヴァ書房

辻善之助　一九二〇『親鸞聖人筆跡之研究』金港堂書籍

幡鎌一弘　二〇一二「はじめに」幡鎌一弘編『語られた教祖―近世・近現代の信仰史―』法藏館

マリア観音

日沖直子

言葉の成り立ち

現代日本において「マリア観音」という言葉を耳にしたとき、どんなイメージが想起されるだろうか。インターネットで画像検索すると、博物館所蔵の「マリア観音」像、フィリピンの戦没者慰霊像、アロマストーン・マリア観音祭壇セット、ロックバンド「マリア観音」、男性の背中一面に彫られたタトゥーなど、多彩な画像が出現する。その一方、国語辞典（『広辞苑』第七版、二〇一八年）は「隠れキリシタンが江戸時代、中国渡来の白磁の観音像を聖母マリア像の代用として、ひそかにあがめていたもの。イエスに擬した幼児を抱く像もある」と、歴史的オブジェクトとしてマリア観音を定義している。

国語辞典の定義に含まれる「キリシタン」は、おもに十六世紀から幕末にかけて使われていたキリスト教徒をさす言葉であるが、複合語の「隠れキリシタン」や「マリア観音」のほうは明治以降の造語で、江戸時代の禁教下に隠れて信仰を守っていたキリシタンが使っていた言葉ではない。マリア観音の呼称が美術カタログに採用されたのは一九二五年に永山時英が『吉利支丹史料集』に使って以来とされているが、それ以前にも、芥川龍之介が短編「黒衣聖母」（一九二〇年）に、福のかわりに禍をもたらす、無気味で謎めいた麻利耶観音像を登場させている。

禁教下のキリシタンが実際に所持していた観音像と現代のマリア観音とはどのような違いがあるのだろうか。本稿では、以下、多様化した現代の「マリア観音現象」を考えるための基本材料として、作家や研究者の叙述をとりあげ、そこに現れる解釈とイメージについて考察する。

まず、造語が出版メディアに登場した一九二〇年ごろ、それはおもに白磁製観音像を指していた。例えば前記「黒衣聖母」で芥川は、そもそも麻利耶観音と称するのは「切支丹宗門禁制時代の天主教

図１　「マリア観音」像（上智大学キリシタン文庫蔵）

徒が屢《しばしば》聖母麻利耶の代わりに礼拝した、多くは白磁の観音像である」と書いている。これには、長崎の潜伏キリシタン遺品に福建省や広東省製とみられる高さ三十五センチほどの白磁観音像が多いことが関係している（図１）。福建、広東はともに近世、海外貿易が盛んだった地方だが、特に福建省の徳化窯は高級白磁の産地として有名で、輸出向けとして聖母子像なども製造され、慈母観音像の中にはキリスト教絵画の図像の影響を受けて

いるものもあるとされている。

キリシタン信仰儀礼に関する民俗学的研究の先駆者のひとりである片岡弥吉は、戦後まもなく潜伏時代の儀礼を守る人々について行った調査で、長崎、外海、五島地方でまつられている観音像は多くが「シナ焼」の白磁か青磁の像で、他所でみられる「もっともらしい十字架などをつけた像はむしろがん造の臭が強く」と記している。さらに、長崎奉行所が浦上三番崩れ（一八五六年発生）の際に逮捕したキリシタンから押収した品を一括して所蔵する東京国立博物館の最新目録（二〇〇一年）は、遺品に様々な仏神像がある中、徳化窯製品とみられる白磁観音像のみをマリア観音としている。ただ、今日、マリア観音と聞いて白磁像を連想する人は少数派ではないだろうか。一般に流布しているイメージと、学界の認識に、ずれが生じていることが指摘できる。

マリア観音と母性

次に、マリア観音をテーマにした作家や研究者の叙述をみよう。そこでまず目につくのが母性にまつわるものである。遠藤周作は随筆「父の宗教・母の宗教―マリア観音について―」の中で、潜伏キリシタンたちがなぜ「マリア観音をわざわざ必要としたか」を問い、生き延びるために踏絵を踏み、「転び者」となった彼らは、恐ろしい父の神デウスではなく、自分たちの傷を感じてくれる慈愛の母マリアを求めたのだと考えた。遠藤は、「日本庶民の宗教心理には意志的な努力の積み重ねよりは絶対者の慈悲にすがろうとする傾向が強い」とし、日本人は「体質的に感覚的に『父の宗教』より『母の宗教』に心ひかれている」と指摘する。

遠藤の主張を受け入れると、現代にいたるマリア観音人気の一要因は、日本社会の底流にある母性原理だと考えることができる。しかし、歴史的資史料から潜伏キリシタンたちが父デウスよりも母マリアを求めたことを実証し、一般化することは難しい。長崎奉行所、岡部駿河守による浦上一番崩れ調書には、確かに、浦上キリシタンの「本尊」は「白焼」の「ハンタマルヤ」（サンタマリアの訛り）とあるが、同時に天草では「本尊は天地の主デウス、右母はサンタマルヤと申」と記されている。また、九州最西部、生月島のキリシタン信仰儀礼では、観音像を聖母像に見立てる習慣がなく、お掛け絵と呼ばれる素人の手による聖画がまつられる。その中で聖母子画像は重要な主題のひとつではあるが、イエスへの信仰、聖人崇敬と比較して聖母崇敬が格段に重視されているとは言えない。つまり、北九州の潜伏キリシタンの中でも地域によって「父の宗教」と「母の宗教」のバランスは様々だったのである。

遠藤がこだわった日本人の宗教性から視野を東アジアへと転じた研究に、若桑みどりの『聖母像の到来』がある。若桑はカトリックの聖母崇敬と、東アジアの母神信仰、中国・日本の慈母観音信仰を総括し、グローバルな母神信仰地図の中にマリア観音を位置づけた。そしてマリア観音と言われている像は「代替でもなく、化身でもなく、習合仏でもない。日本および中国のキリスト教徒が創造した、独自の『マリア』像である」とし、「潜伏期の日本のキリスト教徒が選び取った彼ら自身の東アジア型聖母像」であったと論じた。

若桑の論考は豊富な史資料の分析に裏付けられてはいるものの、はたして白磁観音像が、潜伏キリシタンが「選び取った」ものなのか、それとも禁教初期に宣教師や共同体のリーダーによって聖母子像の代替えとして「配布された」ものなのか、という点はさらに追究されるべきである。一方、若桑が先鞭をつけた、グアダルーペの聖母に代表される、ポピュラー・カルチャーの領域で変化・発展し続ける世界各地の聖母像との比較は、現代のマリア観音現象を考えるうえで今後欠かせない研究課題といえる。

東西宗教の出会い

マリア観音を仏教とキリスト教の「融合」としてとらえた論文に、藤原暹《のぼる》の「辺土仏『マリア観音』の深層」がある。藤原は鎌倉時代末期の成立とされる『源平盛衰記』の中の「なかんずく国は粟《ぞく》散辺土《さんへんど》也。時は濁世末代《じょくせまつだい》也」という一節と、十六世紀にイエズス会が日本で出版した『天草版平家物語』の序文「それゼススのコンパニアのパードレ……茫々たる巨海に船渡りして粟散辺地の扶桑に迹《せき》を留めた」における粟散辺土（地）という言葉の交差に注目し、「この粟散辺土の仏・神の交流はその後長く続き、明治以降はマリア観音という特定の呼称を有する像になった」とする。藤原はさらに、長崎奉行所の取り調べ調書に、信者たちが所持していた観音像が「ハンタマルヤ化身の姿と中伝候仏」とあることから、潜伏信者の心の深層において「マリアの側にある『化身』化の傾向が、観音にある『化身』の機能と相俟って重層的イメージを作り上げていた」と考えた。辺土日本においてマリアと観音が化身し融合したもの、それが論題にある「辺土仏マリア観音」だったというのである。

藤原が参照した調書の中では、浦上キリシタンたちは所持していた白磁観音像のことを一貫して「ハンタマルヤ」と呼んでいるが、そこに辺土の概念は不在である。したがって、これらを辺土仏と呼ぶにはいささか無理があろう。ただ藤原の論考で興味深いのは、マリア観音を近世以降継続するキリスト教と仏教の交流の表象としてとらえていることである。この東西宗教の交流というキーワードは、現代のマリア観音現象を理解する上でも重要である。

例えば、フィリピン、レイテ島の海岸沿いの公園に、「マドンナマリア観音」と称するロザリオを掲げた高さ三メートルの観音像が立っている。これは佐賀県に本拠をおく戦没者追悼と平和の会が一九七七年に日本で制作された石像を運び込み設置したもので、会のホームページによると、像はキリスト教と仏教の懸け橋であり、日比両国の友好の懸け橋となることを願う、とのことである。またグアム島、ジーゴ村の平和慰霊公苑で行われている戦没者慰霊祭は、マリア観音フェスティバルと名付けられており、神父と仏僧がともに祈りをささげるなど、キリスト教と仏教の交流と共存が積極的に意図されている。

「マリア観音」が意味するもの

ここまで、江戸時代に潜伏キリシタンが所持していた「白焼」の「ハンタマルヤ」が、近現代に「マリア観音」となり、「母性」「東西交流」といった解釈が付けられ、意味が加えられた過程を概観した。

マリア観音と同様に、後世の造語が人口に膾炙した例に「鎖国」がある。鎖国に関しては、その語感が江戸幕府の対外政策の実状についての誤解をまねきかねないとして、最近は使用が避けられる傾向にある。ではマリア観音についてはどう考えるべきだろうか？

学術研究論文では通常、マリア観音という呼称はキリシタンが使っていたものではないが、言葉が一般に浸透している便宜上使用することが注記される。歴史研究において、当事者ではない外部の人間による造語の使用について慎重であるべきなのは言うまでもない。しかし、マリア観音に関する言説とイメージが、当初の中国製白磁観音像から発展して独り歩きしている現状を肯定的にとらえ、文化史の観点から発展の経緯をたどることも可能である。それは近現代日本の宗教的表象を考えるうえで意義のあることではないだろうか。さらに、ポピュラー・カルチャーの領域でのマリア観音、海外のマリア観音についても、今後注視していくべきであろう。

参考文献

芥川龍之介　一九二〇「黒衣聖母」『芥川龍之介全集』第六巻（一九九六年）、岩波書店
遠藤周作　一九六七「父の宗教・母の宗教―マリア観音について―」『遠藤周作文学全集』第十二巻（二〇〇〇年）、新潮社
岡部駿河守　一八六〇（?）「肥前国浦上村百姓共異宗信仰いたし候一件の儀に付申上候書付」他『日本庶民生活史料集成』第十八巻（一九七二年）、三一書房
片岡弥吉　一九六七『かくれキリシタン』日本放送出版協会
藤原暹　一九八二「辺土仏『マリア観音』の深層」速水侑編『観音信仰』雄山閣出版
若桑みどり　二〇〇八『聖母像の到来』青土社
『ラウレスキリシタン文庫データベース』digital-archives.sophia.ac.jp

亡霊

川村邦光

亡霊とは

亡霊・幽霊は想像力（イマジネーション）の所産である。だが、妄想だと言って、切り捨ててしまうには惜しい。今日でも娯楽として享受されているばかりでなく、時として凄みのあるリアリティをもって迫ってくることがあるからである。亡霊は見たというところから始まるが、語られ、記され、さらには画像化されて成り立つ、かなり厄介な想像力の構築体である。研究でも、いくつかの手続きを必要とし、困難な対象ではあるが、これまでの宗教史や思想史、歴史学などの領域をクリティカルに捉え返す契機をもたらす対象である。ここでは、そのための資となる亡霊論の基礎的な構成を提示してみたい。

とりあえず、死霊・死者の霊魂が可視化され、眼に見えて意識される姿形をもって現われたもの、またそのように語られ、記され、表現されたものをオーソドックスな亡霊としておく。歴史的に重要な位置を占める、怨霊・御霊は姿形をとって現われることが多く、亡霊のカテゴリーに当てはまる。

亡霊は人の死を契機にした霊魂の表象、妖怪・化け物は何らかの契機による、人以外のものの霊魂の表象、また人の霊魂の人以外のものへの表象と、二つのカテゴリーに分けるのは、簡明でいいかもしれない。亡霊や妖怪の実体化された視覚的な表象にのみ限定するのではなく、姿形は見せなくとも、音や心身感覚で語られる、不可視の亡霊や妖怪の様相も重要である［諏訪　一九八八］。

亡霊・幽霊、お化け、妖怪・化け物は視覚・聴覚・嗅覚を踏まえて、言葉で語り、耳で聴き、文字で記述し、読んで、時には描かれた絵画や制作された彫像・模像、扮装、映像を見て、意識・認識することによって成り立っている。この言語や形象による表現の受容（聴取・読書・鑑賞）を通じて、意識・認識されるという言語論・表象論の視点は重要である。この視点に基づくと、絵画や彫像・模像、扮装、映像は除くが、亡霊、お化け、妖怪・化け物のすべてを包摂することのできる、きわめて幅広い怪談という言葉がある。怪異を語る怪談を上位概念として、亡霊物語（話・譚）といった風に、お化け、妖怪・化け物にも、物語（話・譚）を付けて、下位概念とすると、全体の見通しがよくなろう。

亡霊の要件

亡霊の特性は意識する以前に否応なく現われてくる、意識を超越した対象、いわば実体的な存在以前のものの現われである。しかし、それは実体的な存在めいたものとして、意識された対象になっていく。そして、口頭（口承）、書物（書承）、画像（画承）、現在では電子化（電承）という媒介を通じて、亡霊は存立し、伝えられ広まっていく。視覚化された表象、聴覚と視覚を媒介にする物語、この二つが亡霊の存立・存続する領域になる。ここには、表象と物語を欲する人、またそれに拘束される／拘束されたがる人という、人自身の欲望が介在していよう。亡霊（物語）は人の根源的な存立の要件と関わっている。それは人が分身を欲し求めてやまない欲望・願望を生み出す、人の必然的な機制ということになろう。こうした観点はこれまでの研究の根底にはほとんどなく、底の浅いものにしていたことは否めない。

亡霊になる要件として、何よりも何らかの要因によって、中途で生命を絶たれた／絶ったことが不可欠なものとして想定されている。その要因は何であれ、残念、心残り・未練を亡霊は抱えたまま、あの世に行けずに、この世をさまよい、それを果たそうと、縁のある生者の前に出現する。これが亡霊のありふれた様態である。とはいえ、この亡霊のさまよい漂泊するという、周縁的・境界的な様態は心身論や霊魂論との関わりで、きわめて重要である。亡霊の存在論的な意味がそこには潜んでいるからである。寿命を全うしなかった未完の生、老成しえなかった未熟な身体、成熟しえなかった未決の霊魂・精神、果たされることのなかった未成の思念、亡霊を存立させる基点がそれである。それゆえに、亡霊はいまだに終わらない自分の生を晒し、身体を見せ、霊魂・精神を明かにし、思念を吐露し、メッセージとして自ら語らなければならない（川村　[illegible]）。

不意打ちのように、予期せずに訪れる亡霊、この出会いは生者にとって、おおよそ避けたい嫌な出会い、遭遇として経験される。他方、願ってやまなかった出会い、邂逅として受け止められることがままある。嫌なのだが、受け入れざるをえない出会い、際会として不承不承ながら甘受していくこと、また不気味な怖いもの見たさに享受していくこともあろう。こうした亡霊との意識される出会いの前に、生者は心身に異様な感覚を受けることが多くある。鳥肌が立ち、悪寒を覚え、金縛りに合うこともあろう。ひどい心身の不調に陥ったり、精神に異常をきたして、不可解な言動をしたりすることもある。それは亡霊の出現を知らせるシグナルだと受け止められる、あるいは解釈される。生者が亡霊を通じて、心身に何らかの影響を受けたと感じることは、亡霊と交感したことになる。こうした亡霊による心身感覚の変容に関しては、生理学や心理学、精神医学の領域で研究してもよさそうだが、妄想や病理、精神異常として片付けられ、まったく見当たらない。

亡霊のメッセージと思想史的研究

亡霊と生者との関係性は互いの心身の交感によって成立し、そこからさらなる展開が生まれてこよう。亡霊は語ることがあるとはいえ、それは断片的であることが多い。唸り声を挙げることもある。それよりも、ただただ黙し、凝視するだけで、語らないこともある。そのような時は、推測する、忖度するしかない。そして、亡霊の物語が作られていくことになる。それが生者に課せられた、いわば務めとなる。亡霊物語（譚）は亡霊に遭遇した者が語ったとされるものを聴いたとして生み出されていく。直接話法は数少なく、間接話法が多くの文法である。それは亡霊の姿形とともに、肥大化し整序化されていく。亡霊物語はたんに娯楽や話芸として発達したばかりではなく、弔い、追悼・慰霊の営みという宗教的習俗を培ってきたこと、また批判的な歴史を構築する契機ともなるところに大きな意義が見出される。

アジア・太平洋戦争での日本人戦死者の亡霊物語は多くある。特異なのは数少ないが、日本兵士に殺戮された中国人・兵士の亡霊物語が残されている。例えば、南京虐殺に見舞われた、中国人亡霊の話がある。「東京杉並区。青梅街道沿いのクリーニング屋さんが出征。南京の大虐殺に、上官の命令でかかわった。負傷して日本に帰されたが、夜手洗いにたつと、ガラス戸に次々と殺された中国人の亡霊がうつり、手洗いの中で立ちすくんだという。奥さんもその亡霊を見たそうである。遂に気が変になって松沢病院で亡くなった」［松谷　一九八五］。虐殺された中国人は亡霊となって戦争を続行し、遥々と海を渡って越境し、日本軍兵士に取り憑いて、呪い殺した、という亡霊物語である。

中国人亡霊物語は加害者・日本人の負い目や後ろめたさという心理学的な解釈では不十分だ。亡霊は生者の生活世界に影響を及ぼし、歴史の外部に生成するわけではないからである。一定の歴史をコンテクストにして現われて語り、複数の物語・テクストを生み出して、現在を照らし出し、説明・批判する歴史的な意味、さらには未決定の歴史の未来を予期させる意義を担っている［川村　二〇〇三］。

亡霊は一定の歴史的な情況のもとで語られ、出現すること自体に存在論的な意義がある。亡霊の出現は一方的であるが、一定の関係性と志向性をもっているということである。それは縁という言葉で表わすことができる。亡霊は縁のある（縁づけようとする）生者にシグナルを発して感知させようとする、すなわち志向作用を及ぼす。そこで生者が感知するなら、相互の関係が生まれ、亡霊は話しかけて語る。黙して語らずとも対面する。そこから、亡霊の死に関わる話が語られ繰り広げられよう。それは亡霊がぜひとも伝えたい言づけ、メッセージとして、生者に受け止められる。

亡霊のメッセージ、それは残念、〝遺念余執〟を言葉に表出したものである。黙しているなら、相貌などからメッセージを察知しなければならない。このメッセージを媒介にして、亡霊と生者の間には、初めて相互の関係性が成り立つことになる。そして、生者が亡霊のメッセージをどのように捉えて解釈し、どのように振る舞うかが展開されることになる。おおよその亡霊との出会いから別れにいたるシークエンスはこのように構成されている。亡霊の語りは、物語へと結晶する。ここから、世間話や説話、演劇が生まれる。諸国一見の僧が亡霊と出会い、亡霊の語りを聴くという形式をとる、夢幻能はもっとも完成された総合的な芸術であろう。

縁という一定の関係的な情況は、個別のものでありながらも、共同性を帯びている。亡霊に縁ある生者は個人であるばかりでなく、往々にして複数の人、集団・団体であることが多い。亡霊はたんに個人に向かうばかりでなく、複数の人・集団にも向かう。個別でありながらも、集合的・集団的、すなわち社会的な様相を濃厚に帯びているところに、大きな特徴がある。亡霊とそのメッセージはいわば共同幻想なのである。そして、それは縁・特定の情況に規定されているがゆえに、政治性・歴史性が刻印されている［権　二〇〇七］。その時代の想念や想像、妄想、思考、思想が、個人であれ、集団であれ、亡霊の共同性には裏打ちされているのである。ここに亡霊研究の新たな領域、思想史的なテーマが浮かび上がってこよう。

参考文献

川村邦光　二〇一三『弔い論』青弓社
小泉義之　一九九七『弔いの哲学』河出書房新社
小松和彦　二〇一五『妖怪学新考』講談社学術文庫
権憲益　二〇〇七「ヴェトナムにおけるアメリカ戦の亡霊」堀田義太郎訳、大越愛子・井桁碧編『脱暴力のマトリックス』青弓社
諏訪春雄　一九八八『日本の幽霊』岩波新書
松谷みよ子　一九八五『現代民話考　第二巻　軍隊』立風書房
宮田登　一九八五『妖怪の民俗学』岩波書店

物質文化／マテリアリティ

角南聡一郎

物質文化／マテリアリティと宗教研究

物質文化（material culture）とは、人間の、物質的な文化的所産のこと、つまり、道具・機械・建造物など、人間が環境に適応し、生活の便を追求するためにつくった事物の総称である。また、マテリアリティ（materiality）とは物質性とも訳され、人間が認知し、それに意味づけを与え、使用するモノ（objects）にかかわる概念のことである。

彼岸的な「聖なるもの」をめぐる宗教という現象は、一見、現世的な物質文化やマテリアリティの対極に位置するように思われるかもしれない。実際、聖なる言葉＝テクストを根幹とする創唱宗教の研究は、テクスト研究を基盤に据え、その形而上的ともいえる観念世界の解明に多大なる努力を積み重ねてきた。しかしながら、「聖なるもの」をめぐる信仰と実践の総体という「宗教」概念の原点に立ち返るなら、彼岸的な観念や思想は宗教現象の一面に過ぎず、もう一面には、祭具や祭祀施設といったさまざまな物質文化、マテリアリティに満ちあふれた、多様で複雑な宗教実践の領域が広がっていることも、否定できない事実なのだ。

あらためて宗教研究の歴史を振り返るなら、ヨーロッパ世界にとっての他者である「未開民族」における呪物崇拝（fetisism）という特異なマテリアリティの発見が近代宗教学の一つの発端となっていることはきわめて示唆的である［田中編　二〇〇九］。その後もさまざまな方法的展開を重ね、近年では、アフォーダンス（affordance）やエージェンシー（agency）といった諸理論が、宗教におけるマテリアリティの様相に新たな光を当てつつある。

日本宗教史に限っても相応に分厚い蓄積を持つ物質文化／マテリアリティの研究史を、わずかな字数で要約展望することは限りなく不可能に近いだろう。本項では、筆者の多分に個人的な関心から、一人の研究者と一つの研究トピックを紹介することで、日本宗教史における物質文化／マテリアリティの課題を粗描してみたい。

仏教民俗における物質文化――五来重

先に創唱宗教の研究がテクストに偏りがちであることを指摘したが、これに対し、必ずしもテクストを持たない自然宗教の研究は、必然的に物資文化／マテリアリティへの傾斜を深めることとなる。自然宗教を扱うことの多い民俗学や人類学の分野から物質文化／マテリアリティへの関与が多く見られるのも、対象の性質が然らしめるところだろう。

ここで、「仏教民俗学」を唱えた宗教学者・五来重（一九〇八～一九九三）を取り上げたい。五来は学位論文「日本仏教民俗学論攷」（一九六二年）で、ヨーロッパでは民俗資料が歴史学の史料として利用されてきたのに対し、わが国では文献史学一辺倒が長らく続き、西田直二郎による文化史学の登場により、情況が打開されたことを指摘した。京都帝大で西田門下に学んだ五来は、歴史科学を史料学（文献）、民俗学（伝承）、考古学（遺物）に三分、それぞれが長所短所を持つアプローチであり、三者の対等な共同によってこそ歴史学研究は完成すると説いた。とりわけ、文献記録の欠落する庶民信仰の分野において伝承や遺物の存在はきわめて貴重であり、五来の切り拓いた「仏教民俗学」は、そうした多様な形態の史料をフル活用することによって打ち立てられたわけである（図1）。

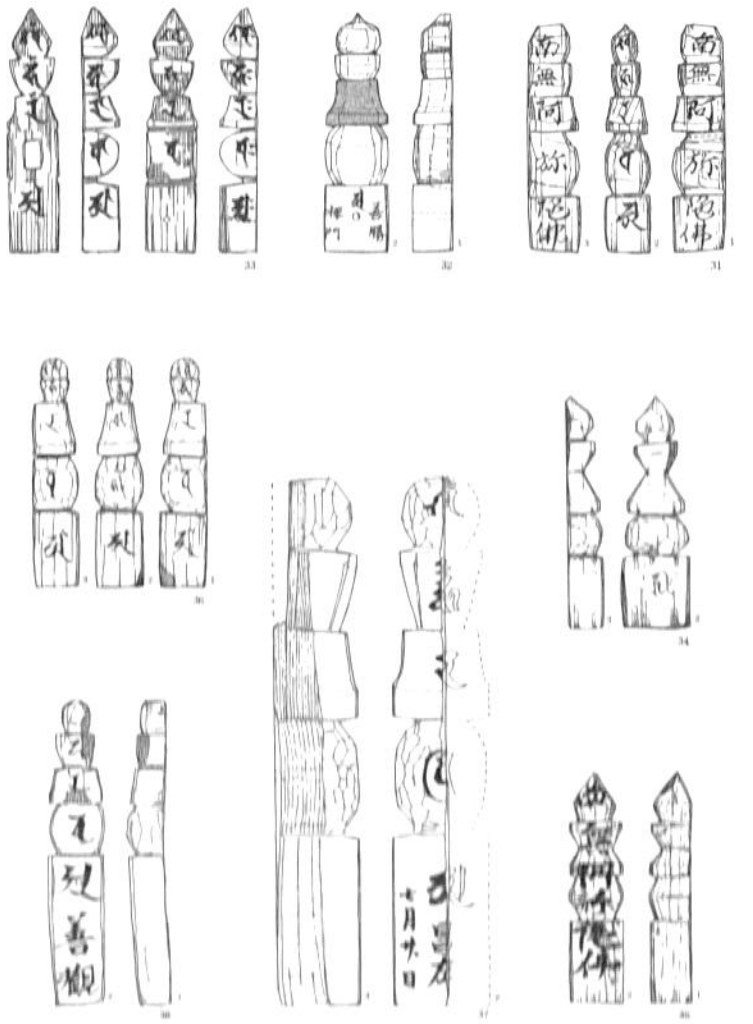

図1　五来重が重視した元興寺仏教民俗資料
（元興寺仏教民俗資料研究所編　1978）

マニュアルとモノの関係

ここで、「マニュアル」に着目してみたい。宗教儀礼に関するマニュアル本は、すでに近世から存在をし、宗教実践者はこれを手本として御札などの宗教的物質文化を再生産していた（大宮他　二〇〇六、図2）。

近代以降も『各種御幣の作り方』（一九二〇年）をはじめとして、いくつかのマニュアルが刊行されている。同書は刊行後五年で十版を重ねるほど人気を博していた。これらは研究者を対象としたものではなく、あくまで宗教実践者のためのものであり、

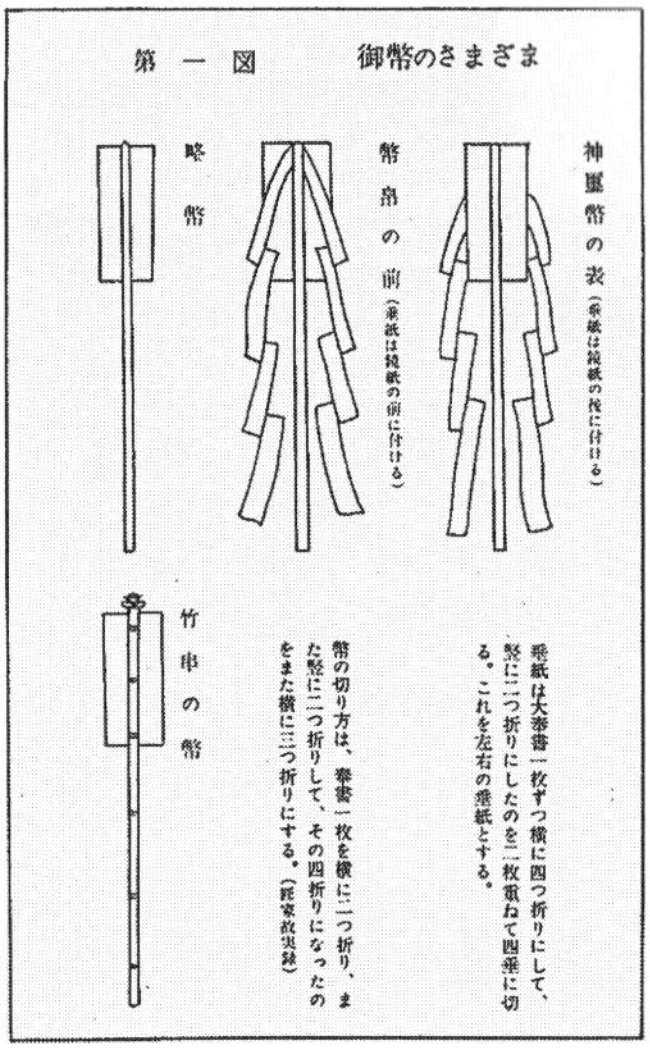

図3　江戸時代の呪符作成マニュアル、底本は貞享元年（1685）刊（大宮他　2006）

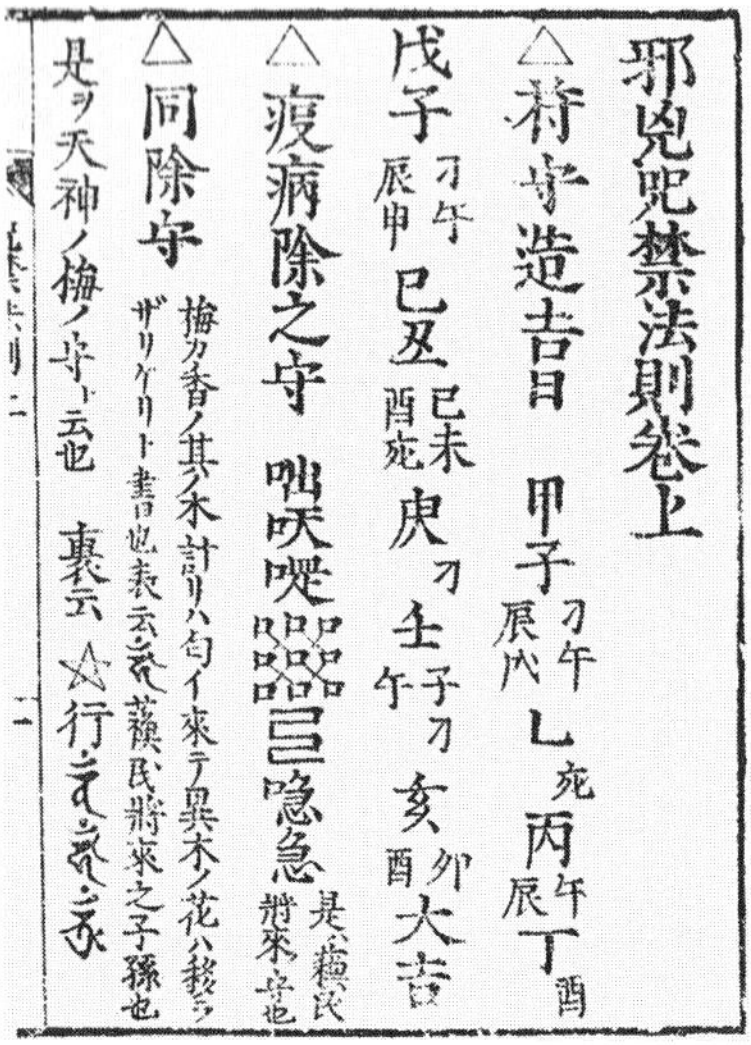

図2　図示された御幣の製作方法（照本編 1957）

宗教的実践における物質文化の使用法がわかりやすく説かれている点が特徴である（図3）。こうしたマニュアルを見ると、宗教とモノとの関係がきわめて深いことに気づかされる。

　また、宗教調査の報告書がマニュアル化する場合もある。朝鮮総督府嘱託であった村山智順（一八八六〜一九六八）により、植民地時代朝鮮で実施された民間信仰の調査報告書『朝鮮の鬼神』［村山　一九二九］などは、戦後に復刻され、かなりの売り上げがあったという（図4）。在日コリアンが祭祀を執り行う際のマニュアルとして購入したというのだ。

　マニュアルは、まさに宗教の教義テクストとマテリアルとを接続する役目を果たしている。残念ながら、こうしたマニュアルの有り様はこれまでほとんど研究されてこなかったわけだが、今後、宗教における物質文化／マテリアリティの役割を可視化してくうえで、マニュアルは恰好の参照点となるだろう。

信仰はモノに投影される

いま一度確認すると、宗教、信仰において、モノは不可欠である。しかも、そのモノは単純に客体であるばかりではなく、主体に働きかけ、主体に行為することを促していく。

例えば、墓標や位牌というモノは、故人や先祖の記憶を再生産させるモニュメントであるが、それが無縁となり性根抜きされ寄せられた後も、「無縁さん」として祀られ続けることがある。このように、モノはその「社会的生 social life」を通じてわれわれ人間に働きかけており、その相互作用によって生じるのが「信仰」だといっても過言ではない。「聖なるもの」への「信仰」はモノに投影され、その投影されたモノが翻って「信仰」を具現化する。教義と儀礼を媒介するマニュアルは、こうした相互作用をさらに加速させるだろう。そうした過程こそが、「信仰」の社会的

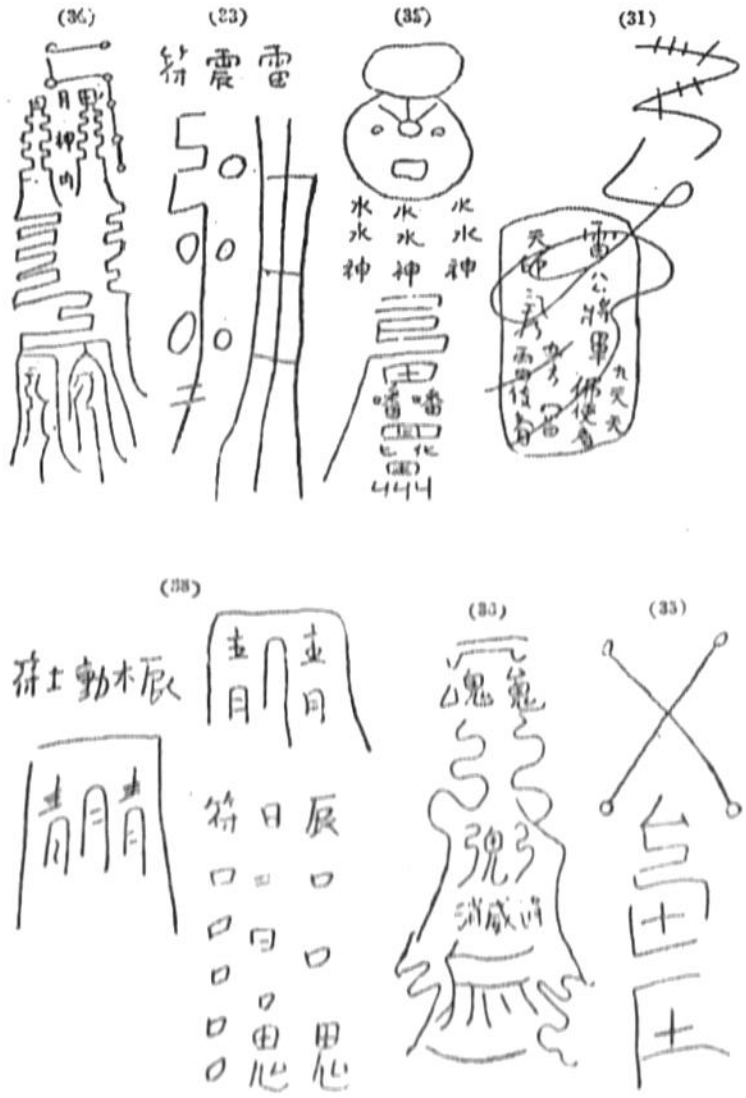

図4　『朝鮮の鬼神』に図示された呪符（村山 1929）

広がりや歴史的継続を可能にする、具体的な根拠なのである。
　それこそが、物質文化／マテリアリティの理解なしに宗教理解が成り立ちえない所以である。

参考文献

大宮司朗他　二〇〇六『邪兇咒禁法則』八幡書店
元興寺仏教民俗資料研究所編　一九七八『日本仏教民俗基礎資料集成』2　中央公論美術出版
田中雅一編　二〇〇九『フェティシズム論の系譜と展望』京都大学学術出版会
照本郁三編　一九五七『各種御幣の作り方』京文社
村山智順　一九二九『朝鮮の鬼神』朝鮮総督府

小鳥居

菊地　暁

小鳥居の「抑止力」

道端に置かれたり描かれたりする小型の鳥居状の形象、通称「小鳥居」の特異な「効果」については、木下直之「鳥居の抑止力」（一九九六）が鋭い洞察を示している（図1）。この形象に立小便抑止が期待されることを指摘した木下は、それが平面であれ立体であれ、「元になっている鳥居が威力を持っていなければ」、効果を発揮できない存在だと喝破した。そもそも鳥居は神社の神域を区画する標識であることから始まってその神威の象徴となったわけだが、道端で「抑止力」を発揮する小鳥居もそうした宗教シンボルの一端にほかならない。

この「小鳥居」は近世絵画などから存在を確認できるのだ

図1　小鳥居　京都市中京区　柊屋旅館の壁（筆者提供）

図2　北尾政演（山東京伝）『御存商売物』天明2年（1782）挿図に描かれた小鳥居。「小へん不用」と記されている。

が（図2）、事典類で言及されるようになるのは最近のことで、吉川弘文館刊『日本民俗大辞典』（二〇〇〇）の「鳥居」の項（櫻井治男執筆）が比較的初期の部類になる。その後、『朝日新聞』（二〇一三年二月一三日関西版夕刊「ますます勝手に関西遺産　トイレの神様ちゃいます　京都の小鳥居」）、『日本経済新聞』（二〇一四年二月二二日電子版「街中の小鳥居　関西から全国へ　立ち小便防止が起源　神様には畏れ　町人の知恵」）といった新聞紙上でも取り上げられ、小鳥居は関西に特徴的な風習として認知されるに至ったようだ。

なお、「路上観察」プロパーでは相応に知られていたようで、その第一人者・林丈二は、「ミニ鳥居」を「おもに都会、それも繁華街でよく見かけるマーク。最近はこのマークが何を意味しているのか知らない人が増えた」と述べている［林　二〇〇一］。

小鳥居の分布と形態

この小鳥居について、学生（筆者担当講義受講生）千人強の協力を得て所在状況情調査を行ったところ、京都では祇園・先斗町・木屋町などの繁華街に中心として市内各区で発見され、さらには近畿地方各府県、中京圏、首都圏、中国、四国、九州沖縄地方の都市部にも広がっていることが確認された。関西の私鉄・地下鉄駅構内など、公共施設に設置される例も散見される。

小鳥居の形状は、立体と平面に大別できる。立体は、既製品の奉納用小鳥居を転用したもののほか、木、ビニール、プラスチックなど様々な素材による自製品があり、なかには鉄パイプを溶接した堅固なものもある。平面は、マジックやペンキで描いたもの、プレート、印刷物をラミネート加工したものなどがあり、こちらも既製品があるようだ。なお、一部の小鳥居には塩、水などが供えられ、「祭祀」というべき実践が行われているらしく（図3）、なかには賽銭箱が置かれたものまである。また、近年は小鳥居の抑止対象がゴミの不法投棄にまで拡大されつつあるようだ。

上掲の新聞記事によれば、こうした小鳥居の存在を、神道関係者はあまり快く思っていないらしいが、だからといってその廃絶を推し進めるというわけでもない。稲荷社などに奉納するための小鳥居を製造販売している業者も、以前から奉納以外に「流用」されていることを知りつつ、とりたてて上がめる気配もない。小鳥居は各方面から「黙認」されているといって良さそうだ。

小鳥居が示す「カミの領域」

あらためてこの小鳥居について考えてみると、日本宗教のユニークネスを示す恰好の事象のように思われる。というのも、宗教シンボルが立小便抑止などという些事に奉仕する例は、古今東西、ほとんど知られていないからだ（インドに類例があるらしいが詳細は不明）。卍や十字架が使われることはもちろんない。仏教寺院の門前にすら小鳥居が設置される（図4）。ほかならぬカミのみが、このささやかな、にもかかわらず、生活の中で相応に切実な願いを聞き入れるという事実を、日本のカミの特質としてしっかりと留意しておくべきだろう。

高取正男は『神道の成立』（一九七九）において、日本宗教の特質をシンクレティズムと称することに一定の留保が必要であると指摘した。「神仏習合」といっ

図3　盛塩のある小鳥居　京都市中京区先斗町　歌舞練場付近（筆者提供）

ても、それは異なる宗教システムが融合して新たな宗教システムが産み出されるという厳密な意味でのシンクレティズムには該当せず、仏教と神道がさまざまな局面で接触・交渉しつつも、両者が併存し独自の領域を保持し続けていることこそ注目すべきだという主張だ。この意味で、小鳥居はまさにホトケへの回収を拒む「カミの領域」にある。

　ある商店主は、店の前への立小便に悩まされ、四片の赤いビニールテープを鳥居型に貼ったところ、その効果はてきめんだったと語った（図5）。小鳥居は「立小便禁止」というメッセージの単純な記号的代替に留まらない。この単純な形にすら「神威」を見出す心性こそが「抑止力」の根源なのだ。そして、一見ルーズでありながら折々に頑なな相貌をみせるこうした心性こ

図4　寺院門前の小鳥居　京都市下京区（筆者撮影）

図5　小鳥居　京都市左京区　酒販店のゴミ箱（筆者提供）

そが、日本宗教史を織りなす「原形質」なのかもしれない。

参考文献

稲田智宏　二〇〇二『鳥居』光文社新書
木下直之　一九九六「鳥居の抑止力」『ハリボテの町』朝日新聞社
高取正男　一九七九『神道の成立』平凡社
林丈二他　二〇〇〇『林丈二的考現学―屁と富士山―』ＩＮＡＸ出版
福田アジオ他編　二〇〇〇『日本民俗大辞典　下』吉川弘文館

和風神輿

林　承緯

台湾に残る日本統治期の遺産

五〇年間の日本統治期を経た台湾には、多くの有形、無形の遺産が残る。台北市の中心に屹立し、今なお最高権力機関である総統府は、建物本体が国定古跡に指定され保護されている。このほか、台中、新竹、台南、高雄などの大都市のみならず、各地方の市町村にも日本統治期に建てられた行政庁舎、劇場、駅、学校、さらには台湾人の信仰生活に密接に関連する寺廟、祠なども残されている。例えば、台北龍山寺や北港朝天宮などの荘厳華麗な外観は、すべて明治、大正期に修復されたものである。これらの文化資産として保護対象になった建物とともに、人々の日常用語、食文化、ひいては風俗や祭典に

図1

も戦前から残る多くの影響が見られる。日本の「寿司」「弁当」といった食文化や「出張」「運ちゃん」「オートバイ」などの言葉は現地に根付いた代表的な例である。

民間生活に密着する祭りにおいても、日本の祭りの現場からそのままやって来たかのような神輿が見られる。これは、戦前の神社に残されていた神輿を、現地の祭りで渡御に転用したものである。神道の神輿がそのまま台湾民間信仰の神輿として用いられており、神輿の担ぎ手は日本の神輿に倣い、法被や白の半股引を身につけるだけでなく、頭には鉢巻を巻いている。格好だけを見ると、まるで日本統治期の祭りの現場にタイムスリップしたかのようだ（図1）。にもかかわらず、担ぎ手はすべて現地の台湾人であり、神輿に鎮座する神は媽祖、関公、魯班など、台湾人の信仰対象なのである。

図2

和風御輿とは

日本の神社に残されていた神輿がそのまま転用されたものだけでなく、一九五〇年代には、台湾各地で和の要素や日本的なイメージを持つ「和風神輿」が続々と出現した。事例を挙げると、南台湾の「下茄萣聖母御輿団」（図2）、東台湾の「瑞穂青蓮寺神轎班」、中台湾の「東勢魯班先師神轎」、「豊原城隍廟日式神轎」（図3）、北台湾の「大渓協義社墨斗隊」などである。

これらの和風神輿は、台湾人が理解し、想像するところの「和様」「和柄」の形を反映している点が特徴的である。担ぎ棒は井の字型に組まれ、屋根の上に鳳凰などの祥獣を冠し、胴体部には多くは鳥居や提灯などの装飾が施されている。神輿本体以外でも、担ぎ手が法被や鉢巻を着用し、その上、神輿の太鼓や笛の音、掛け声なども台湾の伝統的な神輿とは大きく異なる。

図3

大多数の台湾人は、このような神輿を日本の神輿とみなし、戦前の日本植民政府による圧政下で創り出された台湾と日本の折衷型の神輿の様式であると認識している。けれども、それは歴史的な事実なのか、それとも戦後の台湾人が戦前社会へのノスタルジアから生み出したものなのか。

台湾における和風神輿の現状

和風神輿は、台湾人が日本に対するイメージに沿って作った神輿であり、今日に至るまで台湾各地に伝わっている。台湾在来の神輿とは異なる異国風の神輿を、人々は戦前の日本統治期から残されたものであると捉えてしまっている。その中で、戦前の神社に遺された神輿を踏襲したもの、各地の寺廟で後日作られた和風神輿以外にも、近年、日台交流の促進とともに、日本人を祀る寺廟で新たに神輿を作るようになった。台南市郊外に位置する鎮安堂飛虎将軍廟はこの代表的な一例である。戦時中、自らの命を犠牲に市街地墜落を回避したパイロットが「飛虎将軍」として祀られた。その事跡が近年メディアによって人々に知れ渡ったことを受けて、台湾人と日本人の力が結集した「飛虎将軍神轎」が作られた（図４）。

二〇一五年、金の零戦模型が据え付けられた和風神輿は、日本各地から集まって来た有志が担ぎ手となり渡御した。現地の人々は日本神輿を保有することを誇りに思っている。しかし、この台湾人が見なす日本神輿は、設計者が現地の台湾人であることから、本体に神像を祀る場所があるなど、日本神輿とは構造や造形に若干の違いがある。台湾で神になった日本軍人を祀る高雄の「紅毛港保安堂」「枋寮東龍宮」の和風神輿にも同様の現象が見られる。

神輿の形状以外に、神輿を担いで練り歩く方法も、日本の神輿の雰囲気を作り出す要素となっている。上述の三基の和風神輿は原則として担ぎ手を固定せず、渡御の際に有志を募る。飛虎将軍神轎の幾度目かの巡幸の担ぎ手には、日本各地から志願した人々が参加した。参加者の出身地が様々で未経験者もいたことから、数名の経験者がリードして渡御が行われた。

このほか、高雄紅毛港保安堂の「海府大元帥神轎」、枋寮東龍宮の「田中大元帥神轎」を担ぐのは現地の信徒だが、担ぎ方は台湾の寺廟に伝わる和風神輿のそれに近い。

図 4

戦前ノスタルジアの装置として

台湾における和風神輿の伝承を探ると、結局どのように出現したのかという疑問に行き当たる。戦前のいわゆる植民統治下に作られた文化なのか、それとも台湾人が戦後に過去へのノスタルジアから生まれたのか。筆者が台湾で一〇基近くの和風神輿を見たところ、「豐原城隍廟日式神轎」のみが当時の日本統治者からの圧力を避けるために作られたという説をもち、当時の政治的状況からこのような神輿を造ったことが認められる。このほかにもう一基戦前に作られたと公言する「高雄頂茄萣賜福宮御輿隊」は、ある日本人医師が日本の祭りの形式を導入して作ったものだと言い伝えられている。

このような起源説は、他の和風神輿にも散見される。けれども、現地の情報を客観的に考察すると、「高雄下茄萣金鑾宮聖母御輿團」（一九四八）、「台南灣裡萬年殿御輿團」（一九六〇）、「花蓮瑞穗青蓮寺神轎班」（一九六九）など一〇基以上の和風神輿が作られた時期は、いずれも戦後であることがわかる。湾裡萬年殿神輿は現地の漁民が日本映画を見て模倣したものである。また瑞穂青蓮寺神輿は、一説によると廟の責任者が戦前の瑞穂神社の神輿を模倣し作ったと言われる。これらの和風神輿の創始者は日本の神輿を担いだ経験がなく、人々の持つ過去の記憶や日本映画が体現する日本のイメージに基づいて作られたものであり、戦後の和風神輿は日本のスタイルを持つと同時に台湾ならではの色彩をも併せ持っている。和風神輿を生み出したのは、「戦前」という時代に対する懐古そして想像なのである。

参考文献

蔡錦堂　一九九五『日本帝国主義下台湾の宗教政策』同成社
謝國興　二〇一二「台灣南部的廟會陣頭」『台灣學系列講座專輯（五）』國立中央圖書館台灣分館
角南聡一郎　二〇〇四『台湾の衣食住文化にみる「日本」像』財団法人交流協会日台交流センター歴史研究者交流事業報告書
林承緯　二〇一五「保護、展示そして再建―台湾に残る日本統治期の宗教遺産―」『人文学報』一〇八号

遺影写真

佐藤守弘

遺影写真という視覚文化

遺影写真は、私たちの日常生活に深く関わっている視覚文化である。遺影写真というメディウム（媒体＝霊媒）を通じて、私たち生者は死者と触れあう。写真は、光を介して撮影対象が物理的に遺した痕跡であるので、遺影写真を見るとき、私たちは、今は亡き人に触れた光の跡を見ているのだと言える。すなわち視覚を通じて死者に触れているのである。

まずは遺影というイメージが、一般的にどのような性格を具えたものであるかについて考えてみたい。おおまかにいうと、遺影とは、（1）肖像であり、（2）その像主は既に死去していて、（3）その像主に特別な感情を持つ人がその哀悼の意を何らかのかたちで表明している、という三つの条件を充たしているものということができよう。この三つの条件は、時系列でもこの順で並んでいる。

痕跡としての写真

遺影とは、第一義的に肖像というジャンルに属する。〈肖像〉とは、指示対象に類似した〈肖たイメージ（像）」という意味であるので、肖像というイメージの根幹に類似性があることは確かだろう。真正性——つまり指示対象との同一性——を証明するのにイメージ外の証拠を必要とする絵画とは違い、写真——とくに銀塩写真——というメディアにおいては、真正性はあらかじめ保証されていると考えられることが多い。チャールズ・サンダース・パース（Charles Sanders Peirce, 1839–1914）は、記号をその指示対象との関係に着目して三つのクラスに分けた。すなわち、指示対象に類似する「アイコン（類像）」、物理的な関係を取り結ぶ「インデックス（指標）」、慣習や約束事において関係を持つ「シンボル（象徴）」である。写真は、対象と類似しているという点では、アイコンに属する。ところが、その類似性の基礎が「写真が一点一点物理的に自然と対応するよう強いられるという状況のもとで作られたという事実による」［パース 一九八六］という点に着目すると、それはインデックスにも分類される。このようにアイコン性とインデックス性をともに持つのが写真という視覚メディアの特性なのである。

聖性の感染

ただし、肖像が遺影となるには、第二の条件が必要となる。すなわち像主がすでに死去していなければ、肖像は遺影にはならない。不在のものを再び現前させるというのが、遺影の存立条件の第二なのである。

アンドレ・バザン（André Bazin, 1918–1958）は、「トリノの聖骸布《せいがいふ》」が、聖遺物と写真の特性をあわせもつと述べる［バザン 二〇一五］。キリストの聖顔布《せいがんふ》と呼ばれるものにはさまざまあるが、ここでは、それらのおおもととされる「エデッサのマンディリオン」と呼ばれる伝説に注目したい。病を得たエデッサのアブガル王がキリストを招いて治療を願ったものの、キリストは行くことができず、その代わり傍らの布で自らの顔をぬぐうと、布にはキリストの顔が写った。王が、使者に託されたその布に接吻したところ、たちまち病は治癒したという伝説である。聖顔布は、「アケイロポイエートス」、すなわち「人の手によらない」イメージとして最高の聖性を具えた肖像とされ、すべての聖像の基となったという。

マンディリオン伝説で興味深いのが、キリストの霊力が、布という物質を通じて王に感染し、病を治癒するという点である。秋山聰《あきら》によれば、聖人には、生前死後を通じて、ラテン語で「ウィルトゥス」と呼ばれる神に由来する特別な力があり、聖人の起こす奇跡とは、その力によるものとされていたという。さらにウィルトゥスは、感染力を持つ。「聖遺物は常にウィルトゥスを放射しているが、ウィルトゥスの放射を浴びた事物もそのウィルトゥスを宿すと考えられた」ので、聖人の身体――生前であれ死後であれ――に接触した物質は、すべてウィルトゥスを宿すとされた［秋山 二〇〇九］。ここで重要なのが、接触によって霊力が感染するという言説である。

このことは、ジェームズ・フレーザー（James Frazer, 1854-1941）の言う感染呪術のことを思い出させる。フレーザーによれば、呪術の原理の一つは、「かつて互いに接触していたものは、その後、物理的な接触がなくなったのちも、引き続きある距離を置きながら互いに作用しあう」ことから、「接触の法則」であるといい、その法則に基づいた呪術を「感染呪術」と呼んだ［フレーザー 一九九四］。聖顔布もまた「接触の原理」に基づいてできたものであり、それはまさにインデックス的に超自然の力を示すものとも考えられる。

聖顔布は、痕跡的イメージであり、それはまさに視覚と触覚のリレーによって、ここにはすでにいない者と今ここにある者が会話をし、触れあう場である。写真もまた、その技術が本来的に具えているインデックス的な性質のゆえに、故人の生の痕跡たる身分を付与される。すなわち遺影写真とは、死者と生者が、視覚と触覚の絡み合いによって触れあう場であり、いわばあの世とこの世の距離を超えたコミュニケーションのメディアなのである。

遺影化の儀礼

最後の段階が、遺影の第三の条件、すなわちその像主に何らかの特別な感情を持つ人がその哀悼の感情を何らかのかたちで表象しているという点である。ある人を写した肖像写真は、その像主が死亡した途端、遺影となる資格を有することになる。すなわち肖像写真とは、すべてが潜在的に遺影写真になる可能性を秘めているとも言える。ところが実際は、数多の肖像写真のうちの一点が遺影写真として選択され、遺族や死者を思う人のもとで飾られることになる。選ばれた写真は、額装をされ、黒いリボンを掛けられ、仏壇の近くや長押の上など適当な場所に祀られるというのが、おそらくは日本における一般的な儀礼であろう。こうした一連の儀礼の過程を経て、単なる肖像写真は、はじめて「遺影」という身分を付与されるのである。そうした遺影写真からは、写真メディアにつきものの複製性、複数性は隠蔽され、ただ一点のものとなり、礼拝的価値を獲得するのである。

肖像写真が儀礼によって礼拝的価値を有することになる例が、天皇の肖像、すなわち「御真影《ごしんえい》」あるいは「御写真《おしゃしん》」として知られた、一八八八年にエドワルド・キヨッソーネ（Edoardo Chiossone: 1832–1898）が肉筆で描いた明治天皇（一八五二～一九一二）の肖像を、丸木利陽《まるきりよう》（一八六四～一九二三）が写真によって複写したイメージである。当時の政府の認識としては、御真影は「写真」である以上、複写しても価値の損なわれることのない複製技術の産物であり、その聖性を保証するものは、イメージの一点性などではなく、その取り扱いの儀礼――すなわち写真を天皇そのものとして扱う――であるというものであった。多木浩二が「写真の呪物性」と呼ぶもの、すなわち写真が被写体と同一視されることという個人的心性が、そうした儀礼を通して集団に拡大されるようになったのである。人々は、それが天皇本人ではなく、写真に過ぎないことを知ってはいたであろう。しかし、イメージを天皇そのものとして扱い、儀礼に参加することにより、集団に「中心、あるいは聖なるもの」が生まれる。そのイメージは、聖性を帯びることによって、像主と同一のものと化したという［多木 一九八八］。もちろん明治天皇の肖像はあくまでも生きている人間のイメージであり、決して遺影ではない。しかしながら元来複数性を有する複製メディアであるはずの写真が、ある種の儀礼を通して、呪物性を獲得していくという点では、前述の肖像が遺影化する過程と酷似しているということはできよう。

マスメディアを通じて遺影が集団的に受容された一例として考えられるのが夏目漱石（一八六七～一九一六）の訃報記事である。死の翌日、一二月一〇日の『東京朝日新聞』には、「漱石山房」と印刷された特注の原稿用紙に、絶筆となった『明暗』の一八八回が書かれた肉筆原稿がレイアウトされている。肉筆とは、書いた人物の身体運動が遺した痕跡、すなわち書いた人物を指示するインデックスであると考えられる。そこに覆いかぶさるように配されるのは、四分の三正面で、右手をこめかみに

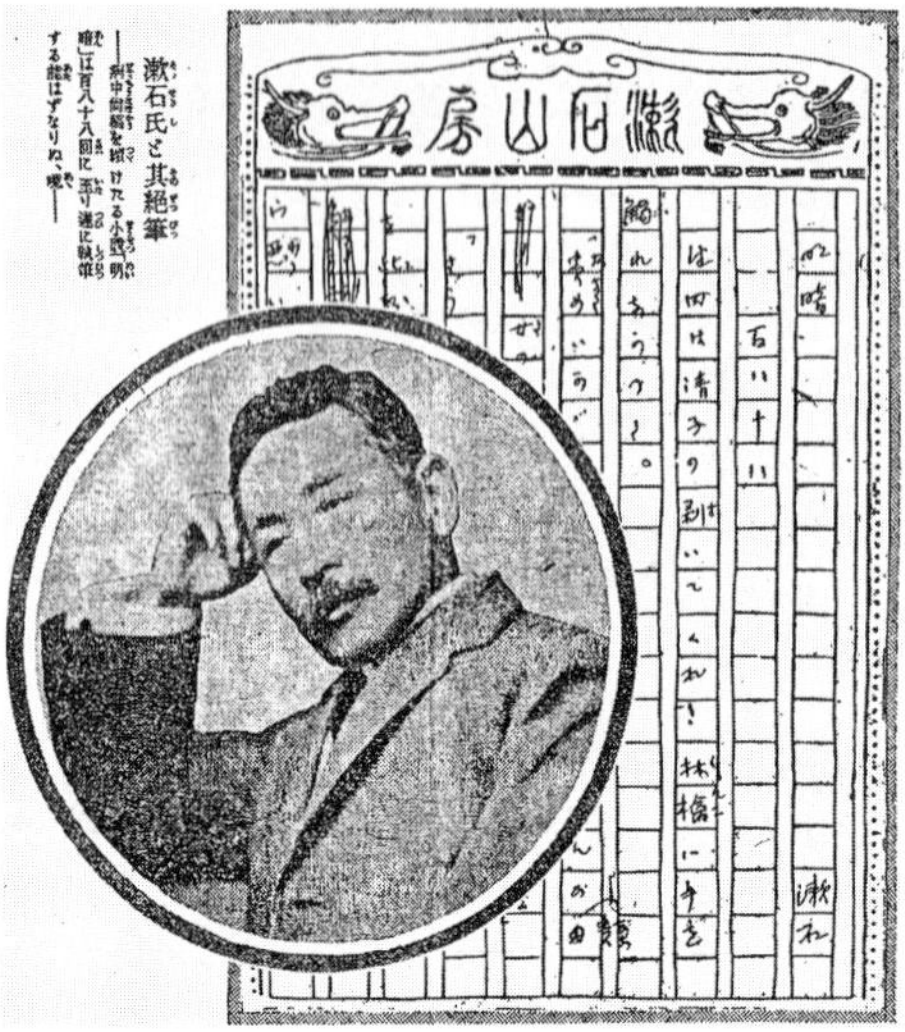

図1　1916年12月10日『東京朝日新聞』朝刊「夏目漱石氏逝く」掲載写真

添え、やや俯き加減の漱石の肖像写真である。その写真は、もともとは小川一真（一八六〇〜一九二九）の写真館を明治天皇の大葬の直後に友人たちと訪れて撮影したもので、左腕には喪章が巻かれていた。ところが記事では、遺影の写真額を思わせる黒い丸枠でトリミングされて、その喪章は見えなくなる代わりに、黒枠によって遺影であることが強調される。これによって、撮影された時点における特定の歴史的状況が隠蔽され、この写真は漱石の生涯全体の代表《リプリゼンテーション》＝表象となる。したがって肖像写真と遺筆を重ね合わせたこのイメージは二重のインデックスであり、その二つの回路を通じて読者は、今は亡き漱石に触れることとなるのである。

ある生の痕跡としての肖像写真は、儀礼により祀られることによってはじめて遺影となる。そして遺影に向けられた追慕のメッセージ——「あなたを忘れない」——は、「私を忘れるな」という死者の声となって、観る者に語りかける。このようにして遺影は、一種の霊気を帯びた存在と化すのである。

参考文献

秋山聰　二〇〇九『聖遺物崇敬の心性史—西洋中世の聖性と造形—』講談社
多木浩二　一九八八『天皇の肖像』岩波書店
バザン、アンドレ（野崎歓、大原宣久、谷本道昭訳）二〇一五『映画とは何か』上、岩波書店
パース、チャールズ・サンダース（内田種臣訳）一九八六『記号学』（『パース著作集』2）勁草書房
バッチェン、ジェフリー（甲斐義明訳）二〇一〇『時の宙づり—生・写真・死—』ＮＯＨＡＲＡ
フレーザー、サー・ジェームズ・ジョージ（メアリー・ダグラス監修、サビーヌ・マコーマック編集、内田昭一郎、吉岡晶子訳）一九九四『図説 金枝篇』東京書籍

山岳信仰

鈴木正崇

山岳信仰の根幹

日本の国土の約四分の三は山や丘陵地で、森林面積も約三分の二であるという。山は里からほどよい距離にあって多様な山の信仰を育んできた。水源にある山は人間とその生活を支え育む「いのち」の源泉であった。しかし、山は時には土砂崩れや大洪水や噴火を引き起こして、災いをもたらす。人々は山に人智を越えた巨大な「ちから」を感じ取り、これをカミと呼んだ。山に親しみと畏敬の念を抱き、山を祀り、五穀豊穣を願い病気直しを祈願し、山を神聖視し崇拝対象とする。これが山岳信仰である。山に奉納する祭祀芸能も神楽・田楽・舞楽・鹿《しし》踊りなど多彩であった。山岳信仰は思想や哲学、美術や工芸にも大きな影響を与えた。

農耕民は生業を守護する神霊として山の神を崇めた。山の神は春には里に下って田の神となり、秋には山に帰って山の神になると説く地方は多い。山麓に社や祠が造られ、春祭・秋祭が行われる。山中で生活を営む人々は、狩猟で獲物、採集で食材、木材や鉱物をとる。生産を司り恩恵の源として山を祀る。山の神は女神が大半で、儀礼には模擬性交が組み込まれて豊穣多産を祈願する。漁民は、海上からの方向認知のヤマアテとして山を拝むだけでなく、豊漁や航海安全を祈願した。日本では山岳信仰は仏教と結びついて展開し、六世紀の仏教伝来以来、江戸時代まで山は神仏混淆の世界であった。山の意味付けは多様で、神霊が降臨し鎮まる山、仏菩薩の居ます山、神霊の顕現の山、死者の霊が赴く山などであり、神仏との共感を通じて日々の生活を見つめ直し、新たな生き方を発見した。

この状況は一八六八年（慶應四＝明治元）の神仏判然令に続く神仏分離と廃仏毀釈で崩壊した。政治イデオロギーと結合した「近代神道」（国家神道）によって山は「神山」に一元化され「神体山」の名称が発明されて、祭神名は平安時代の『延喜式』（九二七）神名帳に復古し、神社は天皇家の祖神の天照大神を最上位とする社格制を導入して日本神話の神名を祭神に当てはめた。二〇一八年（平成三〇）は明治維新以来一五〇年で同時に神仏分離一五〇年である。現在の山岳信仰は、近代化の過程で日本人の精神が根本的に変化して大きな変容を遂げた典型的な事例である。

開山伝承

山岳信仰と仏教との出会いの記憶を留めるのが各地の山に縁起や口頭伝承で伝えられてきた開山伝承で、僧侶が前人未踏の山に登拝し祭祀や祈禱を行い霊地とする。あるいは山中に狩猟に入った俗人が神仏と出会い殺生の非を悟り仏門に帰依して開山者となる。開山者は僧侶、私度僧《しどそう》、優婆塞《うばそく》、聖《ひじり》、禅師《ぜんじ》、巫者、猟師、山人、出家者・半僧半俗・行者・俗人など、先導者は先住民・猟師・地主神、導く鳥獣は烏・鷹・鹿・熊・蛇・龍などが多い。仏菩薩や神霊と出会う場は洞窟が多く、英彦山の玉屋《たまや》窟《くつ》、立山の玉殿岩屋《たまどののいわや》などが名高く、タマの地名がつき、元々の霊地が修行の場と重なり、タマ・モノ・カミ・ホトケが融合していったと推定される。池や泉からも出現する。重要なのは「場所そのもの」である。出現形態は水晶（熊野山・英彦山）、九頭龍（白山・箱根・戸隠・神峯）、鬼などである。開山伝承は「歴史化」され、開山者は特定人物、開山年は年号を明示する。『続日本紀』文武天皇三年（六九九）条には役行者は葛城山の在俗の行者で呪力を発揮したが讒言で伊豆に流されたと記され、鎌倉時代中期以降に山岳修行を体系化した修験道の開祖に祀り上げられる。開山伝承は「偽史（fake history）」というよりも「擬史（pseud history）」で、年代の多くは平城京への遷都（七一〇年）前後に措定されて、国家の始原と開山を重ね合わせる「遡及史観（retrospective history）」である。開山伝承は史実ではないが、従来は不入地、禁足地であった山頂への登拝を正当化する言説であろう。一九八四年には大峯山の山上ケ岳の調査で山頂で奈良時代後期の護摩跡が発見され山岳登拝の実態が確かめられた。立山の劔岳は一九〇七年（明治四〇）に柴崎芳太郎技官が三角点測量で登った時に古い錫杖頭を発見し、平安時代初期には遡るという。

日本の山々は近年には開山の節目を迎える山が多い。二〇一六年は勝道の日光山開山一二五〇年、二〇一七年は泰澄の白山開山一三〇〇年、二〇一八年は金蓮の伯耆大山開山と続く。二〇〇〇年は大峯山の役行者一三〇〇年遠忌、一九九三年は出羽三山開山一四〇〇年であった。日本の山岳信仰は大きな節目の年を迎えているのである。

山の意味付け

山を結節点とする在地の信仰と外来の思想の結合、神仏混淆は長い年月にわたり日本人の精神史の根幹をなしていた。山の意味付けは密教の影響を受け、景色、天候、音・風・匂いなどを究極の仏の世界、大日如来の顕れや曼荼羅と見るようになる。天台本覚論の「山川草木悉有仏性」や「草木国土悉皆《しっかい》成仏」の思想、末法思想の展開で浄土往生が習合する。在来の山中他界観は変貌し、山は仏菩薩の居地で、阿弥陀の極楽浄土、弥勒の兜率天浄土、観音の補陀落浄土、薬師の瑠璃光浄土、密教の密厳浄土、法華経の霊山浄土とされた。天台宗や真言宗の教義は日本化し念仏や祈禱などの民間信仰と結合した。山岳の風景は地獄や極楽に比せられ恐山や立山がその典型である。他方、山中の湿原は弥陀ヶ原、神の田圃や御田とされ、池塘に持参した籾を撒いて豊作祈願をした。

　日本各地の山名には仏菩薩や仏教思想に因む名前が多い。薬師岳、観音岳、地蔵岳、阿弥陀岳、釈迦ケ岳などである。神明山、龍神山、明神ケ岳など神名もあり、鳳凰山や仙人岳には神仙思想の影響がある。月山、日山は自然現象に由来する名称である。平安時代中期以降に、本地垂迹説が広まり、日本の神はインドの仏菩薩を本地とし化身として現われて民衆を救済するとされた。神は権《かり》に現われる「権現」として祀られ神と仏は一体化した。出羽三山は湯殿山大権現・本地大日、羽黒山大権現・本地聖観音、月山大権現・本地阿弥陀とされた。明治の神仏分離で権現名は廃止されたが、多くの山名は神仏分離の影響も少なく、権現岳や天狗山などは現在も各地に残る。

修験道

　日本では山岳信仰の修行を体系化した修験道が展開した。定義は「日本古来の山岳信仰やシャーマニズムに神道・仏教・陰陽道が習合した宗教」とされてきたが、「山岳での修行を仏法や道家思想で意味付けて体系化し山の力を身体化する実践」と再定義する。修験道は、在来の山岳信仰を基盤として外来の仏教、特に密教の教義を取り込み、権現思想を中核に、中国の道家思想や神仙思想と融合して生成された神仏混淆の思想と実践である。

「修験」の文献上の初出は、『日本三代実録』貞観十年（八六八）で、密教僧の験力の顕れや評価を意味した。一三世紀末から一四世紀に、山伏の修行が体系化され、「修験」が験力の獲得行為や過程の意味へ変化し、顕教・密教と並立して「修験」や「修験道」となった［長谷川 二〇一六］。「修験」が山岳修行の意味になるのは一二世紀、「修験」が「道」となるのは一三世紀後半以降で「顕密仏教の一部門」として出現したという説もある［徳永 二〇〇三］。役行者の祖師化はこの変化の過程と照応する。修験者は山で抖擻《とそう》や峯入と呼ばれる縦走形式の修行を行って神霊と交流し、山中で得た霊力を「験」として身体に取り込み、里に下ると民衆の期待に応えて、験力や法力によって加持祈禱・病気治療・卜占託宣などの活動を行う「野のカウンセラー」として活躍した。

修験道は山中では六道輪廻（地獄・餓鬼・畜生・修羅・人間・天）と四聖（声聞・縁覚・菩薩・仏）の十段階に相当する修行を行い、究極には灌頂を受けて仏になる「即身成仏」を目指した。山中を母胎に見立てて胎内修行を行う「擬死再生」の意味付けも強い。半僧半俗の在家者で妻帯し、民衆生活の中に深く入り込み、教義よりも実践を重視して活動した。江戸時代には仏教寺院が寺檀制度を基盤とし家の葬儀や追善供養に特化したのに対し、修験道は民衆の現世利益の願いに応える加持祈禱を行い、神楽や延年などの芸能を演じて支持を得た。寺檀制度とは相互補完の機能を果たした。明治の神仏分離時には修験者は一七万人いたとされるが、一八七二年（明治五）九月一五日付の太政官布告第二七三号の修験宗廃止令で消滅した。その後、徐々に復活したが往年の勢力は回復しなかった。修験道は仏教の日本的受容の典型例と言える。

山岳信仰の民衆化と現代

仏教寺院には「山号」が付く。この慣行は鎌倉時代の禅宗による五山制度整備以降とされるが、山が修行の適地という思想や「山」に関わる「山作り」「山行き」など死や墓と結合する民俗語彙は多く葬式仏教化した寺院と結びついた可能性もある。近世には民衆の経済的上昇に伴い山岳登拝は大衆化した。同信者が集まる講が都市や農村で多数結成された。一年の特定の時期に水垢離をとり精進潔斎をして、白装束を身に付け「懺悔、懺悔、六根清浄」と唱えて登拝した。富士講、大山講、御嶽講、三峯講、榛名講、山上講、三山講等がある。代表者が「代参」として登拝する講も多かった。一九世紀には富士講は「江戸八百八講、講中八万人」とも言われ、江戸の町中には富士塚が築かれ、女性や子供が登拝した。山麓には宿坊が整備され御師という案内人兼祈禱師が先達として山を案内し、御師集落では「おもてなし」文化が洗練された。富士山山麓の富士吉田はその事例である。娯楽の要素も加わり「物見遊山」ともなった。近世以降、大人としての社会的承認を得るイニシエーションの山岳登拝が盛んになり男子は十五歳になると、相模大山、月山、立山、山上ケ岳、石鎚山などに登った。信仰登拝は近代でも衰えを見せず、一九六〇年代の高度経済成長期まで継続した。しかし、農業人口の減少、職業構成の変化、価値観の変容、交通機関、特に山岳道路の発達で急速に衰えた。明治時代以前は、日本の大半の山には女人結界が設けられ、女人禁制であったが、一八七二年（明治五）三月二七日付の太政官布告第九八号の解禁令以後は急速に減少し、大峯山の山上ケ岳と後山（岡山県）の二ケ所になった。山を清浄地とする為の禁忌で、現代から見れば許容できないが、歴史的経緯と当事者の意志を尊重するべきであろう。

二〇〇四年には「紀伊山地の霊場と参詣道」、二〇一三年には「富士山—信仰の対象と芸術の源泉—」が世界遺産に登録され、「山の日」が国民の祝日となり二〇一六年八月一一日には第一回記念祭が行われ、山岳信仰には観光化や資源化の動きが急速に強まっている。

参考文献

鈴木正崇　二〇一五『山岳信仰—日本文化の根底を探る—』中公新書
鈴木正崇　二〇〇二『女人禁制』吉川弘文館
徳永誓子　二〇〇三「修験道史研究の視角」『新しい歴史学のために』二五二号
長谷川賢二　二〇一六『修験道組織の形成と地域社会』岩田書院
宮家準　二〇〇一『修験道』講談社学術文庫

アースダイバー

土居 浩

「原初的でバナキュラーな」地形と宗教施設との関係性

地形ブーム、だそうだ。別の表現をすると、「地形を楽しむ人」が増えている（今尾恵介「地形散歩の楽しみ」（視点・論点）、http://www.nhk.or.jp/kaisetsu-blog/400/277033.html、二〇一七年八月二一日）。その背景について、東日本大震災からこの方、自分たちが暮らす地域の被災リスクへの興味関心から広まったのだ、というもっともらしい起源譚を、耳にすることもある。とはいえ、少し調べれば分かるとおり、ブームは震災以前から続いている。たとえば現在、趣味は「地形散歩」です、と言っても通じない相手に対し、NHKの「ブラタモリ」みたいなことが趣味です、と言えば通じてしまうあの番組は、二〇〇九年一〇月に第1シリーズが開始された。番組制作チームに対し、早くは「地理学の普及および発展に対する貢献」で二〇一〇年度の日本地理学会賞（団体貢献部門）が、最近では「地質学の社会への普及」の業績で二〇一七年度の日本地質学会表彰が、それぞれ贈られている。「ブラタモリ」に象徴される現在の地形ブームについては、アカデミアも認めるところである。

私が気になるのは、この地形ブームの中での、地形と宗教施設との関係性の語り口である。たとえば、谷地形を愛でつつ街歩きを楽しむ「東京スリバチ学会」は、地形ブームを牽引する一人（団体）であるが、その新書本［皆川ほか 二〇一六］では次のように語られる。曰く、「神社と寺院の立地には、地形の凹凸と深く関係している」。「神社や稲荷、地蔵、庚申塔など」が祀られているのは、「街道の分岐点」や「町の境界部」であるだけでなく、地形的にも「特異点」であることが多い。では地形的な「特異点」とは何か。

特異点とは、丘の頂、台地の先端部、平地の中の微高地などのことである。それらは神社や寺院などができるよりも前、集落や村が生まれたときからの、原初的でバナキュラー（土着的）なパワースポットだったに違いない。誰の目から見ても神聖に思えるそれらのスポットは、集落あるいは村の「鎮守の杜」として、侵されることなく、人の営みをずっと見守ってきた。そんな場所にいつしか神社や稲荷が建立されたのであろう［皆川ほか 二〇一六］。

しばしば「地形を楽しむ人」たちのブログやツイートなどに散見されるこのような語り口は、これまたしばしば「地形を楽しむ人」たち自身によって、ネタとして対象化される。曰く、「アースダイバー」っぽいね、と。つまり、中沢新一の著作『アースダイバー』［中沢 二〇〇五］のことである。

民間信仰・論としてのアースダイバー的視点

『アースダイバー』の方法論は、その巻末に折り込まれた「アース・ダイビング・マップ Earth Diving Map」が、端的に示している。新宿を中心としたこの地図には、旧石器遺跡・縄文遺跡・弥生遺跡・横穴墓・古墳・神社・墓地が描き込まれ、洪積台地と沖積低地とが色分けされている。その色分けは、「縄文海進期」で海が深く入り込んだ東京の様相を示す「縄文地図」だ、と中沢は語る。「どんなに都市開発が進んでも、ちゃんとした神社やお寺のある場所には、めったなことでは手を加えることができない」。そのような場所は「猛烈なスピードで変化していく経済の動きを決定づけられている都市空間の中に、時間の作用を受けない小さなスポット」として、いわば「無の空間」として散在している。この「無の場所」のある場所は、「きまって縄文地図における、海に突き出た岬ないし半島の突端部なのである。縄文時代の人たちは、岬のような地形に、強い霊性を感じていた。そのためにそこには墓地をつくったり、石棒などを立てて神様を祀る聖地を設けた」と（中沢 二〇〇九）。念のために書き添えておくと、この「縄文地図」をめぐっては、黎明期の「地形を楽しむ人」たちの中でも、特に地理学・考古学の研究者から批判が巻き起こっている（トゥギャッターまとめ「東京地形ブームと縄文海進」li/44316）。しかし基本的には、縄文海進についての科学的な正確さが議論の対象であって、そこに宗教施設が立地していることの解釈については、初手から議論の対象外であった。それこそ（中沢の出自であるはずの）宗教学や（中沢が自身の名乗りに用いる）人類学など人文学系において議論されるべきだったはずだが、同時期の「対称性人類学」や「芸術人類学」に関する著作に比較すると、人文学系からする『アースダイバー』の扱いは、ほぼ黙殺に近い。

　アースダイバー的視点が、どの方面に受容されたかは、考えるに値する現象である。先にみた東京スリバチ学会の新書本でいう「特異点」＝「丘の頂、台地の先端部、平地の中の微高地など」（皆川はか〔二〇一六〕は、明らかに『アースダイバー』でいう「無の空間」＝「縄文地図における、海に突き出た岬ないし半島の突端部」のモドキである（ただし、オマージュなのかパロディなのかは、判断が難しい）ように、「地形を楽しむ人」たちの間で、アースダイバー的視点がいわば「民間信仰・論」として、すなわち神社など宗教施設の立地（民間信仰）をそれなりに体系的に説明する語り口（論）として、大いに参照されていることには、もっと注意されてよい。その一方で先にみたように、地理学・考古学あるいは宗教学・人類学また歴史学・民俗学など（文系・理系を問わず）アカデミアからは批判あるいは黙殺されている。そんな中、私見ではほぼ唯一、建築・土木系からは比較的好意的に迎えられたようである。その理由は正直よく分からないけれども、神社の祭神と被災状況との関係性についての論文が、あるいは示唆を与えてくれるかもしれない。

社会工学的関心における地形と宗教施設との関係性

東日本大震災で被災を免れた神社の空間的配置はその祭神と関係がある、とする論文〔髙田ほか二〇一二〕がTwitter上で話題となったのは、二〇一七年五月のことであった。件の論文は、土木学会論文集に掲載されたのが二〇一二年、またJ-STAGEで公開されたのが二〇一三年なので、最新の研究成果として注目されたわけではない。トゥギャッターまとめや感想ブログを瞥見すると、神社の祭神とその空間的配置（具体的には地形）を論じた工学系研究成果の話題がTwitter上で盛り上がるも、歴史学・民俗学つまり人文学系の研究者から異論が出された、という経緯のようだ。この論文執筆者のうち、髙田知紀の指導教授である桑子敏雄は「哲学者」を名乗るが、現在は社会的合意形成の研究のみならず実践も看板にしているので、実質的には高田・桑子ともに社会工学的な立場といえよう。この両名はその後も連名で、類似の研究成果を発表している。たとえば、高知県・徳島県それぞれの沿岸部に立地する「式内社は、数百年に一度で襲来する大規模津波についても、その災害リスクを回避しうる立地特性を有している」［高田ほか 二〇一六］。また、和歌山県下の神社のうち、「和歌山の土地に深いルーツを持つイソタケル系神社、熊野系神社、王子系神社の多くは、自然災害に対してのリスク回避が高い立地である」［高田・桑子 二〇一六］。これら一連の研究に共通するのは、自然災害とりわけ大規模津波のリスクを回避しうる土地（地形）に立地する神社（宗教施設）、との視点であり、震災後における社会工学的関心のありようが、端的に示されている。

いわば社会工学的関心における、地形と宗教施設との関連性の語り口は、池上彰との対談での桑子の発言「スサノオを祭った社は、どこも津波の被害を受けてないんですよ」［池上 二〇一四］に象徴的である。この発言は、被災地の神社を巡って祭神を調べた経験（つまり件の論文成果）を踏まえてのものだが、この発言が置かれた前後の文脈を推し量っても、歴史性へ対する配慮を読み取ることは困難である点に注意したい。別の論文にある「神社の立地は、自然発生的なものではなく、長い歴史のなかでその神社の建設と維持にかかわった人びとの関心・懸念の結果であると考えられる」などの論述には、歴史性へ対する配慮を読み込みうるが、実際にこの論文において「人びとの関心・懸念」へ代入されるのは、「災害リスク対応」である［高田・桑子 二〇一六］。

実はこの社会工学的関心と、アースダイバー的視点とは、歴史性への配慮が皆無であることが共通しているのだ。アースダイバー的視点における「縄文」は、現在に直接つながっている。「現代の東京は地形の変化の中に霊的な力の働きを敏感に感知していた縄文人の思考から、いまだに直接的な影響を受け続けているのである」［中沢　二〇〇五］。このアースダイバー的視点から、眉唾物の「霊的な力の働き」や「縄文人の思考」を、まだ制御下に置くことができる「人びとの関心・懸念」へと置換すれば、社会工学的視点へと変容する。ただ、いずれも共通するのは、歴史性への配慮のなさ＝歴史像の欠如である。つまりは、神社に象徴される日本宗教史像そのものが、欠如しているといえよう。

宗教施設をめぐる史層への注目

とはいえ「日本宗教史像を構築せよ」などと大仰な語り口を用いれば、ともすれば「固有」や「基層」なぞに絡め取られかねない危うさがある（その意味で「縄文」は、やっかいだ）。ひとまず地形散歩にせよ社会工学にせよ、過去へのダイビングは試みているわけだから、ここは次のように提案することにしたい。目的の深さまで潜り（＝過去へ遡り）、珍しい景色を楽しんだとしても、すぐさま水面へと急浮上する（＝現在と直結させる）のは、かなりもったいないことではないか。その途中の景色（＝史層、とでも呼ぶべきか）を楽しむことは、おそらく、散歩という行為にも通じる楽しみ方であろう。歴史像の構築よりも、まずは史層の厚みに目を向けること。幸いなことに、参照しうる関連諸学の蓄積は、それこそ地層のように分厚く堆積している。

参考文献

池上彰　二〇一四『池上彰の教養のススメ―東京工業大学リベラルアーツセンター篇―』日経ＢＰ

社
高田知紀・梅津喜美夫・桑子敏雄　二〇一二「東日本大震災の津波被害における神社の祭神とその空間的配置に関する研究」『土木学会論文集F6（安全問題）』第六八巻第一号　https://doi.org/10.2208/jscejsp.68.I_167
高田知紀・高見俊英・宇野宏司・辻本剛三・桑子敏雄　二〇一六「延喜式内社に着目した四国沿岸部における神社の配置と津波災害リスクに関する一考察」『土木学会論文集F6（安全問題）』第七二巻第二号　https://doi.org/10.2208/jscejsp.72.I_123
高田知紀・桑子敏雄　二〇一六「由緒および信仰的意義に着目した神社空間の自然災害リスクに関する研究―和歌山県下の三九八社を対象として―」『実践政策学』第二巻第一号
中沢新一　二〇〇五『アースダイバー』講談社
皆川典久＋東京スリバチ学会　二〇一六『東京スリバチ地形入門』イースト・プレス

地震

長谷川雄高

地震に関する研究上の諸問題

地震、特に大規模な地震は人命・土木建築その他に大きな被害をもたらす。またこうした被害の他にも、文化や人々の意識・思想、時には政治・社会の構造や状況といったさまざまな領域にも大きな影響を与えることとなる。このように多面的な影響を有する地震については、当然ジャーナリスティックなものから学術的なものまで、理系・文系を問わずに研究・論考が存在している。しかしながら、これら全てを見通した形で述べることは筆者の力量、本書のテーマ、紙幅の都合の三点からも困難である。現代日本の「地震と宗教」の事例については［三木　二〇一五］などの優れた研究に譲り、ここでは日本の歴史・宗教に関係するもののうち、歴史地震を扱うものに話題を限定して述べることとしたい。

これらの領域で過去の地震を取り上げる場合、大きく二つの方向性が見られる。一つは、例えば「防災」や復興過程・地震対応の先例などとして、教訓を得ることを掲げるものである。もう一つはあるテーマの歴史研究・宗教研究の中で、一つの素材なり事例として扱うものである。荒っぽく言えば、「教訓を得るための研究」と「一環としての研究」とすることができよう。前者の場合は「防災」・「地震」・「震災」などのキーワードを含むことが多く、先行研究として比較的目に付きやすい。しかし、後者の場合は地震に関する記述が全体の論述の中に埋没していることが多い。例えば、政治経済史や科学史、思想史などの研究においても、地震に触れたものがある。しかし、各研究の主題との関係で取り上げられ、叙述に組み込まれるため、それらは地震の先行研究として意識されにくい。

このように、単純に「防災」などの枠に収まらない研究の広がりがあることから、地震に関する先行研究の整理は難しいという問題がある。もっとも近年は「災害史」という枠組みも提唱され、現状の集大成として［北原ほか編 二〇一二］が編まれるなど、災害、ひいては地震の歴史をめぐる研究状況は変化している。

ではこうした中で、「地震と宗教」を歴史的に捉えようとする場合はどうであろうか。

地震と宗教と歴史

阪神・淡路大震災（一九九五年）でもある程度注目されたが、「地震と宗教」というテーマについて、まとまった関心が払われるようになったのはやはり東日本大震災（二〇一一年）以降のことである。これらの新しい研究・論考と従来のものを合わせて、宗教史に関わるものを、おおまかに分類するならば、次のようになるであろう。すなわち、①通史的な概略を記述するもの、②近世以後の地震（一八五五年の安政江戸地震、一九二三年の関東大震災など）を個別に取り上げるもの、③地震を含む、古代・中世における災害という形で包括的に取り上げるものの三類型である。①については基本的に

②・③の研究の要約である場合が多いので、ここではひとまずおく。
②と③では、時代的には近世以前と以後、取り上げ方ではさまざな災害の中で地震を単独で扱うか否かという違いがある。またこれは、②の近世以降（特に近代）の場合は被災地における救援・慰霊活動などに注目するのに対し、③の古代・中世の場合は社会・宗教のあり方や思想・対応などを全体的に論じるという、研究傾向の差異としても現れている。
こうした違いは、時代を下るほどに残存史料の種類・量が増大することもあるが、同時に、地震観の変遷を反映するものでもあるように思われる。

ここで、日本の地震観に触れておこう。その前提として重要なのが、古代中国の天譴説《てんけんせつ》（災異説）である。天譴説とは、災異（自然災害や異変現象）を、為政者（皇帝）の不徳・失政に対し、天（宇宙の主宰神）が下した譴責・警告とする思想である。また、具体的にどのような災異が発生するのかは、為政者の不徳・失政がもたらした人間界の陰陽五気の状況に左右されるとする。ちなみに、地震はしばしば陰が陽を凌いだ結果（帝威の衰え）による災異と解釈された。

このような天譴説は律令制の導入と軌を一にして、古代の日本にも伝わり、地震は災異の一種に分類された。もっとも日本においては、これらの災異を、為政者層（天皇と有力貴族）に対する神仏からの意思表示（警告・祟り・前兆）と捉える点、またその原因を祭祀の問題（不敬行為）に求める傾向が強いなどの点で、中国との差異が見られる。

そして中世においては、宗教に対する国家統制の弛緩と、為政者（朝廷・幕府・地方領主など）の分立などを背景に、地震に対する考え方も多様化する。例えば、『大智度論』などの仏典に由来する、

〈地震は仏が自らの力を示すため種々の因縁に基づいて起こすもの〉とする説、あるいは〈日本の神々は「龍」や「大魚」（鯰）に変化した形で地下に棲み、彼らがある目的で活動するとき地震・地動が起こる〉とする説などである〔黒田 二〇〇三〕。また時には、日蓮（一二二二～一二八二）の『立正安国論』（一二六〇年）に見られるように、新たな宗教思想の根幹に関わる場合もあった。しかしながら、これら古代・中世の認識において、地震はあくまで災異（＝神仏からの意思表示）の一種である。言い換えれば、地震に対して、他の災害とは異なる独自の原因や説明が与えられていない。各種の地震論は災異観の中に包摂され、一つの地震観として独立していないのである。この状態が変化するのは、現世のあらゆる事象の背後に冥界の神仏の意思を見る、古代・中世的な世界観の崩壊を経てからのことであった。つまり、〈地震は地下の「鯰」が起こす〉という、神仏とは切り離された原因と説明が見られるようになる。これが最初に確認されるのは慶長伏見地震（一五九六年）であり、近世、特に一七世紀を通じて一般化していく〔北原 一九九八〕。

このように見れば、日本の地震観は近世以後、それまでの災異観から区分される形で確立した。これは社会や宗教と地震等の災害が強く結びついていた世界が終わり、歴史・宗教研究としても、天譴説や災異説を用いて社会・宗教を全体的に論じるという方法が困難になったことを意味する。つまり、宗教的な解釈・対応を取り上げる研究上の意義が薄れ、代わりに目に見える社会と宗教の関わりとして、救援・慰霊等の活動・行為に注目が集まると見ることができよう。その意味で、先の(2)と(3)の研究における時代区分・取り上げ方の違いは、こうした変遷を反映している。

しかしながら、その結果、近世以降の地震観については課題が多く残されることとなった。たしかに近世の地震観のあらましは、［北原　一九九八］などで整理されている。しかし、各個の地震に即した研究では寛文近江・若狭地震（一六六二年）［北原　一九九八］、安政江戸地震［北原　一九八三］、関東大震災［廣井　一九八六］などにとどまっている。言い換えれば、これらの研究が大海の中に点在する島々のようなものであり、それ以外の地震に関してはほぼ全てが空白地帯である。この間の地震観の様相を検討し、それを古代・中世をも含めた通史としてまとめて行く必要があろう。

また、②の近世以降の地震を論じる場合、特に近代の宗教教団や宗教者の救援・慰霊などの活動が取り上げられる傾向にあることは既に述べた。ここでの主要な課題は現状で二つあろう。一つは、近世の動向・対応に関して不明な点が多いことである。そしてもう一つは、近代において検討対象となる事例、つまり地震（特に関東大震災）と教団・宗派（特に浄土真宗や天理教など）が特定のものに偏り、研究が細分化されていることである。これについては、両者ともに、まず従来取り上げられなかった個別事例の洗い出しと検討という、基礎的な作業を行う必要があろう。

さて、以上のように見た場合、日本宗教史において、地震に関するまとまった「歴史像」と見なし得るものがあるであろうか。「歴史像」が、一貫した視座に立って、ある対象を歴史の流れの中に位置付けたイメージであり、それが広く共有されたものであるとするならば、残念ながら、そのようなものは無いと断ぜざるを得ない。既に見たように、時代によって視座や論じ方が異なる研究を寄せ集めたものは、まとまった「歴史像」と言い難いからである。その意味では、日本宗教史を通して、地震を論じる視座を見出すことが、現状での最大の課題であるとも言えよう。

このように、地震に関しては、本書で再構築されるべき「歴史像」自体がいまだ存在していない。

しかしながら、そうであればこそ、新たになされる研究は、従来の日本宗教史像を揺り動かす可能性を秘めているのである。

参考文献

北原糸子　一九八三『安政大地震と民衆―地震の社会史―』三一書房（後、『地震の社会史―安政大地震と民衆―』吉川弘文館、二〇一三年）
北原糸子　一九九八『磐梯山噴火―災異から災害の科学へ―』吉川弘文館
北原糸子・松浦律子・木村玲欧編　二〇一二『日本歴史災害事典』吉川弘文館
黒田日出男　二〇〇三『龍の棲む日本』岩波新書
廣井脩　一九八六『災害と日本人―巨大地震の社会心理―』時事通信社
三木英　二〇一五『宗教と震災―阪神・淡路、東日本のそれから―』森話社

②プラクティス――実践

プラクティス／ビリーフ

関　一敏

日本人の宗教

まだ戦後の余韻の残る一九五一年に東京の下町で生活調査をこころみたR・ドーアは、二〇〇世帯一二〇〇人あまりの住人のうち、「自分はキリスト教または仏教の信者である」という意識をはっきりもっている者の少なさについてのべている（ドーア『都市の日本人』一九六二）。ふだん仏壇の礼拝を行う人に死後の魂のゆくえを尋ねると、約三分の一が「死んだらお終いだ」と答え、「分からない」をふくめると半数近くが死後の魂の生存に否定的もしくは懐疑的な意見をもっていた。もし人間が合理的なものなら、礼拝の対象が存在しないという矛盾はみられないはずだがとドーアは註記している。もう一つの例を一九七八年の「国民性の研究」にみてみよう（林・米沢　一九八二）。「宗教についてお聞きしたいのですが、たとえば、あなたは、何か信仰とか信心とかを持っていますか」という質問にはおよそ三分の一が信じていると答えるにすぎないのに、「宗教的な心というものを大切だと思いますか」という問いには八割をこえる回答者が大切に思うと答えている。いいかえれば、信仰や宗教に自分がコミットしていると自覚している者の数は多くはないのに、そうした宗教的な心のあり方にたいしては大多数が高い評価を与えていることになる。

こうした日本人の宗教のあり方について、これまでいく人もの論者が説明をこころみてきた。阿満利麿『日本人はなぜ無宗教なのか』（一九九六年）は、自然宗教と創唱宗教の対比をてこに「無宗教」という名の宗教心とでもよぶべきものが見いだされることを説いている。宗教といえば教祖・教典・教団をもつ創唱宗教をイメージしがちであるが、自然発生の宗教＝自然宗教という対比的なあり方を考慮しないと、日本人の宗教的態度は分からないと指摘した。さかのぼって先に引いた林・米沢は、自分たちの調査データから、自覚的に日常の宗教行動を尋ねた場合と習慣的な行事なりお祭りをも含めた場合とでは、回答に有意の落差のあらわれることにふれて、「行事としての宗教」はおおむね慣習的行為と受けとめられていて、宗教行為としての意識化やその意味の自覚がはかられていないことに注目した。さらにさかのぼると、冒頭のドーアの例や祭りや民間信仰をひきあいに出しながら、日本の宗教がキリスト教のような信仰箇条を軸とする視角からはとらえきれないことを「信仰のない宗教」と名づけた例がある［柳川　一九七四］。これらはいずれもある認識を共有している。欧米の宗教理念がそうであるような、キリスト教をモデルにした宗教のとらえ方では、われわれの宗教事情をうまく把握できにくいことである。

キリスト教モデルの「宗教」概念

ならばキリスト教をモデルにした宗教のとらえ方とは何か。ここまでの文脈では、唯一神やその神観念に焦点があるのではなく、行事としての宗教や信仰なき宗教といわれる日本的現実にたいして、つねに行事と信仰の体系として宗教をとらえる見方のことである。英語でいえばビリーフ（信）とプラクティス（行）の二分法は、注意してみるとフレイザーやデュルケムらの宗教の定義にも出ている。この二分法のセットとしての宗教観にはつよい引力があるらしく、これを受容して一世紀ほどしかたっていない日本でも、宗教ならぬ呪術の定義にまであらわれてくる。たとえば『宗教学辞典』（一九七三年）の「呪術」には「何らかの目的のために、超自然的存在（神、精霊その他）あるいは呪力の助けを借りて、種々の現象をおこさせようとする行為およびそれに関連する信仰の体系」とある。問題は行為と信仰の体系といってしまうと、その行為の意味づけがあたかも神学的言説のように体系的に用意されているかのような印象を与え、慣習的反復のもつ本来の非言語性・非意味性が見えにくくなるところにあった。

　今なら分かるのだが、ビリーフとプラクティスのセットを用いながら、すでに七〇年代初頭の社会史的な仕事には、われわれの宗教事情をよりよく理解するヒントがあった。

> 今日われわれは宗教をプラクティスよりはビリーフとしてとらえている。行動様式よりは信仰箇条とのかかわりで定義しうるものと見ている。けれどもそれが多くの未開宗教に妥当しないのと同じに、中世の民衆カトリシズムにはあてはまらない。聖書や教会教義にかんする農民の知識はごくわずかだった。教会が大切であるのは、定式化された信条ゆえでなく、その儀礼がかれらの人生において重要な出来事とむすびついていたからである（洗礼・結婚・死）。……宗教とは儀礼的な生活様式であって、ドグマのセットではなかった（K・トマス『呪術の衰退と宗教』一九七一

年)。

ここで定式化された信条とは「われ信ず」の命言に代表されるような、言説化された命題的信仰のことである。ドーアの例では「死後の魂の生存を信ずる」と表明することがそれにあたる。いっぽう儀礼的な生活様式とは、とりたてて言葉で説明することのない生活世界に埋め込まれた慣習的行為の集積のことであり、仏壇の礼拝はその一つである。この見方にたてば、日本の宗教的現実の分かりにくい部分は、むしろ西欧近代の「宗教」概念の特殊性のほうにこそあると云いたくなる。

たしかに半分はそのとおりであって、生活世界がすそ野に広がる慣行の集合体から「信仰の体系」として宗教群を数えるようになったのは、一八世紀啓蒙期以降であるにもかかわらず、そのつよい普遍主義的傾向によって日本をふくめた非西欧圏の生活世界の一領域は「宗教」として切り抜かれてきたのだった。しかしそれだけならば、いわば切りとった側の反省と切りとられた側の抵抗——七〇年代末の『オリエンタリズム』とイラン革命以後の二〇年間、自壊的な激しさで進んでいる反・普遍主義の流れ——でことは治まるはずである。そうならないややこしいいきさつは、残りの半分の理由にあった。すなわち受容する側もまた、近代という大きな物語のなかで西欧理念の普遍主義をかくあるべき普遍として受けとめてきた事情があった（文明化と近代化）。この点に、K・トマスやはるか以前のL・フェーヴル描くところの前近代の宗教像から、われわれが自己理解のヒントを得ることのむつかしさがあっただろう。ヨーロッパ前近代と日本近代を並列することへの心理的抵抗も無視できないが、それ以上に、われわれ自身が足下の生活世界から離床したところに理念世界をつくり、その理念のほうへと現実を組織しようとしてきたからである。

近代日本宗教史のために

日本に「宗教」という言葉が定着したのは、明治一〇年頃とされる。言葉そのものは中国の禅書『碧巌録』をはじめ中世来の仏教書に散見されるが、それらは宗派の教えという意味であり、キリスト教・仏教・神道などをふくむ類概念ではない。はっきりとレリジョンの訳語として文書に登場するのは、明治元年閏四月三日、アメリカ公使のキリシタン高札への抗議書である［鈴木 一九七九］。こ の訳語としての「宗教」の出現は、キリシタン禁令問題に代表されるような、欧米諸国との外交関係のなかでの出来事だった。鈴木はそれを「啓蒙」と「外圧」の一点に要約している。たとえば、欧米諸国の国内事情視察に派遣された岩倉具視使節団の一員だった伊藤博文は、不平等条約改正のための意見具申（明治五年三月二五日）に「日本ノ法律中ニ外教ノ明禁ナシト雖モ尚ホ高札ニ其禁令ヲ掲示スルヲ以テ外人ハ一概ニ自由信仰ヲ妨クルノ野蛮国ト見ナシ対等ノ権ヲ許ス事ヲ甘ンセス故ニ此高札ノ禁令ヲ除ク事」と述べた［田丸他編 一九七三］。すなわちキリシタン禁令の高札があるかぎり、日本は文明諸国から信仰の自由のない野蛮国とみなされ、対等の外交関係を結べないという。ここには信仰の自由という理念が脱・野蛮の一歩として文明の必要条件にかぞえられ、啓蒙の精神が外圧とともに日本に浸透しはじめるようすがうかがわれる。このことは、次にみる神道非宗教説のはしりとされる記事（『教義新聞』明治七年八月二九日）にも共通している。

蓋シ夫レ我ガ皇上ノ祖先ヲ祭祀敬宗スルヲ以テ宗教トナサバ、畏クモ我ガ歴世皇帝ノ聖霊ヲ、彼ノ幽冥不測ナル、信ズル者ハ之ヲ信ジ信ゼザル者ハ却テ之ヲ嘲弄スル諸宗法教ノ神等ニ同ジトスル乎、……且夫祭祀ハ天下ノ礼典ナレバ、官社ハ天下ニ令シ国社ハ国ニ令シ府県社ハ府県下ニ令シ、人民共ニ之ヲ奉ゼシムベシト雖ドモ、モシ之ヲ以テ宗教トナサバ、民ノ信否ニ任セザルヲ得ズ。強テ之ヲ信ゼシメント欲ストモ、其思想ニ信ナクバ之ヲ如何トモスル能ハズ［安丸他編　一九八八］。

もし神道を宗教とするならば、それは国民の個々の信仰にかかわり、強制の及ばないことがらになって国体護持がむつかしくなるという主旨である。この時期にはまだ宗教とともに法教・宗旨が併用されているが、いずれにせよそれらの本質が信にあること、しかも信の可否は個々人の自由に任されるべきであることが自明の前提になっている点に注意したい。このことは、ひとり神道のみならず、同時代の仏教にも、『明六雑誌』に結集した啓蒙思想家たちにも共有された受けとめ方である。一方に「信の自由」とそれにつらなる一連の外交問題があり、他方にはその圧力をはねのけながら一神教的伝統の背骨をもたない近代国家を形成する必要があった。そこで明治国家がとった政策は「宗教―信―個人の自由―人造教」と「祭祀―行―強制―惟神道（自然）」という二つの制度的系列をもうけ、あとの系列には、すべての国民が生まれながらにしておのずと帰属する非宗教としての国家神道体制をわりふることだった。

この「祭教分離」政策が歴史的に一定の力を発揮してきたことの背景には、信を軸とする西欧的内面イディオムと行を軸とする非西欧的外面イディオムの対比があった。とりわけ言説化された信仰箇条にかかわることのない生活領域での、慣行としての祀りを吸収しえた点で国家神道体制はある種の自然性をそなえることになった。プラクティスとビリーフの日本的乖離のあり方がこれを実感のほうから支える構図である。ここで考えるべきことは次のことであるだろう。明治初年から五年頃にかけて若者組の解体をふくめたいわゆる民俗統制が各地でおこなわれた。そのさいに用いられた表現は「流弊・陋習」であり、国家体制の支軸としての神道祭祀にいう「淳風美俗」と対照をなしている。このことはプラクティスの集積からなる生活世界が、明治初期からの啓蒙的仕分けと政治的イデオロギーの選別をへて、一方は除外され、他方は国家的装置として吸収されてきたことを示していよう。われわれが現在の目で宗教とか民俗とよぶものは、いわばこれらの両極をふくみこんだ近代の磁場の内部に属しているのであり、この史的力学を微細に追うことがすなわちはじまりとしての近代をめぐる比較宗教学の一歩であるだろう。

付記：本項は関一敏「比較宗教学事始め 第一一回 日本宗教と近代」（一九九七年一〇月、『春秋』三九二号）を改題・再録したものである。

参考文献

鈴木範久 一九七九『明治宗教思潮の研究』東京大学出版会

田丸徳善他編 一九七三『日本人の宗教4 近代日本宗教史資料』佼成出版社

林知己夫・米沢弘 一九八二『日本人の深層意識』NHKブックス

安丸良夫他編 一九八八『日本近代思想大系5 宗教と国家』岩波書店

柳川啓一 一九七四「信仰のない宗教」柳川啓一『現代日本人の宗教』法藏館

春日若宮おん祭

幡鎌一弘

九〇〇年の歴史

春日若宮祭礼は、毎年、一二月一五日の大宿所《おおしゅくしょ》での大宿所《おおしゅくしょ》祭《さい》、一七日お渡り式とお旅所祭《たびしょさい》、一八日後宴能《ごえんのう》と続き、神楽《かぐら》・田楽《でんがく》・細男《せいのお》・猿楽《さるがく》・舞楽《ぶがく》など多様な芸能が奉納される奈良県最大の祭礼である。人々は敬意をこめ、この祭礼を「おん祭」と呼んでいる。

その歴史は古く、一一三五年（保延元）に春日社に若宮社が創建され、翌一一三六年にこの祭礼は始まった。春日社は絶大な権勢を誇る藤原氏の氏神であり、そのおかげもあって、創始からその後の歴史がたどれる史料が多く残り、一行事でありながら、地域社会のみならず日本宗教史をも語ることができるユニークな祭礼である。

図１　春日若宮お旅所御殿

安田次郎と私は、二〇一六年冬に、創始から九〇〇年近くになる祭礼の通史をまとめた「幡鎌・安田　二〇一六」。この本について、筆者の耳に入ってくることは限られているが、わずかに聞こえてきたのが、「おん祭は、春日社の祭りではなく、興福寺の祭りだったことに驚いた」という声である。若宮祭礼は、中世には興福寺が、江戸時代には実質的に奈良奉行が主催していた。若宮祭礼が、文字通り春日社の祭礼といえるようになるのは、創始から七〇〇年以上たった、明治維新の神仏分離以後のことである。

記録と儀礼の再解釈

現在、春日社が行っているので、若宮祭礼は春日社が創始した祭礼だろうと、漠然と思っている人は多いかもしれない。とはいえ、すこし若宮祭礼のことを知っている人なら、天候不順や流行病で苦しむ人々をみた関白藤原忠通《ただみち》が、五穀豊穣・国民安寧を願って若宮祭礼を始めたと理解している。これが若宮祭礼創始の通説（忠通創始説）である。当時の社会情勢を正確に把握しており、若宮祭礼の式日を忠通が定めたという『中右記』の記事もあって、疑念をさしはさむ余地はほとんどないように見える。ここには興福寺は全く出てこない。

とはいえ、一次史料として最も重要な春日社社家の記録では、興福寺大衆が若宮祭礼を始めたとする。その後の歩みを見ても、興福寺抜きに若宮祭礼は語れない。これらをもとに若宮祭礼の興福寺創始説を説いたのは、永島福太郎であった「永島ほか　一九九一」。とはいえ、永島は忠通の立場も認めていて、両者の関係を突き詰めて議論をしていない。

図２　「お旅所奉幣《ほうべい》・埒明《らちあけ》の図」（『春日大宮若宮御祭礼図』）

ここに切り込んだ安田次郎は、興福寺大衆が大和国の国司支配を排除するための立願ないしその実現の報賽として創始したと分析し、忠通は祭礼日を定めただけという理解を示した。これに対し、春日社では、若宮社神宝の検討を進め、若宮社の創建にあたり藤原忠実《ただざね》・頼長《よりなが》父子の深い崇敬があったことを裏付けた。ここから、忠通だけではなく広く摂関家が若宮を創建し祭礼を始めたのだと強調して、安田説に反論する［松村　二〇〇二］。このように、若宮祭礼の創始説を見直す議論が重ねられてきている。

若宮祭礼を始めたのは興福寺か、摂関家か。史料をごく普通に読み社会情勢を考えると、私は、安田説が正鵠を射ていると思っている。何より私が注目しているのは、安田が、大和国人が流鏑馬《やぶさめ》を奉仕したと記録にあるからといって、国人が実際に奉仕していたとは限らず、むしろ奉仕すべき存在、理想形として記述されたのではないか、と見通していることである。

史料に書かれていることと実態がずれているなどといってしまえば、なにをもって実証するのかということになるかもしれない。しかし、もし扱っている史料が「神話」や「物語」なら、そこで語られた世界をそっくりそのまま事実として理解することはないだろう。おそらく、創出された若宮祭礼という儀礼は、神話と現実の間、つまり現実社会に密着した一種のコスモロジーを表現している空間だったと思う。ここで私たちは、現実世界の実態をもとに儀礼が構成されているという前提を取り払い、儀礼が現実を構成していくことも考えなければならない。儀礼論的転回といってもいいだろうか。藤原忠通や大和国人は、興福寺が生み出した宗教儀礼の中に否応なしに位置付けられ、そこへ参加を強いられていったと考えるべきだろう。関白忠通の存在は若宮祭礼を権威化するためには不可欠な要素であり、儀礼空間に真っ先に巻き込まれていったのが忠通だったのである。

語られ始めた由緒とメディア

では、なぜ、忠通創始説は通説の地位を確立したのか。いまのところ中世段階で忠通創始を説く史料は見出されてはいない。この忠通創始説が明確に示されるのは、一七世紀後半になってからである。このころ一部の幕閣は神道に傾倒しており、出雲や伊勢などでは神仏分離が起こっていた。このような動きのなかで、春日社でも興福寺からの独立を画策し、それに伴い若宮神前の神仏分離をすすめようとしていた。この問題は幕府の法廷に持ち込まれ、春日社は敗訴する。とはいえ、その後も意識は強く、春日社の社家たちは創始にかかわる史料から「大衆が沙汰した」という記述を「当時の関白は忠通であった」と差し替えて、由緒書（『春日社年中行事』）を作成した。ほぼ同時に、五穀豊穣・国民安寧を願って若宮祭礼を始めたという由緒も語られ始めた。忠通が関白であったという紛れもない事実、正確な歴史叙述――実際に当時は天候不順で飢饉があった――に若宮祭礼の創始を引き付けて語ったことで信憑性を獲得した。

この由緒は藤村惇叙《ふじむらじゅんじょ》のつくった『春日大宮若宮御祭礼図』（一七四二年に完成）に掲載された。若宮祭礼本のベストセラーであるこの書の強い影響力によって、忠通創始説は広く知られることになった。忠通創始説は近世の神仏分離運動が起点となり、社家による由緒を語り直す営みを経て、メディア社会が作りあげた定説なのである。

このような由緒の作成は、厳格にいえば許されるべきことではないかもしれない。しかし、人々の関心も崇敬も薄くなるなかで、祭礼を位置付け直すことによって、時代に生かそうとする営み、祭礼の近世化の到達点でもあったと私は考えている。それはたとえば、鎌倉仏教の祖師たちが近世社会において再解釈されていく営みと相似的な関係にあるといってよいだろう［幡鎌編 二〇一二］。

生きた祭礼の歩み

明治維新によって、幕府の出先機関である奈良奉行所は廃止され、神仏分離は興福寺僧侶を春日社神職に変身させた。その後の寺社領上知、神職の精選補任《せいせんぶにん》（旧来の神職の免職）、廃藩置県など、明治維新は祭礼を支えてきた構造を根本から解体させる。春日社は官幣大社《かんぺいたいしゃ》になったものの、若宮祭礼は私祭と位置付けられたため、明治政府の補助は受けられず、伝統の多くが失われた。もともと政治権力に近く、その力に頼って祭礼を維持させていたせいもあって、官から民への転換の影響は大きく、近代はこの祭礼に深い傷跡を残した。

私は、明治維新以後の困難な歴史は、若宮祭礼が、中世や近世の社会（権門体制・幕藩制・身分制社会）から近代社会へ適合するために不可欠な経験だったと思っている。若宮の神への奉賛のため、長い歴史の中では、時に神威を振りかざして人々に参加を強制し、また神仏の功徳や霊験を説いて奉仕を慫慂《しょうよう》してきたが、明治以降は、これに加えてとりわけ観光行事としての側面を強め、主体的な参詣や参加をどのように促すかということが大きな課題になっている。

二一世紀になって、お旅所前の雨天用幄舎《あくしゃ》（二〇〇三年）やお旅所南側の特別観覧席（二〇一〇年）、お渡り式出発前の「試《ため》しの儀」（二〇一四年）など、大きな変化が生まれた。ここでは、観光と信仰の微妙なバランスを保ちながら、政教分離（公と私）、伝統と革新、閉鎖性と開放性の両方に柔らかく対応している。声高に伝統への回帰を訴えるのでも、現実路線によって本来の姿を見失うわけでもなく、――もちろん賛否両論いろいろな声は聞こえてくる――、近代主義と伝統主義のともどもを取り込みながら行われる行事は、いかに現代を生き抜くのかという問題への一つの解答だろう。価値や事実を否定したり隠したりするのではなく、多様なまなざしを重ねていくことが、むしろ豊かさや強さにつながっていくといっていいのかもしれない。

参考文献

菊地暁　二〇〇一『柳田国男と民俗学の近代―奥能登のアエノコトの二十一世紀―』吉川弘文館
永島福太郎ほか　一九九一『祈りの舞―春日若宮おん祭―』東方出版
幡鎌一弘編　二〇一二『語られた教祖―近世・近現代の信仰史―』法藏館
幡鎌一弘　二〇一四『寺社史料と近世社会』法藏館
幡鎌一弘・安田次郎　二〇一六『祭礼で読み解く歴史と社会』山川出版社
松村和歌子　二〇〇一「春日若宮御神宝と若宮神社創建の謎―新発見の毛抜形太刀紹介をかねて―」『奈良学研究』四号
安田次郎　二〇〇一『中世の興福寺と大和』山川出版社

遠忌《おんき》

村上紀夫

祖霊信仰論と「遠忌」

遠忌とは、三十三回忌、五十回忌の弔い上げ以降に行われる年忌のことであり、百回忌以後は五〇年ごとに執り行われるのが一般的である。宗派の開祖や中興の祖、寺院の開山、一門の先祖などが対象となることが多い。遠忌という語は、例えば『中右記』一一二二年（保安三）正月一五日条に見えており、平安時代には既に行われていた。中世においても、一四五七年（康正三）に等持寺で足利尊氏の百年忌が行われているように（『大乗院寺社雑事記』康正三年四月八日、一九日条）、五〇年以上前に没した人物を対象とした遠忌の実施は珍しいことではなかった。

しかしながら、死後も個性を失うことなく、特定の個人として供養の対象となる「遠忌」は、『日本民俗大辞典』などの事典類では立項されていない。柳田国男は、弔い上げが行われれば個性を喪失した「先祖」になることを強調しており、その後の民俗学でも祖霊信仰へよせる関心は強い。基層信仰としての個性なき祖霊となる過程の解明という問題関心から研究が重ねられてきた年忌供養に対し、過去の個人への遠忌についての関心は希薄だった。

柳田国男の『先祖の話』冒頭部分では、近世初頭にいた柳田監物・柳田与兵衛という人物について、柳田家の先祖棚に忌日と戒名が掲げられており、盆に帰ってくる「御先祖」としている。こうした「御先祖」として個性を喪失していない死者について触れながらも、柳田は次第に個性を喪失して融合した祖霊を「先祖」として、その論述の軸足を移していくのである。

遠忌については、法要に伴って行われる開帳や参詣者を当て込んでの芸能興行、出版物の刊行など文学や芸能、文化史的な関心は寄せられていた。しかし、個々の遠忌についての議論であり、五〇年ごとに寺院などで執行される遠忌を全般的に見渡した言及はあまりない。

ただ、京都に関しては、一七世紀に豪商が没落し、経済都市から観光に依存する「観光都市」となっていくと、次第に多くの寺院で遠忌供養が行われて広く公開されるようになり、開帳や縁日などともに貴重な観光資源となっていたという［鎌田道隆　二〇〇〇］。

こうした先行研究をふまえつつ、各宗派の本山寺院が集中し、「観光都市」化していたという京都の近世を中心に見ていき、最後に遠忌という現象の意義について概観したい。

京都の観光資源として

京都の年中行事を記した『日次紀事《ひなみきじ》』には、公家や武家、寺院や芸道関係で「遠忌」を修しているとして「忌日」を掲載している。これを見ると、正月元日に「処々役行者開基之寺院」で修された「役行者忌《えんのぎょうじゃき》」などに始まり、一二月晦日まで、連日のように誰かの忌日があったことになる。掲載された「忌日」は実に一四四五件を数えた。すべてについて京都の寺院で法要が営まれていたわけではないとしても相当の数である。これらの忌日に寺院で実施されていた法要が、五〇年・百年の節目には遠忌法要として大々的に行われることになるのだから、京都では毎年どこかの寺院で遠忌法要がなされていることになるのだろう。

試みに京都における一七世紀末から一七三四年（享保一九）までの出来事を記している『月堂見聞《げつどうけんもん》集《しゅう》』から、京都かその近郊で実施された五〇年以上の年忌にあたる事項をまとめたのが表である。約四半世紀のあいだに三二例が確認でき、毎年のようにどこかで五〇年から、時には千年以上も前の故人を対象とした遠忌法要が行われている。史料にもれているものもあると思われるから、京都だけに視点を定めてみても、極めて数多くの遠忌法要があちこちで実施されていたことがうかがえる。

遠忌の場で法要が行われていることは当然として、対象となっている人物の像やゆかりの品などが開帳されていることも看過できない。純粋に宗教的な行為として実施される場合もあったであろうが、同時に多くの人々にとっては、この時にしか見られない貴重な宝物を拝観できる、そんな場でもあったということになる。

改めて表を見ると、寺院や宗派の開祖や開山、中興の祖など、宗教的な礼拝の対象となるべき人物も多いが、空也上人や和泉式部・中将姫や僧正遍照、さらには源頼政といった説話や文学作品などで著名な人物が取りあげられていることに気付く。

集客効果を考えれば、法要にあたって対象とされる人物が十分に知名度があることが望ましかったであろうことは想像に難くない。そして、その知名度により、一定の参詣者が集まれば、繰り返して遠忌法要を実施することになる。

『月堂見聞集』所載遠忌一覧

年	西暦	対象	年	実施寺院	行事	巻数
正徳元年	1711	親鸞上人	450年	西本願寺・仏光寺	霊宝開帳	巻5
正徳3年	1713	本能寺開山日隆上人	250年	本能寺カ	法事	巻6
正徳4年	1714	大運院開山員安上人	100年	大運院	別時念仏、什物開帳	巻7
正徳5年	1715	建仁寺開山千光国師	500年	南禅寺ほか五山	法事	巻7
正徳5年	1715	権現（徳川家康）	100年	大仏智積院・三井寺・知恩院・五山など	法事参詣をゆるす	巻8
正徳6年	1716	臨済（臨済義玄）	850年	妙心寺	法事	巻8
正徳6年	1716	恵心僧都	700年	坂本来迎寺	霊宝開帳	巻8
享保元年	1716	後陽成院	100年	泉涌寺・般舟院	法事	巻9
享保3年	1718	和泉式部	700年	誠心院・誓願寺塔頭	式部木像ほか開帳	巻9
享保5年	1720	峯延上人	800年	鞍馬寺	江戸開帳	巻10
享保6年	1721	空也上人	770年	空也堂、空也寺	法要	巻13
享保7年	1722	（「本堂遷座七百五十年忌」）	750年	東山永観堂	什物開帳	巻14
享保7年	1722	隠元和尚	50年	万福寺カ	法事	巻14
享保8年	1723	柿本人麿	1000年	禁裏	柿本大明神正二位宣下	巻15
享保9年	1724	中将姫	950年	天性寺	中将姫像ほか開帳	巻16
享保11年	1726	紀有常	850年	和州紀寺璉城寺	大仏養源院にて本尊・有常像開帳	巻18
享保12年	1727	僧正遍昭	850年	山科元慶寺	本尊・僧正遍昭像開帳	巻19
享保12年	1727	日印上人	400年	本国寺	法事	巻19
享保13年	1728	万霊和尚	50年	百万遍	年忌	巻21
享保14年	1729	善導大師	1050年	永観堂	善導大師像、霊宝開帳	巻21
享保14年	1729	清和天皇	850年	北野清和院	地蔵・観音、霊宝開帳	巻21
享保14年	1729	源頼政	550年	宇治平等院	頼政武具・什物開帳	巻21
享保14年	1729	後水尾院	50年	泉涌寺	本尊など開帳	巻21
享保14年	1729	聖一国師	450年	東福寺	法事、大衆座禅	巻22
享保15年	1730	明応上人	500年	栂尾	春日住吉二神尊像開帳	巻22
享保16年	1731	台徳院（徳川秀忠）	100年	知恩院	法事	巻23
享保16年	1731	日蓮上人	450年	深草宝塔寺、妙蓮寺、その他日蓮宗寺院	法事	巻23
享保16年	1731	惣見院（織田信長）大雪院（信忠）	150年	大雪院、阿弥陀寺、本能寺	法事	巻23
享保18年	1733	円誉上人	150年	—	—	巻28
享保18年	1733	南山和尚	400年	東福寺荘厳院	法事	巻28
享保19年	1734	後西院	50年	泉涌寺・般舟院	法事	巻28
享保19年	1734	弘法大師	900年	東寺	勅会舞楽法事	巻28

時には、五〇年を待ちきれずに遠忌が行われた場合もあった。一七〇二年（元禄一五）渋谷街道にあった小松谷地蔵堂（玉章地蔵堂《たまずさじぞうどう》）では、小野小町八百年忌が行われ、「小町守本尊」などが開帳されている（『妙法院日次記』元禄一五年二月二四日条）。面白いのは、それから二一年後の一七二三年（享保八）、同じ玉章地蔵堂が八百五十年忌と小町の石塔開帳の実施を願い出ているのである。八二一年目にすぎず「八百五十年忌迄今二十九年不足」ということは認識していたが、玉章地蔵堂の清心尼が八十余歳となり、余命計りがたいために実施したいと申し出ている（『妙法院日次記』享保八年二月朔日）。先程の表には洩れているが、無事に許可も得られて二月一日から一八日までの開帳が許された。開帳は三三年の間隔をあけなければ許可されないはずなのだが、「八百五十年忌」という名目であれば（二九年も先取りしているが）、許容されていることに留意したい。

遠忌による例外は他でも見られる。京都東山の専称寺では幕府に開帳を願い出たところ、前回から三三年を経過していないので却下されたが、「開山百年忌」にあたるので、法要に伴って「霊宝少々」を出すことなどは苦しからずとされている（『妙法院日次記』享保一一年正月一一日条）。

遠忌と開帳

開帳については比留間尚の研究があり、開帳には寺院にとっての経済的収入増という経済的機能とともに、開帳人気を当て込んだ歌舞伎の上演や黄表紙などの刊行という文化的機能があったとされている［比留間尚　一九八〇］。

遠忌についても、経済的・文化的機能という二つの機能があったことは同じである。しかしながら、開帳は寺院に希少性があったり、何らかの物語を伴うような集客力のある「宝物」という資源がなければ実施できないが、遠忌は寺院と何らかの歴史的な接点さえあれば、具体的なモノがなくても実施できる。そういう意味では、「宝物」といった資源を持たない寺院でも実施しやすいという利点があった。実施のしやすさを考えれば、遠忌を計画していなかったとしても、他所で評判になれば同じ歴史上の人物と関わる寺院もいわば「便乗」して法要を実施することも不可能ではなかったであろう。

さらに、一七二一年（享保六）に空也堂と空也寺という二つの空也ゆかりの寺院で遠忌法要が執行されていたように、同時多発的に同じ人物を対象とした法要が実施されることも起こりうる。結果的に社会全体に特定の人物への関心を高めることにつながっただろう。

開帳との最も大きな違いは権力への影響力である。開帳は幕府に申請して許可を受けて実施するものであり、三十三年以上の間隔をあけることを厳密に要請される。一方、先に玉章地蔵堂や専称寺の事例を見たように、遠忌に関しては比較的緩やかであるようにみえる。寺院内で祖師や開山を供養するための宗教行事であり、五十年に一度の特別なことだからという判断も働くのかもしれない。

幕府や朝廷が遠忌に積極的な配慮をすることもある。役行者は一七九九年（寛政一一）に行われた千百年遠忌に光格天皇から神変大菩薩《しんぺんだいぼさつ》号を贈られた。法然は円光大師《えんこうだいし》の号を東山天皇から贈られていたが、一七一一年（正徳元）の五百年遠忌以降、五〇年ごとに時の天皇から大師号を追諡《ついし》される。節目にあたる時は幕府に対してはたらきかけが行いやすかったようで、時には寺院の側から権力に対して遠忌を理由に財政支援や贈位を働きかけることもあった。

観光資源としての遠忌については既に知られていたが、加えて権力と寺院の関係、寺院経済、信仰組織のありよう、祭祀対象をめぐる言説、社会的関心など、多様な要素が更新・修正が行われる五十年に一度の機会ということができるだろう。遠忌の実施は内向きの供養で終わらず、対外的に発信され、社会的、文化的、政治的な波紋ももたらした。武家・公家社会や地域共同体においても、遠忌を実施することで自らの由緒や歴史を表現する場ともなったであろう。「遠忌」とは社会性をはらんだ行事でもあったといえる。

遠忌から考える

ここでは寺院の遠忌についてしか触れられなかったが、遠忌法要は、前述の『日次紀事』によれば寺院のみならず公家や武家、芸道関係でも行われていたとある。イエや同族集団、ムラなどでゆかりの人物の供養を実施する場合もあろう。

ところで、市川秀之は「先祖代々之墓」が、一八世紀に登場し、一九世紀に増加するといい、こうした墓標は古い墓標や過去帳を持たない中層から普及すると指摘した。古い墓標を持つ家ではなく、明確な歴史をもたない中層から総体としての「先祖代々」を意識する墓標が出現したのであれば、問題は墓標のみにとどまるまい。家の祭祀においても、個性喪失した「先祖」よりも、個性を失わない「御先祖」の「遠忌」が先行する場面もあったのではないか。「遠忌」は従来の祖霊観を再考する糸口にもなり得るのではないだろうか。

参考文献

市川秀之　二〇一三『民俗の創出』岩田書院
鎌田道隆　二〇〇〇『近世京都の都市と民衆』思文閣出版
比留間尚　一九八〇『江戸の開帳』吉川弘文館

韓国葬墓文化の変容

田中 悟

現代韓国における葬墓文化のあり方

本項は、火葬の普及にともなって変化を余儀なくされている現代韓国の葬墓文化に焦点を当てる。それは、きわめて宗教的な「死」というトピックスの現代における扱われ方について、一つの事例として位置づけられる。ここでは、近代における宗教史像を再構築しようとするにあたって、現在進行形で変容を遂げているこの隣国の事例を、何らかの示唆を得る手がかりとすることを目指したい。

まず、現代韓国における葬墓文化のあり方について、墓地形態の変遷過程と、現在見ることのできるそのバリエーションとを概観しておきたい。

韓国における伝統式・儒教式墓地は、祖先祭祀を軸として形成されるものであり、父系の一族による集団墓地、すなわち宗中（門中）墓地の形態をとるものであった。これは、儒教教化を目的とし、「孝」概念に沿ったものとして再編された葬送や祖先祭祀の一環として、朝鮮王朝の時代に定着した墳墓の形式である。

こうした墳墓のあり方に対して、朝鮮半島の植民地化を進めた日本政府は、墳墓設置を共同墓地の区画内に限る制度を導入しようとし、また火葬を奨励した。しかし、そのような改革の推進は人々に大きな混乱を招くこととなり、私設墓地の設置を認めるなどの妥協を余儀なくされた。また当時、朝鮮半島に居住する日本人は、主に日本へ遺骨を持ち帰ることを念頭に、十九世紀から火葬を行なっていた。「火葬—納骨」という方式が日本人の葬法とされ、「土葬—封墳」という朝鮮人の葬法との相違が強調されることになったのが、この植民地の時代であった。かくして火葬を忌避する人々の意識は日本の敗戦にともなう解放後にも持ち越され、韓国政府は一九九〇年代になって、「土葬から火葬への移行を進歩と描く」火葬推進キャンペーンを（朝鮮総督府と同様に）展開することとなる［高村 二〇〇七］。

以上の歴史的経緯を踏まえつつ、韓国で推進が試みられ、現在ようやく現実化しつつある変化について、ここで簡単に図式化しておこう。植民地化以前から朝鮮半島で一般的だった、土葬墓で構成される墓地形態は、人々の集住化・都市化が進むにしたがって、地縁に基づく共同墓地の形態をとるようになり、墓地の集約や墓地面積の縮約が図られた。また、墓地面積を縮約するのに有効な方策としての火葬が普及するにしたがって、火葬遺骨を前提とする納骨墓や納骨堂が一般化し、墓地の形態はいっそう大きな変貌を見せることになった。

火葬を前提とする葬墓は、納骨という形態からさらに進んで、よりいっそう面積を縮小することで土地利用の効率化を図り、あわせて碑石その他の人工物を可能なかぎり排除するといった、いわゆる「親環境」的な葬法を目指す方向を模索している。慶尚南道南海郡で独自に導入された納骨平葬墓はその一例であるし、全国的には「自然葬」という名の下で、様々な形態の墓地が導入され、現在も試行錯誤の最中である。

また、悲喪（若くして親よりも先に死ぬこと）の場合や未成年者・未婚者・子がない者などを対象として旧来より行われてきた散骨葬（安佑煥 二〇一四）は、現在でも無縁者や個人墓を作らない者を対象として行なわれている。また、このような散骨や墓地の整理の結果として、合葬墓も見ることができる。

ここから読み取れる変化の流れの特徴について、少なくとも次の三点は指摘できると思われる。

（一）**遺体（遺骨）の扱い方**　「継続的な火葬率の上昇」という形をとる、土葬から火葬へという、不可逆的な流れ。

（二）**遺体（遺骨）の葬り方**　土中への埋葬による自然への還元から、納骨による遺骨の保持へと変化したのち、再び土中への埋葬による自然への還元へ向かうという、揺り戻しの流れ。

（三）**「個人」の行方**　血縁・地縁の紐帯の中に置かれる段階から、個人化が進行し、そして個人性の解体へ向かう、という、比較的ゆるやかな変化の流れ。

これらの変化は、進行度合いの点で不均等さをともなう、複雑な様相を呈している。また、葬法の流動化は、死者が「葬られる時点」での選択に限られず、例えば土葬墓を火葬して改葬することなどを通じて、「葬られた後」にも形態の変化をもたらしている。

「葬事等に関する法律」

次に、韓国内の葬墓について定めた法律である「葬事等に関する法律」が何を述べているのか見てみたい。

「葬事等に関する法律」の第一条は、「目的」として、次のような内容を述べている。

この法は、葬事の方法と葬事施設の設置・造成および管理などに関する事項を定め、保健衛生上の危害を防止し、国土の効率的利用と公共福祉増進に資することを目的とする。

この条文に明らかなのは、現代韓国においては、都市化が進む現代社会における政治経済的な要請が、葬墓の変容を必要としているのであって、それに対応する死生観の変容、あるいは日本の「墓地、埋葬等に関する法律」第一条に見えるような「国民の宗教的感情」などにはまったく言及されず、後回しの問題となっている、という事態である。この文脈に沿ってみれば、「葬墓」とは死者もしくは宗教世界に関わるものである以上に、何よりもまず（生者の）生命や土地利用、あるいは公共の福祉といった世俗社会の現実に関わる問題だということになる。

そのような「葬事等に関する法律」のもとで、墓地は今後どのように扱われていくことになるのか。ここで簡単に整理しておこう。

まず、例外的なケースを除けば、全ての墓地には使用期限（最長六〇年）が付されている（第一九条）。第二に、その期限が到来すれば、全ての墓地は改葬もしくは整理される（第二〇条）。また第三に、死後、仮に土葬されるにせよ、納骨されるにせよ、最終的には自然葬もしくは散骨・合葬の形に移行して葬られる（同）。この段階に至れば、個々人の墓地による土地空間の占有は解除され、その土地空間は次の世代の墓地その他の用途に供されることとなる。

このプロセスを経て、すべての死者の遺体（遺骨）は、数十年の時間をかけてゆっくりと個人性を失いつつ、遅かれ早かれ自然還元されていくことが予定される。その意味で、死者を葬る時点ではさまざまなバリエーションがあるように見える韓国の葬墓文化も、最終的な方向性としては「遺骨の埋葬・自然還元・個人性の解消」という一つの方向を示しているように思われる。この事態を受けて、韓国人の死生観はそれをどのように追いかけ、どのように変化していくのだろうか。その点は今後の課題となる。

＊現実には、「葬事等に関する法律」の使用期限規定の適用外となる墓地は少なくない。だが、それらもまた、人口の集中によって土地不足を招く都市化の影響や、その結果として生じた葬墓文化の変容と無縁ではあり得ず、年月をかけた改葬を経て緩やかに整理され、究極的には「葬事等に関する法律」の枠組みの中に編入されていくと考えられる。

得られる示唆

韓国の葬墓文化をめぐって生じた変化に対する観察を通じて差し当たり示唆されるのは、葬墓をめぐる比較文化論的研究を構想するにあたって、政治経済的・法律的側面に配慮することの重要性である。

先に見たように、「葬事等に関する法律」の第一条は、「保健衛生上の危害を防止し、国土の効率的利用と公共福祉増進に資することを目的とする」と述べている。ここから読み取れるのは、「都市化が進む現代社会における政治経済的な要請が、葬墓の変容を要請し、それに対応する死生観の変容を人々に迫る」という図式である。

また、韓国の「自然葬」論は、土地利用の面で墓地が国土を「蚕食」しているという問題や、当面の墓地不足といった政策的課題に対応する提言として、位置づけることができる。そのような「自然葬」論には、墓地の価値を「ゼロ査定」し、葬礼や祭祀といった文化的な側面から論じられるべき「墓地そのものの効用」を論じない、といった特徴が指摘できる。そのような観点から行われている議論に宗教（学）的な要素は希薄であり、もっぱら公共政策学や経済学といった社会科学の対象として、韓国の葬墓文化は位置づけられることになる。

ここから導き出されるのは、「死」に関わる事象について、宗教的な次元とは別のところから行使される世俗の影響力を、より重視すべきではないか、という問題提起である。つまりそれは、「葬墓」というものを、「死者の世界＝他界」の表現であると同様に、「生者の世界＝現世」の表現であると考え、その両者の相関関係の間に「葬墓」を置いてみる、という試みである。葬墓を通じて他界をめぐる世界観を考察するのと同じように、現世をめぐる世界観の把握を試みてこそ、「死の観念をその全体性に置いて理解することが可能になる」〔佐藤　二〇〇八〕のではないか。

そのような観点からすれば、葬墓をめぐる変容は現世と他界のどちらからの入力によってももたらされ得るし、その影響はそれぞれの世界に連動して及ぶことになるだろう。

ただしこれは、宗教を扱う側に世俗の影響力を重視せよと迫るにとどまらない。葬墓について政治経済学的に、また法学的に扱う側に対しても、そうした観点からは取り残される側面があることを指摘するのは可能であろう。都市化が進む現代社会における政治経済的な要請が葬墓の変容を要請するというのはその通りであったとしても、その変化が人々の死生観、例えば現在でも韓国社会の中に根強く存在していると思われる父系血族集団＝宗中（門中）に対する意識にどのような影響を及ぼすかという点については、世俗的な議論を超えた領域に踏み入る必要があろう。

その意味で、もっぱら社会科学的な観点から展開されている韓国の葬墓文化に関する現行の議論の課題は、人文科学の観点からどのようにそこへ加筆修正を迫るかという点にあると言える。元来は社会科学の領域とされていた論点に人文科学の立場から加筆修正を迫るというこの位置取りは、近代における宗教史像を再構築しようとする試みに対して、一定の示唆を与えるものではないだろうか。

さらにもう一点、付言するならば、急速な少子高齢化が進む「老いるアジア」の一国である韓国は、この点において日本と同じ課題を抱えている。そうした中で、一九九〇年代以降に劇的ともいえる変化を見せている韓国の葬墓文化は、日本においてより緩やかに進行する変化の先行きを考える際に、参照する価値がきわめて高い事例である。これは、例えば経済発展をめぐる雁行型発展論において日本を東アジアの先進事例ととらえるような理解とはまったく異なるアジアの現実に対応する比較研究のあり方を、示唆するものでもあるだろう。

参考文献

安佑煥（田中悟・訳）二〇一四「葬事文化の変化にともなう自然葬の研究」『六甲台論集―国際協力研究編―』第一五号
佐藤弘夫　二〇〇八『死者のゆくえ』岩田書院
高村竜平　二〇〇七「葬法の文明論―植民地朝鮮における土葬と火葬―」池田浩士編『大東亜共栄圏の文化建設』人文書院

田中悟　二〇一七「韓国葬墓文化の現状と課題」『国際協力論集』第二四巻第二号
丁ユリ　二〇一二「韓国の大都市とその周辺部における納骨堂―儀礼・追慕の形式の変化と新しい死と生の空間の生成―」『死生学研究』第一七号

慰霊

西村 明

出発としての靖国問題

慰霊という概念は、字義通りには「霊（魂）を慰める」ということであり、古くは中国五世紀の歴史書『後漢書』の「段熲伝」において「百年の逋負（負債・負い目）を洗雪し（晴らし）、以って忠将の亡魂を慰む」という用例が見られ、日本でも明治十年代の文献に「霊（あるいは魂）を慰むる」等の表現が現れていることから、少なくとも東アジア世界では一般的に見られるものと言える。しかし、「慰霊」という名詞形で用いられるようになったのは、そこまで古いものではないようだ。十九世紀末の日清戦争期には、「慰魂祭」、「鎮魂祭」や「弔魂祭」のようにまちまちに表記されていた戦死者儀礼が、その後「慰霊祭」として統一的に表記されていった［國學院大學研究開発推進センター編 二〇〇八］。「慰霊」「慰霊施設」「慰霊碑」などの名詞として、戦死者に限らず災害・事故の犠牲者にまで適用が一般化するのは戦後のことにように思われる。

慰霊に関する古典的研究として、出版から四〇年以上を経た現在でも多く参照されているのが村上重良（一九二八～一九九一）の『慰霊と招魂』［村上 一九七四］である。副題にある「靖国の思想」を幕末維新期の招魂祭にさかのぼって説き起こしているのは、その五年前に出版された小林健三と照沼好文の『招魂社成立史の研究』（一九六九年）と同様の姿勢である。それでも、村上の本が多く読まれたのは、箱入りのハードカバーの専門書然とした小林らの本に対し、安価で簡便に手に取れる新書であったということだけではなかっただろう。

村上は「まえがき」をこのように書き出している。「戦後三〇年を迎えるこんにちの日本において、戦後最大の思想的対決として、靖国神社国営化の是否が、活発に議論されている。さる一九七四（昭和四九）年五月二五日、靖国神社法案が衆議院本会議で可決されたことは、戦後民主主義の前途を暗くする象徴的な出来事であった」。

ここから、村上が同書を書いた問題意識や時代状況を読み取ることは、そこまで難しいことではないはずである。ただし、いくつかの補足も必要だろう。靖国神社の国営化とは何か、それがなぜ「戦後最大の思想的対決」であり、「戦後民主主義の前途を暗くする」のかといった点である。

一八七九年（明治一二）、十年前に明治政府により創建された東京招魂社を改称して歴史に登場した靖国神社は、神社行政に携わった内務省に加え、陸軍省と海軍省とで管理にあたる特殊な性格を持つ神社であった。ペリーが日本に来航した一八五三年（嘉永六）以降の国事殉難者（尊王攘夷運動のなかで亡くなった者）と戊辰戦役以降の国内外の戦争で斃れた（新政府軍・大日本帝国軍側の）軍人・軍属を祭神として祀ったという点でも類例のないものである。いずれにせよ、第二次大戦における日本の敗戦以前には、靖国神社は国営の神社であったという点が問題の出発点にあった。

戦後の靖国神社は、一九四五年（昭和二〇）一二月一五日に連合国軍総司令部によって発せられた覚書であるいわゆる「神道指令」（正式名称は「国家神道、神社神道ニ対スル政府ノ保証、支援、保全、監督並ニ弘布ノ廃止ニ関スル件」）を受け、翌年九月には宗教法人として再出発した。したがって、一九六九年から七四年まで毎年自由民主党によって提出された靖国神社法案は、宗教法人となっていた靖国神社の運営を戦前のあり方に戻すことを狙ったものであった。一九七四年には先の引用にあるように衆議院で可決されたが、参議院では審議未了で廃案となっている。

政教分離と慰霊

ここで、そうした来歴を持つ靖国神社の国営化という動きを、戦後民主主義の危機として受け止めている村上の姿勢に注意を向けてみたい。先ほどのまえがきを読み進めると、靖国国営化が意味するのは「かつての帝国陸海軍の宗教施設の公的復権」ばかりではなく「良心の自由を国が管理すること」で「信教の自由、政教分離の原則を否定し、憲法そのものを空洞化するねらい」をもつと論じる。したがって、それは「一神社の問題ではなく、日本の民主主義を葬り去ろうとする近代天皇制国家の支配原理」であるという理解に至っている。

とは言え、その問題の根源は、「靖国の思想」の源流にある「招魂の思想」にあると考えているわけではなさそうだ。拾い読みを続けよう。「幕末維新の政争のなかで生まれた招魂の思想」は、「郷土意識に根ざし」た「戦没者個々の招魂」を行うというものであったが、それが「あらゆる価値を天皇に一元化する近代天皇制の成立とともに、天皇のために忠死した戦没者を神として」、「英霊」とよばれる没個性的な祭神集団」を「祀り顕彰する」「国による画一的な慰霊顕彰施設に変化」させた

「靖国の思想に展開した」のだと見ている。

この村上の言説と時代状況を四〇年以上後の現在から、若干冷めた視点でとらえ返しておこう。そうすると、戦後の日本社会で慰霊の問題が全国民的な関心事として浮上したのは、こうした「近代天皇制」対「戦後民主主義」の政治的闘争のアリーナの存在があったからこそということが見えてくる。ここでもまた補足が必要かもしれない。戦前期とりわけ日清・日露・第一次大戦と対外戦争に勝利を続けた明治後期から大正期、そして昭和に入って十五年戦争の展開にともなう総動員体制の強化のなかでは、靖国神社や護国神社（昭和一四年以前は招魂社と呼ばれていた）や忠魂碑・忠霊塔などの地域の施設における「英霊」の慰霊と顕彰が全国民的関心事となっていた。それが、敗戦を契機に戦死者への国民的関心は遠のいたのだった。

こうした慰霊をめぐる関心の浮き沈みを経て、再び慰霊が注目され、慰霊研究が登場した社会的文脈として、「近代天皇制」対「戦後民主主義」という対決図式を引き起こした靖国神社の国営化問題があったということを再度思い起こしておきたい。そこで村上は、「信教の自由、政教分離」という日本国憲法上の原則に沿った問題設定を行い、その点ではブレのない安定した議論を展開していった。

ポスト村上の慰霊論

しかし、村上の議論が持つこうした枠組み先行的な性格は、その後さまざまな形で批判にさらされてきた。ここではそれらを詳しく紹介する余裕はないものの、慰霊というテーマに関連して一つだけ指摘するとすれば、靖国神社国営化問題への対抗として論を組み立ててしまっているがゆえに、慰霊という現象全体の多様性や広がりを捉え損ねており、慰霊を靖国神社（あるいは護国神社も含まれるかもしれないが）に収れんするものとして理解しまっている点が挙げられよう。

村上以降の慰霊研究においては、そのような村上靖国史観に対する批判は、さまざまな事例を積み重ねる形でなされてきたとも言うことができる。例えば、慰霊実態の解明に対する意識的な作業として先鞭をつけたのは、「賊軍」として靖国の祭祀の対象とはされなかった反政府軍戦死者慰霊を取り上げた、宗教社会学の森岡清美と今井昭彦による調査報告（一九八二年）であった。今井はその後も継続的に事例を収集し、その主題を『反政府軍戦没者の慰霊』（二〇一三年）として本にまとめている。

民俗学者の田中丸勝彦はクニがイエ（個人）やムラ（集団）における英霊祭祀にさまざまに干渉し、ムラ社会のなかで有効に働いてきた民俗の論理がクニに対しては無力であったとしながらも、イエではセンソ（先祖）として扱われ、ムラでは無縁仏として扱われた事例を挙げている［田中丸 二〇〇二］。岩田重則がのちに「戦死者多重祭祀論」（二〇〇五）として概念化した多層性への視座である。

本稿の筆者西村明も、長崎の原爆慰霊や遺骨収集・戦地慰霊に注目することで、靖国に収れんしない慰霊の形をとらえようとしてきた［西村 二〇〇六］。とりわけ、太平洋諸島や東南アジアなどの旧戦地（戦跡）での慰霊の営みに注目することは、ナショナル（国家的・国民的）な枠組みのみでそれを捉えることの危うさを教えてくれる。キース・カマチョがグアムと北マリアナ諸島における先住民チャモロと日米両国の戦争体験者たちのやりとりから描き出している状況は、靖国神社だけを見ていても慰霊の実態はつかめないということを気づかせてくれるに余りある［カマチョ 二〇一六］。

さらには、東日本大震災のような自然災害、列車脱線や航空機墜落のような大規模な交通事故などの後に見られる丁重な慰霊の実践について、現在進行形で目の当たりにしている現在の視点からは、村上靖国史観の枠組みへの違和感が増すはずである［村上・西村編　二〇一三］。

その他にも、未だ着手されていない問題も多い。例えば、近代の霊概念（「霊魂」・「霊性」など）全体のなかで戦死者の慰霊がどこに位置付けられるのかといった問題は、靖国神社と招魂祭のつながりや政教分離問題との関わりだけを見ていても答えられないことであり、かつその問題は現代人の死生観の解明にとっても重要な課題であるはずだ。

参考文献

カマチョ、キース・L（西村明・町泰樹訳）　二〇一六『戦禍を記念する―グアム・サイパンの歴史と記憶―』岩波書店

國學院大學研究開発推進センター編　二〇〇八『慰霊と顕彰の間―近現代日本の戦死者観をめぐって―』錦正社

田中丸勝彦（重信幸彦・福間裕爾編）　二〇〇二『さまよえる英霊たち―国のみたま、家のほとけ―』柏書房

西村明　二〇〇六『戦後日本と戦争死者慰霊―シズメとフルイのダイナミズム―』有志舎

村上興匡・西村明編　二〇一三『慰霊の系譜―死者を記憶する共同体―』森話社

村上重良　一九七四『慰霊と招魂―靖国の思想―』岩波新書

病気なおし

村山由美

民衆宗教と病気なおし

「病」がいつの時代もあったように、「病気なおし」もまた、日本宗教史をつらぬく実践であった。有力な貴族の健康と繁栄のための加持祈禱は、古代から寺院で僧たちが修法してきたし、仏教寺院が幕藩体制のなかで制度的に権力を与えられた近世でも、民衆のために現世利益の祈禱を主として行なう寺院も存在した。神社や修験も積極的に庶民の生活上の諸問題についての祈願をひきうけ、五穀豊穣や病気の平癒にいたるまで、人々の生活におけるさまざまな重要な局面にかかわっていたのである。

しかし、これまでの日本宗教史研究で、「病気なおし」は充分に論じられてきたとはいえない。宗教実践としての「病気なおし」は、なぜ軽視されたのだろうか。本項では、「病気なおし」をとらえなおすことで日本宗教史の再構築が可能なのではないかという見通しをたて、その実践のよって立つ精神的基盤が根底から揺るがされた、近世から近代への移り変わりの時期に発生した民衆宗教をとりあげることで、このテーマを掘り下げてみたい。

近世末期に発生した黒住教、天理教、金光教などの初期民衆宗教においても、「病気なおし」は活動の中心的な部分をしめていた。教祖たちは神と天地について説きながら、禁厭《きんえん》・祈禱によって病を癒し、人々はその「おかげ」を求めて集まり、「おかげ」を受けるに足る心のありかたについて、彼らの話に耳を傾けた。教祖たちに共通しているのは、「心―身体」が連動して神に応答しうる「場」であるという心身観である。心のありかたと身体の健康は深いかかわりをもっており、そのような人間の身体は神との交流の場であると理解されていたのである。教祖の死後も、弟子たちは、洗米、神水、神酒を人々に与えつつ、信心をとおして病気がなおるということを布教の基礎とした。たとえば、天理教の場合、手踊りや、病人にふれ、息を吹きかけるなどといった儀礼を通じての病気なおしが行なわれたが、その実践は、明治政府によって「医薬妨害」として検挙される危険をはらむ行為としてみなされるようになっていく。

近代と病気なおし

西洋から輸入された近代科学技術、および西洋医学の根底にある「物質」と「精神」の二元論は、日本人の「身体」の理解にも決定的な転換をもたらした。近代的な意味を付与された「国民」の身体は、まず「物質」として「科学」の対象となる。明治以降、近代国家形成を目指した明治政府が打ち出す「法律」と「教育」をとおして、人々の病に対する考えは変化し、呪術的実践は非科学的で有害な行為であるとして周縁化されていくことになる。

一八七二年（明治五）に教部省が設立されると、無資格の者の祈禱行為が禁じられるなど、あらゆる宗教活動が国家の統一的規制をうける仕組みが整えられていく。翌年には、「梓巫《あずさみこ》市子《いちこ》並憑《より》祈《ぎ》禱《とう》狐下ケ抔ト相唱玉占《たまうら》口寄等之所業ヲ以テ人民ヲ眩惑」（教部省達第二号）することが禁止され、一八七四年（明治七）には「禁厭祈禱ノ儀ニ付心得」（教部省達乙第三三号）によって、「医薬の差止め」と「政治の妨害」とみなされたものが取り締まりの対象となった。

こうした法令は、刑法として機能したという以上に、開化政策において何がうとまれるべき「迷信」であり、排除されるべきものであるかを民衆に教育するうえでのひとつの根拠となった。「国民の身体」として、近代的な意味を付与された身体観は、法令、教育をとおして人々に浸透していったのである［川村 一九九〇］。

「科学」という篩《ふるい》でふるい落とされた「病気なおし」は、「宗教」という篩にもかけられることになる。宗教とは、教典や教理などの伝統が哲学的に思索される精神の活動なのであるという、当時のキリスト教を基準とした近代的宗教概念が真の宗教のあり方を規定していくなかで、病気なおしなどのいわゆる「現世利益」は欧米の宗教学で「宗教」に対置された「呪術」のように、一段劣ったものとみなされるようになる［池上 二〇〇四］。教祖の死後、教団組織形成のただなかにあった民衆宗教教団も、運動の中心的な実践であった「病気なおし」を近代的価値観に矛盾しないものとして提示し直す必要にせまられた。

日本宗教史研究と病気治し

民衆宗教研究においても、病気なおしはしばしば否定的な語り方をされてきた。たとえば、近代的主体形成の源となった民衆の「思想」を抽出しようと試みた安丸良夫は、民衆宗教の教祖を含めた人々がのこした史料から、通俗道徳を背景にもつ『心』の哲学」を読みとった。たしかに、民衆宗教の教祖達も「心」のあり方が人と神との関係において重要な要素であると説いていた。しかし、安丸の「『心』の哲学」は無神論的で、むしろ神仏からも解放された近代的主体の前提となるものである〔安丸 一九七四〕。つまり、「思想」を形成する要素としては、病気なおしは無価値とされたのである。

それに対して島薗進は『現代救済宗教論』（一九九二年）で、「新宗教」における呪術的なものの意義を積極的に捉えようとした。島薗は、「おかげ」がもとめられ、もたらされる過程に、個人の宗教的信仰の強化と倫理的主体の萌芽があるとし、しばしば呪術的であった新宗教（民衆宗教）が近代的主体形成に貢献していることを正面からとらえようとした。そして、日本の近代化をもたらした原動力としての大衆的倫理に呪術＝宗教的信心が関わったことを示し、「生命主義的思想」の概念によって安丸の「『心』の哲学」の修正をこころみた。

これらの例からもあきらかなように、民衆宗教は「民衆」思想の源泉としてとらえてられてきた。そこには、歴史の中に生きてきた「民衆」を「主体」としてとらえていく、歴史家の期待に満ちたまなざしがあった。しかし、呪術性の無視、また、近代化の条件としての「倫理的主体性」に呪術を回収することによって、はたして現実態としての民衆の信仰世界は描き出されたといえるだろうか。この点に関しては、歴史学の視点から、桂島宣弘が、「病気なおし」を「言説」として真正面からとらえた。とくに金光教を事例として、「病気なおし」を近世の文脈において「近代とは異なった別の知覚」であるとして、近代主権国家の介入によって、その言説がどのように変化したか、すなわち、近代という経験が民衆宗教自体をどのように変容させたかを「病気なおし」をとおして克明に描いている［桂島 一九九九］。

そもそも民衆宗教の呪術性は、近代国家の教育によって「迷信」であるとされ、宗教学的にも一段劣るものとされた。民衆宗教は安丸らの民衆思想史研究によって日本の近代を底から支えた思想として高く評価されたが、そこでは呪術性は切り捨てられていた。その後、マルクス主義の弱体化という要因も手伝って、近代天皇制を根底から批判する思想として語られることは少なくなった。島薗や桂島によって、民衆宗教運動の呪術性が近代をとらえなおす上で有意義な要素としてみなおされたが、そこで民衆宗教が担わされたのは、「日本の近代」をうつす鏡としての役割であり、その点においては、民衆宗教研究は一定の成果をあげたといえるだろう。

こうして、近代に生まれた宗教研究は、近代的価値からこぼれおちる要素を説明し、「翻訳」してきた。しかし、病気なおしについては、学術的手続きと専門用語を経たとき、その最も中心的な要素、すなわち「病気がなおる」ことのリアリティが欠落してしまったことも確かである。宗教の呪術的な側面をもう一度見直すことで、民衆宗教運動の再解釈が可能であるとすれば、そのことが日本宗教史の再構築に新たに貢献する可能性もでてくるのではないだろうか。「近代化」や「倫理的主体性」に還元されない、信心の現実態にせまる研究も近年あらわれてきている。病気なおしに関しては、従来の研究では、病気なおしが心なおしであることに意義がみとめられていたのだが、病気なおしは「病気がなおった」からこそ実践されていたことをうけとめ、その実践のロジックと世界観をあきらかにしようというこころみもあらわれてきたのだ。そのなかでも、渡辺順一は、初期金光教の生き神集団において、生き神が自らの身体を代受苦的な救いの媒体にもちいて病気なおしを行っていたことに注目し、こうした代受苦的救済は伝統的儀礼にある「祓い、清め」の呪法が民衆宗教運動の教祖たちに再発見されたものだったのではないかと指摘した。そして罪・穢れは神々の身体をとおして、苦労を経て浄化されるというとらえかたを民俗的伝統の中にある信仰者の世界観に通じるものとして見出している［渡辺 二〇〇九］。

また、今後の研究の課題として、「なおった」身体、さらには、「なおらなかった」身体が、せめぎ合う多様な価値観・世界観のなかでどのように構築されていったのかを見極める必要があるだろう。信じるものの「なおされた」身体は宗教的世界観のみならず、近代国民国家形成過程、あるいは資本主義経済のなかにおかれた。「病気なおし」が人々の身体に何をもたらしたのかを探るためには、身体が社会的、文化的に構築されたものであることを考慮し、修練や奉仕、あるいは、生産と労働、戦争協力といった、宗教的・社会的意味付けによって、信仰者の身体がどのような構築の過程に置かれたのか、癒しの先にある身体についても射程に入れる必要があるだろう。そのようにして、病気なおしによってあらわれてくる「身体」の経験を記述することによる、宗教史の再構築も大いに可能性に満ちた作業であるといえるのではないだろうか。

参考文献

池上良正 二〇〇四「現世利益と世界宗教」『岩波講座宗教 二 宗教への視座』岩波書店
桂島宣弘 一九九九『思想史の十九世紀——「他者」としての徳川日本——』ぺりかん社

川村邦光　一九九〇『幻視する近代空間―迷信・病気・座敷牢、あるいは歴史の記憶―』青弓社
島薗進　一九九二『現代救済宗教論』青弓社
安丸良夫　一九七四『日本の近代化と民衆思想』青木書店
渡辺順一　二〇〇九「民衆宗教運動の再発見―被差別部落史との接続から―」『明日を拓く』七七・七八号

精神療法

平野直子

戦前の「代替療法」

現代の日本で「精神療法」という言葉を使うのは、主に精神科医療の場である。英語の psychotherapy に対応した語で、医師と患者の対話を中心とし、非生物学的な観点から精神疾患の治癒をめざす治療法とされる。薬物療法に対置されるもので、現代の精神療法を主題とした医学誌には、精神分析や心理学の理論にもとづく面談技法から内観や森田療法まで、多様な療法が見られる。

しかし戦前の一時期——特に一九二〇年代から三〇年代にかけて——「精神療法」という言葉には、現在と異なる使われ方があった。それは医師でない者が行う治療行為、つまり現代で言うところの「民間療法」「代替医療（療法）」のサブカテゴリの一つを指していた。たとえば一九二六年、健康保険法の適用範囲について書かれた以下の新聞記事では、鍼灸や接骨、按摩、加持祈禱とならんで「精神療法」が、保険適用外の治療法に挙げられている。

健康保険法の保険給付は……近く閣議の決定を経て七月一日一般施行令と共に公布されるはずで

ある……尚お保険医の範囲は右両医師および薬剤師に限る方針であるから開業医でない者が行うしんきゅう術、接骨術、あんま術、紅療法、加持祈とう、精神療法その他家伝的の治療法に対しては医療給付の範囲から除かれるはずである。

(『東京朝日新聞』一九二六年六月一一日「健康保険法による医療給付の範囲」、傍点筆者)

一九三五年に『文藝春秋』誌上で行われた民間療法についての座談会記事においても、精神療法は「電気療法」「温熱療法」「指圧」とともに取り上げられ、「いろいろな方式で以て暗示的にやる方法」「催眠療法みたいなものもありますし、お呪いのようなものもありましょう」と表現されている(『文藝春秋』一九三五年四月号「民間療法批判座談会」)。つまりここでいう精神療法は現在と異なり、精神(心)だけではなく身体の病気を治すためのもので、その具体的内容については当時日本医師会がまとめた資料のなかで、以下のように説明されている。

霊術療法に信仰療法又は指圧触手療法を併用する方法のもの
気合術
霊動の暗示によって心気の統一、感受性を高め疾病も治療する方法(暗示術)
霊気療法(触手療法又は手の「ひら」療法)の類

(日本医師会『医政調査資料第八輯 療術行為者取締問題参考資料』一九[illegible]年)

「暗示」「催眠」「お呪い」「信仰療法」といった言葉が示すように、ここで言う精神療法は精神に働きかける、あるいは精神を操作して心身の不調を治す方法である。大正期から昭和戦前期にかけての日本では、近代的医療制度が確立していく一方で、結核の蔓延やスペイン風邪の流行などで人びとの健康は逆に脅かされていた。人びとは健康に強い関心を持ち、（現在で言う）代替的な治療法を積極的に利用した。そのなかで、「精神」の力を利用した療法も人気を得ていった。

催眠術と太霊道の影響

精神療法家たち（しばしば「霊術家」と自称した）は西洋由来の新しい医療の力を認めながらも、それが薬の効果に頼った「物質的」で一面的なものだと主張した。そして国内外の伝統的な心身に関する知や、宗教由来の身体技法、通俗的な医療や科学の知識などを自由に組み合わせ、新時代にふさわしい治療理論――つまり旧時代の精神療法である祈禱や信仰も、現在の科学・医学の問題点をも凌駕するような治療理論――であると打ち出した。

精神療法の流行に大きな影響を与えているのは、先行する催眠術ブームである。一九〇三年（明治三六）をピークとする催眠術の大流行により、精神（心）と身体を二項対立的にとらえる見方や、「心と体は相互に影響しあう」「精神は操作できる」というアイデアが広くいきわたっていた［一柳 一九九七］。一九二八年に出版された精神療法家三一三人のカタログ、『破邪顕正 霊術と霊術家』の序文でも、精神療法の流行当初に催眠術家から鞍替えした治療家がしばしば見られたと記されている［霊界廓清同志会 一九二八］。

精神療法に影響を与えた二つ目の存在は、一九一〇年に田中守平《もりへい》（一八八四〜一九二九）によって設立された精神療法団体・太霊道である。新聞広告などで広く社会に知られ、一時は会員一〇万人を自称するほど栄えた、精神療法の代名詞のような存在であった。

田中は「精神と身体がいかに相互作用するのか」という問題を、すべての存在の根本となる「太霊」と、その微細な一部である「霊子」の作用を中心とした壮大な理論で説明した。彼によれば、存在するものは物質（目に見えるもの）であれ精神（見えないもの）であれ、すべて霊子によって構成されており、ただその現れ方が異なるだけである。そこで呼吸法や坐法、詠唱などの身体技法によって姿勢や呼吸を整えると、人体における不可視の霊子の働き（精神）が活性化し、身体がひとりでに動いたり（「霊動」と呼ばれる自動運動）、直接触れていないものを動かせるようになる。さらに霊子をコントロールする技が向上すると、千里眼などの超能力が身についたり、体に手を当てて病気を治す療法ができるようになるという。

ここで注意したいのは、太霊道における精神とは単に心のはたらきだとか人間の内面などという意味ではなく、「人体における不可視のエネルギーもしくは力」とでも言うべきものだったということだ。この不可視のエネルギーを操作するための理論や技法があり、それらの正しさは霊動や病気治療の効果などが身体に表れることによって証明される。先に挙げた日本医師会による記述を見るとわかるように、太霊道のこうした特徴は、あとに続く精神療法にも広く見られるものとなった。

精神療法家たちの社会背景

精神療法家たちは右二つにとどまらず、古今東西のさまざまな知識を取り入れて自分たちの治療を作り上げた。たとえば代表的な精神療法家の一人で「人体放射能療法」を提唱した松本道別《ちわき》（一八七二～一九四二）は、人間の体が発するエネルギーを次のように表現する。

之を印度の婆羅門や瑜伽ではプラーナ支那の道家医家では気、墺斯太利のメスメルは動物磁気、……太霊道では霊子など唱えて居るが、今日の最新科学から研究すると……放射性元素から放射するアルハー線や、真空管内に於ける陽極線と同様の者である……。

（松本道別『霊学講座第一冊』一九二七年）

精神療法家たちがこのような多種多様の知識を得ることができた背景には、当時急成長した出版文化がある。たとえば、ヨガの呼吸法やプラナの考え方については一九一三年刊行の忽滑谷《ぬかりや》快天『養気錬心乃実験』や、一九一六年のラマチャラカ（アメリカのニューソート教師、ウィリアム・ウォーカー・アトキンソンの別名）による『最新精神療法』（松田霊洋翻案）が紹介していた。クリスチャン・サイエンスも、正しい心の持ち方で（つまり精神の力で）身体の病気を消滅させる方法として紹介されていた。本田親徳の鎮魂帰神法も友清九吾（歓真《よしさね》）の『鎮魂帰神の原理及応用』（一九一九年刊行）で知られるようになった。

『霊術と霊術家』は当時精神療法家が三万にのぼるとしているが、その大多数は中程度以上の教育を受けた都市市民で、医学の専門教育は受けていないものの、こうした書籍から知識を得られるだけの素養があった。彼らは治療をするだけでなく、自分の新たな療法について講座や実習、通信教育などを行ったが、その消費者になったのは同じく教育のある都市のホワイトカラー層である。精神療法はしばしば「悪癖矯正」をうたい、依存症や憂うつ症のような、職業や学業の達成に影響をあたえる行動や心ぐせを治すとした。精神療法が都市市民たちに、一種の自己啓発として利用されていた様子もうかがえる。

一九二〇年代以降、精神療法はオステオパシーやカイロプラクティックなどの手技療法や食事法などを取り入れ、治療法としてより洗練されていく。太霊道のような独特の世界観を前面に出すものは影を潜めていくが、「物理療法に偏る現代医療」を批判し、それを乗り越えようという主張は引き続き見られた。

精神療法と宗教研究

戦中から戦後にかけて精神療法の人気は低下していき、現在ではこのような代替療法のサブカルチャリがあったこと自体が忘れ去られている。宗教研究においても大きな注目を浴びることはなかったが、近年になって、近代日本の宗教史を考えるうえでの精神療法の重要性が指摘されている。

たとえば精神療法は、近代社会における宗教的な知や技法の移動や利用を考えるうえで重要な事例である。現代社会においては、宗教的な知識や技法がメディア利用や消費によって伝達・活用され、そこに必ずしも宗教者や宗教団体が介在しないという状況が顕著であるが、精神療法はその先駆的事例と見ることができる。

また同時代に生まれた新宗教との関係も考察されるべきである。治療者団体から生まれた新宗教団体や、病気治しをうたって教勢を伸ばした教団には精神療法に言及している例があり、関係が注目される。また、レイキやマクロビオティックのように同時代に生まれて現在も行われるヒーリングや健康法と精神療法との関係も、今後明らかにされるべき課題である。

参考文献

一柳廣孝　一九九七『催眠術の日本近代』青弓社
井村宏次　一九九六（一九八四）『新・霊術家の饗宴』心交社
霊界廓清同志会　一九二八『破邪顕正　霊術と霊術家』二松堂書店（吉永進一編　二〇〇四『日本人の身・心・霊―近代民間精神療法叢書―』八、クレス出版　所収）
田中聡　一九九六『健康法と癒しの社会史』青弓社
吉永進一　二〇〇七「精神の力―民間精神療法の思想―」『人体科学』一六（一）：九―二一
吉永進一　二〇〇八「太霊と国家―太霊道における国家観の意味―」『人体科学』一七：三五―五一

修養

栗田英彦

「修養」という問い

「修養」という言葉を、聞いたことはあるだろうか。いくつかの新宗教団体や社会教育団体では今なお用いられているが、一般的にはもう死語に近いかもしれない。人格向上の実践を意味するこの言葉は、しかし、戦前日本では大衆のあいだでも広く流通しており、修養を説く「修養書」は、一つのジャンルとして成立するほどにブームとなっていた。

修養に心を砕く日本人の様子は、人類学者ルース・ベネディクト（一八八七〜一九四八）の『菊と刀』（一九四六年）でも、一章分を割いて描写されている。ベネディクトによれば、人間関係に倫理の基準を置く日本文化——「恥の文化」——において、修養は「徳のジレンマ」の矛盾相克からの究極的解放を目指す実践であった。人は、修養によって「腹（自制力の宿る所）」を造り、「人生を味わう」ことができるようになるのだという。死生の超越さえ言いつつも、西洋のキリスト教やインドの苦行のように現世否定ではなく、現世内での最高のパフォーマンスを求める点で、日本独特の宗教文化のあり方であるとされる。

だが、一九一一年（明治四四）、仏教史学者の村上専精《せんしょう》（一八五一〜一九二九）は、その著作『通俗修養論』の冒頭で「修身、修道、修行、是れ等の用語は、古来已に応用すと雖も、修養は吾輩の青年時代にありては、未だ聞かざる用語」であり、翻訳語であろうと述べている。幕末に生を受けて、漢籍にも親しんだ村上の証言は重要である。つまり、修養とは、漢籍に由来する伝統的な概念というより、近代に生まれた新しい概念だったのである。すなわち、ベネディクトの見た修養は、西洋近代との接触なくして現れなかったものだということになる。

修養はいかに生まれ、なぜ廃れたのか。ここに実は、日本の近代と宗教をめぐる重要な問題が隠されている。修養の系譜を手繰りながら、ここでは、この問題に迫ってみたい。

修養の出発点——セルフ・ヘルプとキリスト教

一八六八〜一八六九年（明治元〜二）、サミュエル・スマイルズ『西国立志編—原名自助論—』（原題*Self Help*）が刊行された。自助努力による社会的成功者の物語を集めたこの本は、立身出世を夢見る明治人のあいだでベストセラーとなり、自助自立の気風を植え付けることに一役買っていた。翻訳者の啓蒙思想家中村正直（一八三二〜一八九一）は、当時の読書文化における標準的教養であった儒教の語彙を再編集しつつ、新時代の雰囲気をまとった言葉を作り出そうとしており、この本のなかでは、culture や cultivate や train などに対して、「修養」や「教養」といった訳語をあてていた。修養は、立身出世や自立の風潮とセットとなった、新しい言葉として浸透していく。民権運動家の大井憲太郎の『自由略論』（一八八九年）にも「自由の精神を修養」といった表現があるが、それはこの流れから理解できるだろう。

一方、『西国立志編』の中村による序文には、「西国の強さは、人民篤く天道を信ずるによる」と記されているように、西洋の信仰——キリスト教——は、欧米諸国の文明と覇権の根源にあると考えられていた。キリスト教は「自立」と「文明」の象徴だったのである。それゆえ、明治二〇年代に、修養の言葉を用いていたのは、主に徳富蘇峰《そほう》（一八六三～一九五七）、横井時雄（一八五七～一九二七）、松村介石（一八五九～一九三九）といったクリスチャンであった。彼らは、儒教的倫理や他律的道徳を批判して、キリスト教による自立精神や自発的道徳心の修養を主張していた［上 二〇〇四］。

しかし、科学思想の普及、とりわけ進化論の導入によって、キリスト教は、むしろ科学と相容れないもの、時代遅れのものと捉えられ、「文明」との結びつきは自明ではなくなっていく。さらに、一八九〇年（明治二三）の教育勅語発布により、天皇への忠義を中心とした道徳の指針が定められ、小中学校の道徳教育から宗教は締め出された。欧化主義に抵抗する保守派やキリスト教に対抗する神道家や仏教者は、この対立を先鋭化させ、勅語への最敬礼をめぐる内村鑑三不敬事件、哲学者井上哲次郎（一八五五～一九四四）による「教育と宗教の衝突」論争に至る。井上に非国家的として批判されたキリスト教は、政教分離を盾に反論しつつ、政治や教育（道徳や科学）の領域からは退いていくことになる。

この一連の流れから、結果として、政治や道徳や科学と区別され、超越性と内面的信仰に重きを置く宗教概念が形成されていった［星野 二〇一二］。だが、それでも、横井や松村らは道徳教育の領域にとどまり、教育と宗教の区別を超えた道徳性を追求した。このときに「修養」はポスト「宗教」的なキーワードとなり、分断された諸領域を横断する超宗教的概念として形成され始めるのである。

普遍化と土着化

「教育と宗教の衝突」論争は、通例、国家主義のイデオローグによるキリスト教弾圧事件として知られるが、抜き差しならない国家間競争のもとでは、欧米と結びついたキリスト教が政治性を帯びざるを得ないことを暴露したものでもある。ゆえに、横井や松村は、欧米のキリスト教会と決別し、新たな宗教教育の形を探ることになる。大日本帝国が日清戦争から日露戦争へと歩を進めるなか、その探求は、普遍化と土着化の二方向性へ進んだ。

一八九九年（明治三二）、横井は、宗教学者姉崎正治（一八七三～一九四九）らと丁酉倫理会《ていゆうりんりかい》を結成し、「人格の修養」を主唱する。これは、欧米の倫理修養（Ethical Culture）運動の影響を受け、超宗教的な道徳教育の創出を目指した会合であった。だが、それは非国家的ではなく、国内の諸宗教間の対立を調停しつつ、不平等条約を改正して国際協調へと舵を切ろうとする明治政府の路線にむしろ沿っていた。それゆえ、万国倫理協会連合（倫理修養の国際会議）で日本の修身教育が紹介されるなど、国民道徳と親和的でさえある。その後、丁酉倫理会は、修養運動というより、多様な倫理学説を紹介する学術的会合となっていく。

一方、松村はナショナリズムや東洋を積極的に引き受けつつ、『修養録』（一八九九年）を刊行、明治三〇年代以降の修養書ブームの先陣を切る。彼は「天道《デビニチー》」を修養の極所とするが、キリストだけでなく東洋の聖人もその極所を得た人物だったと言い、さらに徳性の修養は社会救済に及ぶことを強調している。松村の視野には、足尾鉱毒事件で苦しむ貧民と欧米の侵略に蹂躙されるアジア・アフリカ諸国があった。松村の創始した道会からは大川周明（一八八六～一九五七）が巣立っており、アジア主義に与えた影響も無視できない。松村の修養論は、現実の日本を超えた倫理性を有していたのである。

自立精神の物理的根拠

修養の語が脱キリスト教化・脱西洋化するなかで、教団の枠を超え、社会に向けて仏教をアピールしようとする改革派仏教者たちもこの言葉を使い始める。その先駆的な例として清沢満之（一八六三～一九〇三）の修養論があり、続いて近角常観《ちかずみじょうかん》（一八七〇～一九四一）の「信仰の修養」や加藤咄堂（一八七〇～一九四九）の「座禅修養」が説かれた「栗田 二〇〇五」。だが、仏教の近代化にも、西洋哲学や神智学協会といった国際的な潮流が媒介となっていたことに注意しよう。とりわけ、治病や身体鍛錬の効力も謳う座禅修養には、ニューソート運動（催眠療法から発展したアメリカの霊性運動）とフィジカル・カルチャー運動（ボディビルの起源）の国際的流行が関わっている。当時のニューソートでは、呼吸法や瞑想法を用いるものが少なくなく、フィジカル・カルチャーでは筋肉鍛錬のために腹式呼吸法を採用し、意志力の重要性を強調していた。禅系の改革派仏教者（居士仏教者）は、それらを援用しながら、禅僧白隠の丹田呼吸法や瞑想法を再評価していたのである。こうして仏教以外の文脈と交錯するなかで瞑想法が次第に脱仏教化し、キリスト教とも仏教ともつかない、岡田虎二郎（一八七二～一九二〇）の岡田式静坐法や藤田霊斎《れいさい》（一八六八～一九五七）の息心調和法といった心身修養も登場してくるのである。

個別の宗教の文脈を超えた「修養」の語は、明治三〇年代以降、一つのジャンルとして確立していく〔筒井 一九九五〕。蓮沼門三（一八八二〜一九八〇）の修養団や田澤義鋪《よしはる》（一八八五〜一九四四）の青年団など、半官半民の修養団体が登場するのもこの頃である。その目指したものは、自発的共同心の養成であり、下からのナショナリズムの構築であった。修養は、超宗教的であるだけでなく、政治的なポジショニングの形成にも関わるのである。欧米思想にも天皇にももたれかからずに、政治的、倫理的自立を追求するとき、修養はひとつの道であった。大逆事件以降の「社会主義冬の時代」において、木下尚江（一八六九〜一九三七）ら社会主義者の一部は岡田式静坐法に専心したが、それは「転向」というより自立の根拠地の保持だったのである〔栗田 二〇一七〕。

脱宗教化した心身修養では、その根拠地を教団組織ではなく、個々人の身体のなかに置く。「丹田」、すなわち「腹」である。鍛えられた「腹」は、自立精神の物理的なシンボルとなっていく。二・二六事件の理論的指導者北一輝（一八八三〜一九三七）が、『日本改造法案大綱』（一九二三年）のなかで論じた「民主的」な国家改造案のなかに「腹」の鍛錬があることは、その点から注目に値する。同時期の藤田霊斎は、全国民の「腹」の改造を目指し、国民体質改善運動を推進した。さらに太平洋戦争期には、岡田式静坐法の潮流から、「腹」の修養を天皇への忠義と結びつけ、死を超越した国防哲学を説く佐藤通次（一九〇一〜一九九〇）も現れてくる〔片山 二〇〇七〕。「腹」を通じた総力戦体制とでもいえようか。ベネディクトは、この時代の修養の一側面を確かに描いていた。

一見、奇矯にも見える状況だが、それが自立の思想の帰結であったことは思い出されるべきだろう。

それこそが、敗戦後の日本において修養が衰退した理由だと考えられるからである。だが、修養の系譜は形や呼称を変えながら（たとえば新宗教・スピリチュアリティー・自己啓発など）、さまざまな形で戦後に接続している。近代における宗教史、政治史、社会史の交錯点として、修養はさらなる研究が求められる領域なのである。

参考文献

王成　二〇〇四「近代日本における〈修養〉概念の成立」『日本研究』二九号
片山杜秀　二〇〇七『近代日本の右翼思想』講談社
栗田英彦　二〇一五「明治三〇年代の修養概念と将来の宗教の構想」『宗教研究』八四号
栗田英彦　二〇一七「革命と修養―木下尚江はなぜ静坐をしたのか―」『日本思想史学』四九号
筒井清忠　一九九五『日本型「教養」の運命―歴史社会学的考察―』岩波書店
星野靖二　二〇一二『近代日本の宗教概念―宗教者の言葉と近代―』有志舎

霊術

吉永進一

オカルトと近代化

明治末から大正にかけての、オカルト流行、あるいは「神秘・呪術ブーム」（西山茂）はすでによく知られている。福来友吉の千里眼・念写事件、欧米のスピリチュアリズムや心霊研究の翻訳紹介、大本教による鎮魂帰神の法の宣伝などに並んで、この時代を特徴づけた運動に霊術がある。精神療法の項に紹介されているように、田中守平の率いた太霊道を代表として多くの治療団体が登場している。彼らは治療だけにとどまらず、治療者＝霊能者養成を盛んに行い、太霊道は超能力養成カリキュラムを整備していた。このように霊術は一種のクライアント・カルトとしての性格を持ち、大本教のような新宗教運動、静坐法などの修養とともに大正時代の宗教的なランドスケープを構成している。そして、これらの術や教えの間をさまよう求道者が多く出現したのも、この時期の特徴である。大正時代のこのようなオカルト流行は長く忘れ去られており、再発見されたのは一九八〇年代になる。当時のオカルト、精神世界の流行の中で、同様の現象を過去に求めたことから研究は始まり、井村宏次の記念碑的な研究『霊術家の饗宴』が発表され、それに続き、西山茂、鎌田東二が宗教学の領域から、そして田邉信太郎が医療史の方面から、それぞれ研究を発表している。その後、一柳廣孝、吉永進一などが実証的研究を進めているものの、井村、西山の研究の提示した「霊術」論の枠組みについては、十分な再検討はされていなかった。ここでは、オカルト流行と近代化の問題、霊術という用語法について、井村の著書と西山の論文「現代の宗教運動――〈霊＝術〉系新宗教の流行と『二つの近代化』――」（大村・西山編　一九八八所収）から洗い直してみたい。

西山は明治末年と現代（一九八〇年代）にオカルトが流行った原因について、「二つの近代化論」を提唱している。西山は、近代化が行きすぎると合理主義が抑圧となり、むしろ呪術が解放をもたらす、近代化が一段落した時、社会は呪術へと傾くことがある、日本近代は明治と戦後に二つの近代化を経験し、そのあとに非合理が流行した、と主張する。近代化＝合理化というウェーバー的な前提を引き継ぐが、合理化のもたらす問題点に着目し、合理主義と非合理主義の時代が交互にくるという説である。

確かに西山説は、メディアから確認できる社会風潮の変化については当てはまる。しかし、日本社会全体を考えた場合、そう単純に近代化の第一段階で脱呪術化が進んだといえるのだろうか。維新後、廃仏毀釈で修験が打撃を受け、祈禱への法的規制が加わったことは事実であるが、医療制度が一挙に向上したわけではない以上、呪術的な治療が急に減ったとは考えにくい。実際、明治期前半も、丸山講、金光教、天理教など、治病を行う宗教が教線を伸ばしている。社会の総量で考えると、呪術的な治療はあまり変化がないという見方も可能だろう。この点、井村説では、呪術への希求の不変性を強調する。近世では里修験がそうした要求を満たしていたが、明治維新以降、廃仏毀釈などの打撃をうけて修験が激減し、明治三〇年代以降、解体された修験文化を催眠術が吸収して、霊術という新たな呪術が誕生したという。ただし、井村は里修験が消滅したことを前提としているが、維新後に静岡の太吾上人のように多数の信者を集めた修験も登場していることからもわかるように、これも実際にはそう単純なものではない。

おそらく、伝統的な呪術者を支持する層と「神秘・呪術ブーム」を支えた層は同時代に並行していたと考えるべきではなかろうか。後者は、新しい教育制度で学んだ知識人たちの層で起こっている。催眠術の実験や紹介が本格化したのは明治二〇年代で、井上円了らの大学卒業者が中心となっている。また、霊術が誕生したのは一九〇三（明治三六）年、静岡師範学校の教員だった桑原俊郎が、催眠術の実験中に精神力による奇跡的治療や超心理現象を経験し、その持論を発表したことに始まる。桑原の発表媒体が『教育時論』という教育者向けの雑誌であったことが示しているように、催眠術や霊術は高学歴者を対象としており、宗教という私的な領域ではなく学術という公的な領域の中で情報が発信、共有されていた。

このように、霊術は、知識人の中から始まり、学歴社会や都市化の進展で、霊術のような新しい呪術者を支持する層が拡大していった。「神秘・呪術ブーム」は、知識人層に限れば、合理化や物質主義への反動という面はあるが、呪術文化全体を通史的に考えれば、社会構成の変化に伴う、呪術的職能者の漸進的な世代交代と見ることもできる。霊術家という新しい呪術者は、近世のそれが宗教用語に依拠していたのに対して、哲学や心理学の用語を用いるようになり、また、前者のような多神教的な世界観ではなく、精神力やエーテルなどの整理された一元論に依拠する。つまり、霊術は近代化された呪術でもある。

「霊術」という用語法

第二の問題としては、「霊術」という用語がある。井村の発見以降、霊術がオカルト的な代替療法全般の総称として用いられている。しかし当時の精神や霊という言葉は、現代のそれらの語と意味が同じかどうかという問題がある。霊術の祖とされる桑原は、「霊術」「精神霊動」という語を用いているが、その「霊」は霊妙な、素晴らしいといった美辞であって、霊魂のような実体を指しているわけではない。むしろ、桑原の思想では「精神」が重要であった。彼のいう精神とは、心理的な状態と同時に、万物に備わっている動力の意味でもあり、彼は無生物にも精神があると考えていた。精神療法とは、信仰や暗示などの心理操作を用いる療法であると同時に、精神力という未知のエネルギーを用いる治療でもあった。そうした不可思議な療法として、大正時代の文献では、霊術よりも精神療法という語が頻繁に用いられている。

精神という用語法は、精神療法＝霊術誕生のもうひとつの文脈を示唆している。これも井村がすでに指摘しているが、桑原は清沢満之の『精神界』の愛読者であり、内面化された近代的な浄土信仰を抱いていた。ここからさらに、近代仏教という視点から精神療法の歴史を見ることも可能であろう。井上円了の催眠術の紹介、近角常観の古沢平作の精神分析療法への影響、原坦山の禅の方法が精神療法家に用いられたこと、曹洞宗の学僧、中根環堂が太霊道の同伴知識人だったことなど、仏教との関係は深い。さらに、宇宙の大霊といった精神療法につきものの用語は、忽滑谷快天や山崎弁栄などの仏教者が用いていたものであり、その根底をなす汎神論的な宗教観は新仏教運動をはじめ近代仏教者とも共有していたものであった。これに関連して、呼吸法や健康法など、心身の訓練を伴う修養の流行もあった。この修養という用語自体も、その内容も、近代的なものであり、そこには儒教だけでなく仏教の遺産も大きな割合を占めている。たとえば、代表的な身心の修養法である岡田式静坐法の大流行は、居士禅の文化なしには考えられない。

術の宗教史構築へ向けて

しかし、霊術という語はまったくのミスリーディングかといえば、そうではない。この語は、大正中期以降、精神療法家たちが、鎮魂帰神の法をはじめとして神道や密教などの術を受容してレパートリーを広げ、伝統的呪術との習合をさらに進めた段階で使われるようになる。したがって、「大道芸や修験、密教と神道、それに民間の医術や呪法などと舶来の思想や技術、とりわけ心理学とオカルティズムが習合した霊術」［井村　一九八四］という井村の分析は正しく、また呪術の精神史という彼の霊術論の性格からして、この用語を用いるのは誤ってはいない。ただ、この語が心霊術や降霊術とも重なりあう響きを持っているために、オカルトとは反する（ように見える）修養的な文化が従来の研究では見落とされてきた。

これは霊術、あるいはオカルトや呪術という語のもたらすデメリットと言える。オカルト的なサブカルチャーが存在したのは事実であり、重要な発見ではあったが、その語をブラックボックス化してメインカルチャーへの対抗文化としてのみ理解すれば、見えなくなってくるものも多い。私たちが精神療法＝霊術という語で目にしているのは、ハイカルチャー的な修養から大道芸の危険術までシームレスでつながる、ひとつのランドスケープである。伝統的な宗教組織に依らず、個人を単位とし、身体の技法に依拠するという点では共通しているが、極めて流動的な現象である。この点、霊術という語が、もともと「術」という意味しかなかったという点は示唆的である。

　西山茂はすでに、信仰主体の「信の宗教」に対して、実践主体の「術の宗教」というカテゴリーを提案している。信と術の二律背反は修正が必要であるにしても、霊術や呪術の上部カテゴリーとしての「術の宗教」という枠を設定し、信仰やテキストだけでなく、身体実践という視点から近代の宗教的なランドスケープを描き出すことは新たな地平を開くだろう。たとえば、坐法と身体の自動運動という組み合わせは、岡田式静坐法、鎮魂帰神、太霊道、そして超越瞑想やオウム真理教に至るまで、伝統を超えて、さまざまな霊的、宗教的運動で広まっている。そのような身体に焦点をあてた歴史記述は宗教史再構築の上で重要な試みとなろう。

参考文献

井村宏次　一九八四『霊術家の饗宴』心友社（一九九六年に増補版『新・霊術家の饗宴』）
大村英昭・西山茂編　一九八八『現代人の宗教』有斐閣
島薗進など編　一九九九『癒しを生きた人々』専修大学出版局
一柳廣孝　一九九七『催眠術の日本近代』青弓社
田邉信太郎　一九八九『病いと社会―ヒーリングの探究―』高文堂
吉永進一編　二〇〇四『日本人の身・心・霊―近代民間精神療法叢書―』クレス出版

③ エージェント――担い手

氏子

板井正斉

氏子の現在

氏子とは、一般的に氏神といわれる神社の鎮座地周辺に居住しながら、特定の関係を持つ人々を指す。居住地に関係なく個人の信仰等の対象となる神社と特別な関係を有する「崇敬者」とは区別することがある。文化庁が毎年公表する『宗教年鑑　平成二十九年版』によると、「我が国の信者数」のうち、「神道系」は約八四七四万人である。人口総数を考えると我が国は、氏子あるいは崇敬者であふれているといえる。ところが、「仏教系」も約八七七〇万人にのぼり、両者を合わせると、人口総数をはるかに上回ってしまう。すなわち氏子・崇敬者は、同時に檀家でもありうるという複層的な特徴を持つ。

全国約八万社の神社を包括する神社本庁総合研究所が二〇一五年度に全国の本務神社宮司（二〇一〇件）を対象に実施した「神社・神職に関する実態調査」（回答率六〇・一%）に興味深い結果がある。「神社ではどのような人を氏子としていますか」という氏子の定義にかかわる設問に対して、「氏子区域内に住んでいる人すべて（四九・六%）」「氏子区域内に住んでいる人で、氏子費を納めている人（三二・七％）」「氏子区域内の人で、何らかの形で神社とかかわりのある人（会社を含める）（九・〇％）」で九割以上を占めた。その他の選択肢である「氏子区域にかかわらず、何らかの形で神社とかかわりのある人すべて（会社を含める）（三・五％）」「氏子はいない（三・五％）」が、いわゆる崇敬型の信者形態を意味するととらえると、その割合は低く全国の神社を支える人々のほとんどが氏子であり、鎮座地周辺の一定地域を氏子区域とした地縁的なつながりによる集団といえる。同調査では「神社の氏子数（あるいは世帯数）」を選択する設問もある。結果は分散的で「一〇〇人以上三〇〇人未満（四一世帯〜一二〇世帯）（二二・二％）」「三〇〇人以上五〇〇人未満（一二一世帯〜二〇〇世帯）（一四・四％）」「五〇〇人以上一〇〇〇人未満（二〇一世帯〜四〇〇世帯）（一九・四％）」「一〇〇〇人以上一万人未満（四〇一世帯〜四〇〇〇世帯）（二三・四％）」である。区域内の氏子数は、一〇〇人（四一世帯）から一万人（四〇〇〇世帯）の幅を持つ。［神社本庁総合研究所 二〇一六］

氏子の歴史的変遷

氏子の歴史を振り返ると文献上初出は、中世以降である。それ以前の古代では氏人と呼ばれ、氏族の祖神（中臣氏の天児屋命など）や特別な由緒ある神（藤原氏の春日社など）を氏神として祀る血縁的なつながりを指した。その後、武家などにおいて一族の守り神も氏神と称されるようになる（源氏の八幡神など）。その一方で、農作による定住化や共同化が進んだことで自然発生的に地域を守る地縁的な氏神も登場したといわれる。産土《うぶすな》あるいは鎮守なども同様の意味で用いられ、関係を持つ集団を産子《うぶこ》などと称することもある。これらの地縁的な集団の発展型として、宮座と呼ばれる氏神の祭礼組織が形成されていく。氏子の氏神に対する密接な関係の具体化と解釈でき、祭祀のための特別な役割の分担化・当番化がはかられたとされる。この当番を当屋あるいは頭屋などと称する。〔原田 一九七五〕

歴史的な氏子の変遷は、大きく血縁的つながりと、地縁的つながりに区別される。その起源については古代氏族と祖先神や祖先崇拝に関する歴史学や、村落構成や祭祀組織に注目する社会学・民俗学による研究蓄積がある。その中で一つの理論比較を紹介すると、民俗学の立場から柳田国男は、祖先崇拝の信仰的特色を氏神の血縁的つながりに求め、「氏神＝祖霊」と考えた。それに対して、原田敏明は、宗教史学的な視点から祖先神としての氏神や血縁的原理による氏子形成より、地縁的つながりの中でそのすべてを守護する最高神とその関係を基本的性格として重視した。〔住谷 一九八三〕両論に象徴されるように、氏子・氏神研究は、血縁同族によるタテの関係と、地縁による祭祀集団の展開といったヨコの関係について地域神社を対象に論じてきた。

近代神社制度における郷社定則と氏子調べ

血縁的・地縁的な氏子集団が、その定義をより強く求められ、より複雑に変化していくのは近代神社制度の確立が影響している。近代神社制度のはじまりの一つは、一八六八年（慶応四）の太政官布達（第一五三号）といえる。「先第一神祇官御再興御造立ノ上追々諸祭奠モ可被為興儀」とあるように、神祇官を再興して、諸神社や神主などを官に附属させることとなった。これによって、神祇官を中心とした神社行政改革をはじめ神社制度は続々と整備されていく。その中でも一八七一年（明治四）七月に発せられた「郷社定則」（太政官布告第三二一号）と、「氏子調規則」（太政官布告第三二二号）に、氏子に関する規定が設けられた。

「郷社定則」の第一則には「郷社ハ凡戸籍一区ニ一社ヲ定額トス假令ハ二十ケ村ニテ千戸許アル一郷ニ社五ケ所アリ一所各三ケ村五ケ村ヲ氏子場トス」とある。すなわち、戸籍一区ごとに郷社一所と村社数か所を置くことを原則と定め、その規模は、おおよそ二〇村で一〇〇〇世帯ほどの範囲に五社がそれぞれ三から五村ごとに氏子場を構成する。そして五社の内、一社を由緒や社格によって郷社とし、残りの四社を郷社に附属する村社とすることも定めた。さらに、郷社定則では「郷社ニ付スト雖トモ村社ノ氏子ヲ郷社ノ氏子ニ改ムルニハアラス村社氏子元ノママニテ郷社ニ付スルノミ」とも付されている。約一〇〇〇世帯に一郷社を整理し、基準は郷社の氏子としながらも、その他の村社を郷社に附属させつつ、それぞれの村社の氏子関係も尊重した点に（二重氏子）、郷社定則に示された氏子制度の特徴をみる。

「郷社定則」と同時に発せられた「氏子調規則」にはその第一則に「臣民一般出生ノ児アラハ其由ヲ戸長ニ届ケ必ス神社ニ参ラシメ其神ノ守札ヲ受ケ所持可致事」と定められた。すなわち、生まれた子どもは戸長に届け、神社（この場合、氏神である郷社）で神官が木製の札に神社名、当人の生年月日氏名を記載し、裏面に神官が署名捺印されたものを受け取ることとなった。これは住まいを移せばその地の神社の守札を所持し、六年ごとに守札の検査を受けることも義務付けられていた。また、出生記録は氏子帳として氏神が管理し、年末に管轄庁へ差し出すという仕組みであった。先述の「郷社定則」と「氏子調規則」により、全国民が地縁の神社に氏子籍を取得する制度が採用されるに至った。

ところが、「氏子調規則」は一八七三年（明治六）に事実上廃止される。戸籍制度は、氏子制度と切り離されて整備されていくこととなる。「氏子調規則」の運用が短期間であったとはいいながら、「郷社定則」とあわせた一八七一年（明治四）の国家による氏子制度の確立は、この後の神社制度にも当然影響を与えていく。例えば、明治政府が神社の実態把握を目的に実施した「特選神名牒」（一八七四年（明治七））、「神社明細帳」（一八七九年（明治一二））には、その項目に「氏子」を含んでおり、神社を規定する重要な構成要素とされた。

氏子による神社復祀

明治初期の氏子制度の確立をはじめとした神社制度改革は、その後明治末期に行われた神社整理政策へと進む。神社整理とは国家が神社へ社会的機能を規定し、一村一社をはじめとした合併等によりその効率性を高めるとともに管理を強めていくことであった。政府主導による全国規模の神社整理は、氏子・氏神関係にも大きな変化をもたらした。具体的には、一九〇六年（明治三九）に「府県社以下神社神饌幣帛料供進に関する勅令」（九六号）と「神社寺院仏堂合併跡地譲与に関する勅令」（二二〇号）が発布されて以降、十年程の間に全国の神社数が激減する。一八九八年（明治三一）と一九一六年（大正五）を比べると、約一九万社から約七万四千社も減少している［櫻井　一九九二］。

神社整理が引き起こした問題に、国家の目指した神社の姿と、氏子のそれとに齟齬のあったことが指摘されている。生じた亀裂への氏子の反応は、一九一六年（大正五）以降活発になり、①神社の復旧再建、②類似施設の設置（遥拝所等）、③代償的施設の存在、④伝統的祭礼の持続・盛況化・復興に分類され、特に①は、氏子自らが神社整理によって消失した氏神を再建する行動として「神社復祀」と言われる。神社整理の激しかった三重県で神社復祀に至った氏子の理由をまとめた櫻井治男によると「参拝不便」「物淋しさ・寂莫感」「氏神への追慕」「病気流行・死者・火災などの事故があった」が上位を占める。ここに整理合併への氏子の抵抗を見て取れる。〔櫻井　一九九二〕

日本宗教史を氏子からあらためて考えると、歴史的な血縁的・地縁的なつながりをベースとしながら、現在の氏子区域や氏子意識に、近代神社制度が強く影響していることを理解できる。日本人の複雑なカミ観念をより立体的にとらえなおすためにもひきつづき考え続けるべきキーワードである。

参考・引用文献

櫻井治男　一九九二『蘇るムラの神々』大明堂
神社本庁　二〇一六『神社・神職に関する実態調査報告書』
住谷一彦　一九八二『日本の意識―思想における人間の研究―』岩波書店
原田敏明　一九七五『村の祭祀』中央公論社
原田敏明　一九七六『村祭と座』中央公論社
柳田国男　一九四七『氏神と氏子』小山書店

宮座

渡部圭一

「宮座のある宗教史」のために

「我が国の神社の大多数は村落又はそれに準ずべきものによつて奉祀せられてゐる」〔肥後　一九四一：四〕。戦前に宮座の民俗学の基礎をつくった肥後和男（一八九九〜一九八一）は、記念碑的著作である『宮座の研究』（一九四一年）の冒頭近くに、こう書き付けている。神社は村にある――それは一見、あたりまえの事実にみえる。それでも神社史や神道史の研究者の関心が、いまなお旧官幣社・国幣社クラスといった有力神社に注がれがちであることを考えると、この肥後和男の発言は新鮮さを失っていない。

日本の神社の総数のなかで、村に所在するものの数は圧倒的であるが、肥後はたんに数の話をしているわけではない。神社が村にあるということは、村という地縁的な集団が主体となって、そこに住む人々がみんなで神をまつっていることを意味している。そこでは経済的な負担や儀礼上の役割を配分するルールがつくられている、つまり祭祀が組織的に行われている。こうした地縁集団による組織的な祭祀を、数百年という長い時間をかけ、ごく緻密な仕組みへと発達させてきたのが、ここでいう宮座である。

宮座の「発見」――民俗学の視点

肥後和男は茨城県久慈郡大子町の生まれである。その彼は、戦後のある論文のなかでこう述べている。「私は関東の生れで、農村に育ったものであるが、近畿の村落事情に暗かった。それで始めて近江の村々をあるき、神主の家をたずねると、相手から神主さんですか、神職さんですかとききかえされたことが時々あった。よくきいて見ると、戦前の規定で、神職というのは、正式にそれを職業とするもので、その外に村々で交代に神社の世話をするものがあり、それが神主であった」［肥後 一九五七：二八七］

ここで回顧されているのは、かれが昭和一〇年代に精力的に調査した滋賀県の村々

図１　宮座の一老による神事（奈良県香芝市下田鹿島神社、2016 年 1 月 26 日筆者撮影）

のことであろう。「神職さん」といわれているのは、明治初年に制度化された、ライセンスをもった職業的・専業的な神職にあたる。これに対して「神主さん」とは村の住民たちが輪番制で勤める神主のことで、研究者はこれを「一年神主」や「年番神主」とよぶ。今日でも、近畿地方の村の祭りでは、専業の神職とは独立（または協力）して、特定の神事を担うケースがある。

たとえば一一九六年（建久七）以来の記録を伝えることで知られる、奈良県香芝市下田にある鹿島神社の年頭の祭り（結鎮祭礼）では、上十人衆《かみじゅうにんしゅう》とよばれる人々が神事を担当する。上十人衆は座権をもつ家の男子の成員のうち、入衆登録をすませた順（実質的には年齢順）に上位十名からなる。とくに「祭文」を奏上したり警蹕《けいひつ》をかけたりする一老の役割は重く、声音は厳粛で、たどたどしさはあるものの、その作法は神職そのものである。

加入順位や年齢順位が上位のものによる定員制の集団は、一種の臈次《ろうじ》（年齢）階梯組織で、近畿地方に特徴的に分布する。人数により六人衆、八人衆、十人衆といった名をもち、一老・一和尚などとよばれる最上位者が、交代で一年神主を勤めるのが典型的である。さきの肥後和男によれば、一年神主とその母体である長老組織こそが「宮座の代表者」［肥後 一九七〇：一五三］である。下田の上十人衆がそうであるように、長老たちは組織の頂点であると同時に、「神主」として儀礼の中心を担うからである。

民間信仰というと、往々にして、近代化のなかで失われてゆく素朴さが研究者をひきつけてきたものだが、宮座の場合はすこし事情が違う。専業の神職や氏子総代に代表される明治期の官製の制度に対して、それに比肩しうるだけの力量をもち、ときには対立をきたすこともある。肥後和男を驚かせた「神主さん」がそうであったように、宮座は、国家の神社制度とは異なる、ローカルな神社制度として発見されたのである。

頭役祭祀から惣村宮座へ——歴史学の視点

国家的な寺社祭祀を除くと、組織的な寺社の祭りとしてもっとも古いのが、中世前期（一二〜一三世紀）に遡る頭役《とうやく》祭祀である。京都・奈良をはじめ、中央の有力寺社や諸国の一宮、荘園の鎮守社などで、特定の身分・階層の者から、頭人《とうにん》という祭りの奉仕者を差定《さじょう》（指名）し、その年の祭りのための役を負担させた制度をいう。差定の権利は寺社の宗教者組織の手に握られており、差定された者は、いわば聖なる義務としてこれに服さなくてはならない。

これに対して中世後期（一三〜一五世紀）になると、頭役祭祀とは異なる在地の側の自律的な集団が発達する。中世後期の畿内・近国の自治的な村（惣村）で発達した臈次階梯制の村落組織、いわゆる惣村宮座がそれにあたる。これは一方的に命じられる受動的な頭役祭祀の段階から、村の恒常的な集団自身による自主的な宮座の段階への移行として通説化している［萩原 一九七五］。

惣村宮座とは、中世史研究者の整理にしたがえば［薗部 二〇〇二］、つぎのような精緻な仕組みをもつ。すなわち惣村を構成する「村人《むらうど》」の身分の者たちは、集団加入年齢に応じて、烏帽子成《えぼしなり》・官途成《かんとなり》・乙名成《おとななり》・入道成《にゅうどうなり》といった通過儀礼を経験し、かつ神事の役割を果たしていくことで、その臈次をあげていく。最上位に達した者は「老人《おとな》」とよばれ、惣の意思決定を主導する。

中世後期の村の神主はまだ研究蓄積の途上にあり、中世後期と昭和戦前期の隔たりも無視できないとはいえ、先述した肥後和男の描く長老＝神主の組織は、畿内・近国で発達した惣村の臈次階梯制の宮座に由来すると考えることが可能である。これは祭祀組織のユニークな地域類型であり、同時にいまのところもっとも確実な、かつ唯一の宮座の規定である。これ以上の宮座概念の一般化は難しく、いまのところ誰もが納得する宮座の定義というものは得られていない。

宮座変容のダイナミズム

すでに述べたように、惣村宮座やその延長上にある長老＝神主の組織とは、年齢順や加入順といった狭い集団内部の基準をもとに形作られている。さらに長期的な見通しを示しておくとすれば、その仕組みが年齢や経験という個人の属性を基準としているのに対し、一六～一七世紀の日本列島には、家を単位とした「当屋祭祀」の時代が訪れる（これにあわせて祭りの担当者の呼び名も頭人から当屋へと徐々に移行する）。この段階の当屋祭祀の一類型として、有名な「株座」を挙げておこう。

株座とは、特権的な家筋で構成される祭祀組織を意味する用語である。近畿地方の長老＝神主の組織がこれに移行する場合もあるが、たとえば関東地方でも近世初期には草分け百姓の株座が広く出現するように、地域差がないのが特徴である。つまり株座の形成は、日本列島で家を単位とした村落社会が斉一化していく動向のひとつであって、一六世紀に東アジア規模で進むいわゆる「伝統社会」形成の一環でもある。

家単位の（再）編成というトレンドは、村の祭祀の近世化とよぶことができるが、ここに至って村の祭祀集団は、もはや村のさまざまな役（たとえば家並み順に回ってくる当番）と大差ないかのようにも見受けられる。これは古典的な頭役祭祀が、一部の地方大社や集落神社で命脈を保つものの、多くは途絶しあるいは本来の宗教的な意味を失っていくことと軌を一にしている［幡鎌 二〇一四］。であるとすると、宮座が神の問題であるという根拠はどこにあるのだろうか。

死穢の忌避や禁忌の問題は、これを考える一つの材料になる。宮座の役につく者は、あるものに触れてはならない、食してはならないといった禁忌をしばしば課せられる。あるいは墓地、葬儀、死者も厳しく排除する（日常の暮らしに介入するという点では、重く煩雑な宮座の役の負担全般がそうだといってもよいだろう）。しかも宮座における禁忌は、それを守るのはあくまで個人だが、規範としては組織のなかで制度化され、正しく神をまつるための決まりごととして公然化されている。

宮座の禁忌や負担には、村の集団としての組織化と、それに自己完結しない一種の宗教的な合理化の双方が作用している。つまり日常の文脈では理不尽にみえるものが、神のことゆえに正当化されている。もちろんこの秩序は時代ごとに一定ではないだろう。たとえば近世後期にもなると、宮座の長老に白川家や吉田家が介入をはじめる［井上 二〇〇七］。これらの本所は、名乗りや装束、文書や知識などの「もの」とメディアを介して村に宗教的権威を供給する。そこで祭祀集団は、外にある神聖さを取り込みながら秩序を維持する。

いずれにしても宮座という素材は、日本の宗教史の担い手を、かぎりなく日常的世界の側にひきよせて考える上で好個のフィールドである。日本宗教史と村との接点は、近年の宗教者に関する研究で手厚く議論されるようになったが、その主眼はまだ村で活動する神職など特定の身分の人々に限られがちだ。地縁集団のなかで組織化され、ある意味ではかぎりなく世俗化していく局面でこそ、神とよばれるものの具体的な相貌が浮かび上がることもある。宗教史の舞台としての「村」を逸することができない所以である。

参考文献

井上智勝　二〇〇七『近世の神社と朝廷権威』吉川弘文館

薗部寿樹　二〇〇二『日本中世村落内身分の研究』校倉書房

萩原龍夫　一九七五『中世祭祀組織の研究　増補版』吉川弘文館

幡鎌一弘　二〇一四『寺社史料と近世社会』法藏館

肥後和男　一九七〇（一九四一）『宮座の研究』弘文堂

女人禁制

小林奈央子

消えない「女人禁制」の言い習わし

二〇一四年九月二七日、岐阜県と長野県にまたがる木曽御嶽で火山噴火が起こった。その場に居合わせた登山者五八名が亡くなり、いまだ五名の人が行方不明のままという、戦後最大の火山噴火による大惨事となった。

噴火発生直後、インターネット上に配信された噴火を伝えるニュースに対し、あるネットユーザーから「だから女は山に入っちゃいけないんだよ」というコメントが投稿され、それに対し、多くの人が賛同の意を示す、「いいね」をクリックしていた。これは女性が山に入ると「山が荒れる」「災害が起きる」という伝承にもとづいたコメントであろう。「女は山に入るべきではない」という、山にかかわる「女人禁制」の言い習わしは、いまなお私たちの身近にある。

山に女性が入ることで惨事がもたらされるという伝承で最もよく知られているのは、『本朝神仙伝』や『元亨釈書』に登場する吉野山の都藍尼《とらんに》の話である。都藍尼は、吉野山の麓に住み、日夜精勤し、金峯山に登ろうとしたが、雷電霹靂《ライデンヘキレキ》に阻まれ、ついに登ることができなかった。ほかにも、白山の融《とおる》の姥、立山の止宇呂《とうろ》など、結界を越えて山に立ち入ろうとした女性が石化したという「老女化石譚」の伝承は各地に残る。また、そうした石を、姥石《うばいし》とか比丘尼石（巫女石、結界石）というが、それは同時に、女人禁制、すなわち、女性の立ち入りを禁じる境界（女人結界）を示す石でもあった。

「女人禁制」の成立

女性であることを理由に、立ち入りや参加を禁じる習俗を「女人禁制」という。日本の宗教では、女性が社寺や霊山、祭場に立ち入ることや、それらでお参りや修行をおこなうことが長く禁じられてきた。

日本で「女人禁制」が発生した背景の一つに、女性の月経や出産に対する血の穢《けが》れがある。日本で出産にかかわる穢れが初めて明文化されたのは、九世紀前半の『弘仁式』であり、月経に関連する血穢《え》については九世紀後半の『貞観式』においてである。いずれも律令の補助法令であり、律令の範となった古代中国の触穢観《しょくえかん》などが影響したと考えられている（勝浦 一九九五）。

また、もう一つの背景として、五障《ごしょう》・変成男子《へんじょうなんし》（女性は修行しても梵天王・帝釈天・魔王・転輪聖王・仏の五つにはなれない。そのため女性は男身を得てから成仏する）、女身垢穢《にょしんくえ》などの仏教による女性差別的な教えの広まりがある。歴史学者の平雅行によれば、月経や出産などにより、その期間のみ生じる一時的な穢れが、五障という「存在としての女の罪業観」と結びついたとき、女性は「存在としてケガレている」という観念に転化し恒常的な女人結界が登場したという（平 一九九二）。また、女性との性行為を禁じる仏教戒律（不邪淫戒《ふじゃいんかい》）にもとづき、僧寺への女性の立ち入りや宿泊を禁じたことも

図１　奈良県吉野郡天川村洞川　母公堂（筆者撮影）

「女人禁制」の成立につながったと考えられている［牛山　二〇〇八］。

こうして成立した霊場での「女人禁制」は、一八七二年、明治新政府によって公に解かれるまで続いた。解禁後、多くの霊場で徐々に女性の登拝や参詣が増えるなか、女人禁制を堅持したのが、大峰山・山上ヶ岳（奈良県）である。

山頂へ至る四つの登山道の各入り口には、「従是《これより》女人結界」、「女人結界門」と記された石柱や門が立ち、そこから女性は立ち入ることはできない。また、一九七〇年に女人禁制区域が一部縮小したが、旧女人結界の場所にはいまも女人結界門が残り、かつて女性たちが結界の外で仏道修行に励んだ女人堂が、修験道の始祖役行者の母を祀る母公堂《ははこどう》として残っている（図1）。

「女人禁制」を継承させているものは何か

大峰山・山上ヶ岳の女人禁制を解除しようとする動きはいままでもあった。大峰山を主たる修行場所とする修験三本山（聖護院、醍醐寺、金峯山寺）では、役行者一三〇〇年御遠忌にあたる二〇〇〇年に禁制解除しようと議論を重ね、解除が約されていたが、施行には至らなかった。

禁制解除に反対する人びとが反対の理由としてしばしば挙げるのは、山上ヶ岳が長く男性行者だけの行場であったという「宗教上の伝統」である。しかし実際には、行者でなくても性別が男性であれば入山はできる上、木津譲著『女人禁制』（一九九三）によれば、一九七〇年に行われた女人禁制区域の縮小は、山仕事やバスガイドをする女性たちの入山を認める必要から実施されたという。つまり、宗教上の理由ではなく、世俗的な理由で縮小がなされたのである。

こうした状況からみると、現代においてなお「女人禁制」を継承する理由は何か、また、継承すべきと判断し、継承を決定する主体は誰なのかを問わずにはいられない。

現在、修験三本山には多くの女性行者が所属し、男性行者の数に並ぶほどの教団もある。大峰山の修行では、女性行者も、女人禁制区域である山上ヶ岳を除き、男性行者とほぼ同様の修行をおこなっている。女性行者は、教団の重要な構成員であり、実際に大峰山に登る〝当事者〟であるにもかかわらず、「女人禁制」の今後を議論する場に立ち会えてはいない。「女人禁制」を継承するか、廃絶するか、どちらにしても、現況では、その問題を議論し、決定を下すことができるのは、男性のみなのである。

宗教教団内での「女人禁制」

二〇一七年、「世界経済フォーラム」が発表した「男女格差（ジェンダーギャップ）報告」で、日本は前年の順位を三つ下げ、調査対象国一四四ヶ国中一一四位と、過去最低を更新した。日本社会における女性の進出がいかに遅れているかを示すものであり、いわゆる「ガラスの天井」といわれる、女性の昇進を阻むような障壁も存在する。

こうした日本社会の現状は、日本の宗教教団にも当てはまる。教団内では、教団幹部や聖職者の多くを男性が占め、「教えを説く側は男性、教えを受ける側は女性」という序列もいまなお顕著である。日本聖公会では、一九九八年に女性が司祭となることが認められた。しかし、その決議と同時に、「女性司祭の実現に伴うガイドライン」も可決され、そこには女性が司祭になることに反対する聖職者や信徒を容認する内容が含まれていた。すなわち、女性が司祭になる場合には、その聖職位を拒否される可能性を覚悟しなくてはならないという、男性司祭とは異なる重荷が課せられた［三木　一九九九］。

仏教では、釈尊在世時代に、「サンガ」といわれる男性出家者（比丘）からなる教団が形成され、のちに女性出家者（比丘尼）も入団を認められるようになった。しかし、比丘尼の入団に際しては、「ガルダンマ」と呼ばれる八ヶ条の法が課され、終生遵守しなければならないとされた。それにより、比丘尼は、年齢や修行経験にかかわらず、比丘の前では平伏して敬い、言葉を慎み、訓戒しないという両者間の上下関係が確立された［川並　二〇〇七］。この八ヶ条（「八敬法《はっきょうほう》」）に準ずる行為は、制度上は女性の僧侶も平等に嗣法できるようになった現代日本の仏教教団にも残り、女性僧侶は男性僧侶の下座に置かれ、年配の女性僧侶であっても本山で修行を終えたばかりの若い男性僧侶の下につき、お茶を出すというような状況がいまなおあるという［飯島　二〇一五］。

つまり、女性の立ち入りを禁じる「女人禁制」は、社寺や霊山などにおいてだけでなく、女性であることを理由に、男性にはない制限を課される、排外的な扱いを受けるというかたちで宗教教団内にも存在するのである。

「女人禁制」問題から導かれるジェンダー視点の重要性

以上のように、「女人禁制」は、女性をある空間に立ち入らせないというだけでなく、宗教教団内の制度や慣習のなかにも見られる。また、「女人禁制」を継承すべき理由としてしばしば挙げられる、「宗教上の伝統」は、実際には宗教と関係のない、家父長制的思考や男性中心主義にもとづいていることも少なくない。「女人禁制」の問題に限らず、日本宗教史のなかには、「伝統」や「古くからの慣行」として自明視され、その内実を問われずきたものが数多くある。

「伝統」の中身はなにか、誰がその「伝統」を支持し、強いるのか、そして、誰がその「伝統」によって周縁化されているのか。そうした意識に敏感でいるためには、自己と他者の間にある権力関係に常に自覚的であることを要請するジェンダーの視点を持つことが不可欠である。

日本宗教史研究に、ジェンダーの視点を導入することは、これまで男性中心の社会で普遍化され、「当たり前」とされてきた宗教や宗教教団の固定化した価値観に疑問を投げかけ、そこからの解放を促す。そしてそれは、ジェンダー平等の実現をめざす新たな日本宗教史研究の再構築につながる一歩となる。

参考文献

飯島惠道　二〇一五「現代日本の仏教とジェンダー——龍谷大主催ワークショップから——」『中外日報』「論」（二〇一五年一月三〇日付）
牛山佳幸　二〇〇八「女人禁制・女人結界」金子幸子ほか編『日本女性史辞典』吉川弘文館
勝浦令子　一九九五『女の信心』平凡社
川並宏子　二〇〇七「1　仏教」『ジェンダーで学ぶ宗教学』世界思想社
平雅行　一九九二『日本中世の社会と仏教』塙書房
三木メイ　一九九九「日本聖公会における女性の奉仕職と職制」『キリスト教論叢』三一

専修念仏教団

坪井　剛

歴史教科書の「鎌倉仏教」

高等学校の日本史教科書では、「鎌倉時代の文化」の項において、法然（一一三三〜一二一二）の「浄土宗」は親鸞（一一七三〜一二六二）の「浄土真宗」と並んで、一般に「鎌倉新仏教」の嚆矢として解説されている。そのため、各祖師の著作や中心寺院とセットで暗記された方も多いのではないだろうか。しかし、文部科学省が告示した二〇一三年度施行の高等学校学習指導要領（日本史B）では、それまで記述されていた「鎌倉新仏教」の語が消えることとなった。これによって直ちに日本史教科書から「鎌倉新仏教」の語や解説が抹消されることはないと思われるが、教科書の「鎌倉仏教」の記述が少しずつ変化しているのも事実である。

注意しなければならないのは、この変更の背景に、現在を遡ること約四〇年間の中世仏教史研究の進展があると考えられることである。というのも近年の研究においては、いわゆる「新仏教」の社会における勢力や影響力は、鎌倉・室町期においては非常に小さなものに過ぎず、それに対して延暦寺や興福寺といった「旧仏教」は、平安・院政期に引き続き大きな勢力を維持して社会に影響力を有しており、後者こそが「中世仏教」の中心的な存在と考えられるようになってきたのである。学習指導要領の変更はこういった研究の進展を反映したものと考えられる。そして、この変化は一般に、黒田俊雄による「顕密体制論」の提唱〔黒田　一九七五〕をきっかけとするものと考えられており、それまでの「鎌倉新仏教」を中心に進められてきた中世仏教史研究（総じて「鎌倉新仏教論」と呼ばれる）は、大きなパラダイムシフトを迎えることとなった。

中世における法然や親鸞の門弟は、小集団ごとに独立した活動を展開しており、現在の「浄土宗」「浄土真宗」のような教団組織とは異なっている。そのため、それらを総称する際には「専修念仏教団」と呼ぶことがある。現在、その専修念仏教団を研究する際には、この「顕密体制論」は避けて通れない論点の一つであるといえるだろう。本項では、「顕密体制論」提唱の際の論拠の一つとなった「社会における勢力・影響力」という点に絞って研究史を概観し、現在に残された課題を考えてみたい。

鎌倉新仏教論における専修念仏研究

いわゆる「鎌倉新仏教」を中心とする研究は、明治・大正期から現在に至るまで仏教学・歴史学・各宗派宗学において蓄積されてきた。各々の研究視角は多岐に亘るが、一九六一年の『史学雑誌』「回顧と展望」における大隅和雄の分類を参考とするなら、①思想史的研究（教義史的研究）、②教団史的研究（伝記研究）、③テキスト研究となるだろう。これらのうち、社会における勢力や影響力に関わるのは②教団史的研究であり、その研究の一環として、各教団の社会的基盤について議論されている点が注目される。

例えば親鸞の教団を巡っては、在家農民こそその社会的基盤であったとする説（服部之総『親鸞ノート』一九四八年など）や、武士や商人がその受容層であったとする説（赤松俊秀『鎌倉仏教の研究』一九五七年など）が提示されるなど、多くの論者によって議論されている。同様に、法然の教団についてもその社会的基盤は論点となっているが、重要なのはこれらの議論があくまで法然・親鸞らの革新的教説が社会に対してどういった影響を与えたか、といった視角からの研究であったことである。例えば田村円澄は、貴族や武士層も法然の教えを受容したことは間違いないが、それら都市富裕民から搾取されてきた都市下層民こそが本当の受容者であるとしており、都市下層民が富裕層に対し蜂起する根拠を与えた点に専修念仏の意義を見出している［田村　一九五六］。また井上光貞は、平安期に叡山から京都に下りて活動した聖たちによる浄土教の発展として法然の思想を捉えるため、京辺の民衆をその帰依者と想定している［井上　一九五六］。

このように、鎌倉新仏教論の段階では、祖師の革新的な思想をどういった階層の人々が受け入れたのかという観点から論議されていた。逆に言えば、法然・親鸞らの教説が社会の一部にしか影響力を与えていないことは自明であったともいえるが、教団の社会勢力の側面は思想的特色に付随するものとして追求されていたのである。そしてこれと同様に、法然・親鸞以降の教団発展についても、門下の思想展開に合わせる形で考察された。つまり、南北朝期以降に各教団が社会の各層に大きな影響力を与えうる勢力を形成していくのは、各門流が革新的であった祖師の教説から思想的変化を遂げることにより達成されていくと考えたのである。結果、専修念仏教団の歴史的発展は、多くの著述を現在まで伝える各宗派の思想展開と合致する「宗派史的」歴史像として提示されてきた。この点について、六〇年代半ばから既に宗派の枠を越えた「総合的研究」の必要性が説かれ、それに応ずるような研究動向も幾つか見えてはいるが、後に平雅行が「法然・親鸞の後、日蓮・道元らの研究を行なえば、研究課題がなくなるのではないか、との思いに囚われた」［平 一九九四］と述懐するように、新仏教を中心とした論述であることに変わりはなかった。そして、こういった宗派史的研究を批判する形で顕密体制論が登場することとなる。

顕密体制論の提唱と専修念仏研究

一九七五年、黒田俊雄によって顕密体制論が提唱されたことにより、中世仏教の研究状況に変化が生じることになる［黒田 一九七五］。黒田はまず、「新仏教」の対語として用いられていた「旧仏教」を「顕密仏教」と捉え直した上で、一〇世紀から一一世紀にかけて「顕密仏教」系寺社は権門化を果たし、国家の支配体制の一翼を担うこととなった、とする。そして、続く一一世紀から一二世紀にかけて、国家と仏教の関係の論理化（王法仏法相依論）が完成していくことにより、その宗教的権威が「正当性」として確立、時間を経て固定化することにより「正統性」を獲得する、との図式を描いた。このように黒田は、それまでの研究では中世になり堕落し没落していく存在として捉えられていた「旧仏教」＝「顕密仏教」を、国家体制との関係を機軸として位置付け直したのである。その上で、社会における勢力・影響力に鑑みるなら、この顕密仏教こそが「中世を代表する仏教」であり、中世における宗教体制の中心に据えるべきである、と主張した。

これ以降、鎌倉新仏教論の段階では研究されることの少なかった「旧仏教」＝顕密仏教にスポットライトが当てられることとなり、幾つかの新しい研究分野が開拓された。具体的には、顕密寺院の内部組織に関する研究（一般に「寺院史研究」と総称される）が盛んになるとともに、建築史学や美術史学など周辺諸領域においても顕密体制論の有効性が議論の俎上に登ることとなる。

一方で、これまで多くの研究が行われてきた法然・親鸞については、顕密体制論では正統派たる顕密仏教との関係から「異端＝改革運動」と位置付けられた。その上で、新仏教諸派にはこの時点では大きな社会的影響力を認めることはできず、中世仏教の代表とするのは現実的でない、としたのである。但し、黒田の論考には幾つか曖昧な点もあり、その一つとして指摘されたのが、「異端」と「改革」の差異が明確でない、といった点であった。この点について研究を進展させたのが平雅行である［平 一九九四］。平は専修念仏の思想的特徴を国家の荘園制的イデオロギーとの関係で捉えた。つまり、法然の選択本願念仏説は、念仏以外の諸行の往生行としての価値を無化する思想であり、宗教的領主であった顕密仏教の支配秩序を崩す危険性を孕んだものであった、と。そして、こういった思想的特徴が法難事件で問題視され、法然らの国家的罪科に繋がったとするのである。平の一連の論考によ り、「異端」と「改革」の差として、その思想的特徴と国家イデオロギーとの関係が指摘され、専修念仏は改めて「異端」として位置付け直されることとなったといえる。

このように、顕密体制論の提唱によって法然・親鸞らの歴史的位置付けは大きく変化した。ここでは、社会的な影響力の大小が重要な論点となっているが、では南北朝期以降に専修念仏教団が勢力を拡大していく要因についてはどのように展望しているのだろうか。平によれば、法然門流の良忠・

一九九～一二八七）や存覚（一二九〇～一三七三）は思想的に法然の異端的な部分を放棄し、社会的実体として顕密仏教に埋没していったが、応仁の乱により顕密寺院や禅宗五山派が諸国末寺・荘園を喪失すると、それまでの支配体制への依存が希薄であった宗派が台頭する、としている。このように、顕密体制論の立場でも、思想的転向と社会的勢力の増大がセットとして捉えられている点は注意を要するであろう。

専修念仏研究に残された課題

以上のように、中世仏教の長い研究史において、専修念仏は一つのキーポイントとして扱われてきた。しかし、鎌倉新仏教論の段階でも、顕密体制論の立場からも、専修念仏の社会集団としての側面は、ともに思想的側面に付随するものとして捉えられる傾向がある。法然以後の専修念仏教団は幾つかの門流に分かれたとされており、『浄土法門源流章』（一三一一〈応長元年〉作）では五流、『法水分流記』（一三七八〈永和四年〉作）では九流を載せている。これらの門流がどのような組織や経済的基盤を持っていたのか、顕密仏教や禅宗とはどういった関係／棲み分けをしていたのかといった点は、今後追求されなければならないだろう。また松尾剛次は、中世の僧侶集団を官僧僧団・遁世僧僧団に分類し、入門儀礼や非人救済・祖師神話といった点に両者の違いを見出している［松尾 一九九八］。松尾はここから、遁世僧僧団（＝新仏教）こそ中世仏教の代表とすべきであるとして顕密体制論を批判しているが、どちらを中世仏教の中心と考えるかの議論はさておき、鎌倉・室町期の専修念仏教団はどのように僧侶を再生産していたのか、教団の持つ独自の特色は何かといった論点も再検討される必要があるだろう。

鎌倉初期に起こった専修念仏教団は、中世後期に勢力を拡大させていくこととなる。河内将芳によれば、豊臣秀吉による東山大仏千僧会に天台宗、真言宗、律宗、禅宗、浄土宗、日蓮宗、時宗、一向宗が招請されており、これらが新儀の「八宗」とされている［河内　二〇〇六］。専修念仏教団がどのようにして、天台宗や真言宗と並ぶ勢力を得ていくのか、その集団的特質は何かといった点は、今後の大きな課題になると思われる。

参考文献

田村円澄　一九五六『法然上人伝の研究』法藏館

井上光貞　一九五六『日本浄土教成立史の研究』山川出版社（のち『井上光貞著作集』第七巻所収）

黒田俊雄　一九七五『日本中世の国家と宗教』岩波書店（のち『黒田俊雄著作集』第　巻・第　巻所収）

平雅行　一九九四『日本中世の社会と仏教』塙書房

松尾剛次　一九九八『新版鎌倉新仏教の研究―入門儀礼と祖師神話―』吉川弘文館

河内将芳　二〇〇六『中世京都の都市と宗教』思文閣出版

異端的宗教活動

大橋幸泰

正統と異端

一般に、秩序や規律が成り立っている世界の構造とは、まずその中心に正統とされるものがあって、その周縁に正統を脅かしている異端が常に存在している、というものではないだろうか。秩序や規律というのは、多くの人が納得するオーソライズされた存在があってはじめて成り立ち、その成立と同時にそこからはみ出る対象に対して抑圧の機能を果たす。そして、中心に位置する正統的存在が明快であればあるほど抑圧の構造は強固になる。

ただし、筆者の考えによれば、秩序や規律を支える正統と異端の構造そのものは普遍的なものであったとしても、何を正統と考えるか、それがどれほど明快なのか、といった点については自明ではない。そして、正統にしても異端にしてもその輪郭が明快か曖昧かも自明ではなく、それぞれの時代や地域の秩序によって変化するものでもある。

ここでは、近世日本の秩序を支えていた正統と異端の構造について考える手がかりとして、当該期の宗教をめぐる問題を取り上げる。本項目の「異端的宗教活動」とは、筆者がそうした議論を展開する過程の中で分析概念としてカテゴライズした、近世日本の被治者の宗教活動である。近世日本において、正統と異端のボーダーライン上の宗教活動が展開した理由は、近世期を通じて厳しいキリシタン禁制政策が貫徹したためである〔大橋 二〇一七〕。以下、その関係について述べてみよう。

幕藩体制のキリシタン禁制と「切支丹」

近世日本でもっとも厳しく弾圧された宗教といえば、キリシタンである。徳川幕府によって禁止されたキリシタンは、一七世紀中期までには、宣教師が一人も存在しなくなったばかりでなく、表向き信者もまったく消え去った。そうした秩序を支えたのが宗門改制度と類族改制度である。

毎年一人一人檀那寺によってその寺の檀那であることを確認することにより、キリシタンではないことを保証する宗門改制度は、近世期を通じて人々の思考や行動を規制した。キリシタンであった本人と棄教前に生まれたその子もキリシタン本人同然とされ、その子孫は類族として治者に監視され続けた。もっとも、類族を監視するということは、誰が類族で誰が非類族であるかを見極めなければならなかったから、類族改制度の監視の対象は類族に限られるのではなく、非類族もその対象であった。したがって、宗門改制度も類族改制度もすべての領民を監視する制度であったと言わなければならない。

こうして厳しく排除の対象とされたそれは、憎悪を表す「切支丹」や「鬼理支丹」などとして表記された。一七世紀段階では、現実の潜伏キリシタンと禁制対象の「切支丹」との差異は大きくなく、実際、一七世紀中期に起こった発覚事件（郡崩れ、濃尾崩れ、豊後崩れ）では、少なくない信徒が殉教している。しかし、その後は潜伏キリシタンが地域社会に埋没して、信徒でない人々にとって想像の対象となったことから、「切支丹」イメージの貧困化が進んでいった。つまり、荒唐無稽なイメージで「切支丹」が想定され、怪しげなものの象徴となっていったということである［安丸 一九九二］。

たとえば、一八世紀中期、東北諸藩領で活発に活動していた、浄土真宗の異端とされる隠し念仏が「犬切支丹」と呼ばれて弾圧された。他にも、こうした宗教活動はしばしば「異宗」や「異法」などと呼ばれて問題視されていることが、「御仕置例類集」という幕府評定所の判例集に見える。ただし、それらは「切支丹」的なものと見られることはあっても、幕藩体制から完全に排除されるべき「切支丹」そのものとは見なされなかったから、「切支丹」とは区別される。筆者が異端的宗教活動と呼ぶ所以である。

異端的宗教活動としてのキリシタン

一方、現実の潜伏キリシタンは表向き近世秩序の枠組みの中で、檀那寺や鎮守の活動にも参加していた。かつては、こうした彼らの神仏信仰はキリシタン信仰を維持するためのカムフラージュと考えられていた。そして、キリシタンの活動についても、神仏信仰と混ざり合い、別のものになっていったと指摘されがちであった。しかし、近年の研究では、それらはそれぞれの宗教活動の併存と考えるほうが妥当であるとされる［中園 二〇一六・二〇一八］。もちろん、キリシタンが仏教式の葬式の後、経消しの儀礼を行っていたり、人目を忍んでキリシタンの活動を行っていたりした痕跡はいくらでもあるから、彼らが行っていた宗教活動の内、キリシタンにこそ優先順位があったことは確かであろう。

彼らの中には踏み絵を踏むのが苦痛であった者もいたはずである。

しかし、一律にみな熱心な信仰心を持っていたとはいえないし、キリシタンが存在した現実の村社会は信者と非信者の混成集団であったことから、キリシタンの強靭な信仰心のみをもってキリシタンが幕末まで生き延びた理由を説明することはできない。キリシタン禁制という制約の中で、それに合わせた宗教活動を併存して行っていたからこそ継続できたともいえる。

実際、多数の潜伏キリシタンが存在した長崎近郊の浦上村山里では、一八世紀末期から一九世紀中期にかけて断続的に、浦上崩れと呼ばれるキリシタン露顕事件が発生するが、それらの事件で彼らの信仰は幕藩体制が徹底的に排除するべき「切支丹」とは呼ばれなかった。吟味調書におけるそれらの呼称は「異宗」「異法」であった。したがって、断続的に起こった浦上崩れ（維新政府による配流を伴う、最後の四番崩れを除く）は「切支丹」露顕事件ではなく、判決も「切支丹」は存在しないという結論であった。同じ時期、一八〇五年（文化二）に起こった天草崩れも同様である。

このように、表向き当時の秩序に従順であった潜伏キリシタンは、徹底的に排除されるべき異端の「切支丹」ではなく、だからといって正統的宗教とはいえなかったから、そのボーダーライン上の「異宗」「異法」と呼ばれたのであろう。「切支丹」ほどではないが、怪しげな宗教活動として警戒されたという意味で、潜伏キリシタンも異端的宗教活動のカテゴリーに含めることができる。荒唐無稽な「切支丹」イメージと現実の潜伏キリシタンとが大きく乖離していたことを背景に、潜伏キリシタンの活動は村社会の秩序維持にとって障害とは見なされなかったということである。

近世的「邪正」観の転換

潜伏キリシタンがその存在を疑われたとしても「切支丹」として摘発されない一方で、その同じ時期に、京・大坂で「切支丹」が摘発されるという事件が起こった。京坂「切支丹」一件（一八二七〔文政一〇年〕摘発、二九年判決）である。稲荷明神の神託と称して加持祈禱・吉凶判断を行っていた、祈禱師豊田みつきとその弟子や関係者が「切支丹」として捕らえられ、吟味の最後まで生き残った二人が処刑された。活動の内容は稲荷信仰などの民間信仰の他、修験道・陰陽道など複数の宗教活動を組み合わせたもので、従来の「異宗」「異法」の範疇に属すると考えてよい。ただし、教祖ともいえる水野軍記（事件発覚当時、すでに死亡）は、一七世紀初期に中国でキリシタンの宣教活動を行ったマテオ・リッチが書いた『天主実義』をどこから手に入れたのか読んでおり、それをヒントにキリシタンを思わせる用語を使用していた。そうしたことから、みつきとその仲間数名の者はこの宗教活動を「切支丹」であると自覚していたことが、幕府が「切支丹」と判断した決め手になった。

現実の潜伏キリシタンが問題視されても「異宗」「異法」として処理された一方で、みつきらの怪しげな宗教活動が「切支丹」として処理されたということは、何を意味するか。キリシタン禁制という宗教政策が取り締まる対象が、現実のキリシタンから異端的宗教活動へ大きく変化したということである。とすれば、ここに近世的な「邪正」観の転換を見ることができる。近世日本の「邪」は当初、明快にキリシタンを対象としており、「正」は様々な宗教活動が許されていたという意味で曖昧であった。その後、キリシタン禁制の厳しさ故に荒唐無稽な「切支丹」像が普及し、やがてその「切支丹」像が異端的宗教活動との境界を曖昧にしていった。近年、宗派意識が形成されるのも近世であると指摘されている［引野　二〇〇七］が、宗派のアイデンティティーが意識されるからこそ、異端的宗教活動が問題視されるようになったともいえる。

こうして一九世紀に入ると、「邪」の対象は曖昧な異端的宗教活動全般へと拡張していき、それに代わって「正」の宗教を模索する機運が、秩序を維持しようとする治者の側に高まっていくことになる。もはや、キリシタン禁制はキリシタンを取り締まる政策ではなくなっていった。キリシタン禁制を基軸に成り立っていた近世秩序の崩壊は時間の問題となり、それに代わる新たな秩序形成が胎動していく［大橋　二〇一四］。その延長線上に、近代日本の人々の思考を制約した国家神道の成立がある、というのが筆者の見通しである。ただし、そうした近代への展望を語れるのは、私たちが二十一世紀に生きる人間であるからである。一九世紀前期に生きた人々がその後の歴史を知っていたわけではない。国家神道の成立は自明ではなかったが、ここで重要なのは、近世後期において、「正」とは何かを模索する段階に入ったということである。

正統と異端という枠組みで秩序の構造を考えようとするならば、明快な正統の存在を前提に、そこから外れたものが異端としてグラデーションのような曖昧性を伴って広がっているというイメージを想定しがちである。しかし、それは歴史的に形成された宗教別・宗派別に宗教を理解しようとする近代秩序のパラダイムであるといえる。異端的宗教活動という概念を導入して近世秩序を考えるメリットは、そのような近代的発想を相対化することにある。

参考文献

安丸良夫　一九九二『近代天皇像の形成』岩波書店
引野亨輔　二〇〇七『近世宗教世界における普遍と特殊』法藏館
中園成生　二〇一六「かくれキリシタン、信者と信仰の実像」『歴史学研究』九四一
中園成生　二〇一八『かくれキリシタンの起源―信仰と信者の実相―』弦書房
大橋幸泰　二〇一四『潜伏キリシタン―江戸時代の禁教政策と民衆―』講談社
大橋幸泰　二〇一七『近世潜伏宗教論―キリシタンと隠し念仏―』校倉書房

妙好人

岩田真美

『妙好人伝』の出版

「妙好人《みょうこうにん》」という語は、『観無量寿経』に念仏者を「人中の分陀利華《ふんだりけ》」とたとえたのを、唐代の善導《ぜんどう》（六一三～六八一）が『観経疏』「散善義」で注して「人中の妙好人」と念仏者を讃えて称したことに由来する。つまり、「妙好人」とは念仏者に対する褒賞として用いられた言葉であった。しかし、今日では念仏者の中でも、とくに真宗の篤信者《とくしんしゃ》に対する特別な呼称として用いられている。このような概念が定着し始めたのは近世後期以降のことであり、真宗の篤信者の伝記が『妙好人伝』と名づけられ、出版されたことに始まる。幕末には西本願寺の僧侶であった仰誓《ごうせい》（一七二一～一七九四）や僧純《じゅん》（一七九一～一八七二）、さらに東本願寺の僧侶とされる象王《ぞうおう》（生没年不詳）らが編纂した『妙好人伝』が出版され、流布するようになった。これらは幕末の教団を取り巻く危機感を背景に、近世の多くの真宗の篤信者伝を編集したもので、多種多様の信者像が描かれ模範とされた。その後、『妙好人伝』は真宗教団の内部で急速に伝播し、直ちに版が重ねられたばかりでなく、近代以降も新たな妙好人伝が続々と編纂されるようになった。

近代の妙好人伝として、明治期には若原観幢編『真宗明治妙好人伝』全三編（一八八三～一八八四年）、平松理英編『教海美譚――一名新妙好人伝――』全二編（一八八六～一八九一年）、濱口恵璋編『新妙好人伝』全二編（一八九八～一八九九年）などが出版された。さらに大正・昭和期（戦前）には、藤永清徹編『大正新撰新妙好人伝』（一九二二年）、富士川游『新選妙好人伝』全十四編（一九三六～一九四一年）などがあり、戦前には叢伝形式の妙好人伝が多くみられた。

一方、戦後になると、楠恭編『妙好人才市の歌』（一九四九年）、柳宗悦・衣笠一省編『妙好人因幡の源左』（一九六〇年）などのように、個人の伝記や言行録の形をとった妙好人伝が多数出版されるようになる。また、そこには妙好人の信仰体験に学ぼうとする要求が強く現われるようになった［柏原一九七五］。

戦後における妙好人研究

『妙好人伝』が教団の枠を超えて広く知られるようになったのは、鈴木大拙《すずきだいせつ》（一八七〇～一九六六）の著作によるところが大きい。すなわち鈴木はアジア・太平洋戦争の末期に『日本的霊性』（一九四四年）、敗戦後には『妙好人』（一九四八年）を発表し、親鸞の教えを体現した妙好人の典型として「浅原才市《あさはらさいち》」らを紹介した。その際、鈴木は「妙好人伝」と「妙好人」を切り離し、教団における理想的な真宗信者としての「伝記」ではなく、「妙好人」個人の内面的信仰に注目した。そして、妙好人の信仰が文字に現われたものとして、浅原才市らが書き残した詩を取り上げ、真宗在家篤信者の信仰に「日本的霊性」を見出そうとした。戦後の鈴木は「日本的霊性」の発掘を日本の再建と結びつけ、戦争遂行のイデオロギーとなった「日本精神」を批判する原理として展開させようとしており、妙好人研究にも一層力を入れるようになった（『霊性的日本の建設』一九四六年）。そこには国学・神道思想のみならず、戦前の仏教の在り方に対する批判も込められていた。ただし、鈴木の戦時中の言動の評価をめぐっては現在も論争が続いていることを付記しておこう。

　これら鈴木大拙の著作が端緒となって、アカデミズムの領域で妙好人研究に大きな関心が寄せられるようになったのは、戦後のことである。柳宗悦《やなぎむねよし》（一八八九〜一九六一）は、これまで宗門の教学者たちは妙好人が民間の学問がない人々であるため研究対象としてこなかった。それは戦前の美学者や美術史家が民衆的作品、すなわち民芸品を考察の対象としなかった事情と類似しているとして、鈴木の妙好人研究をいち早く評価した（柳宗悦「妙好人の存在」『鈴木大拙選集』第六巻、一九五二）。

　鈴木大拙の業績は、とくに宗教学や仏教学、真宗学などの分野の研究を刺激し、戦後になると妙好人に関する研究が続々と現われはじめた。そこでは妙好人の純粋な他力信仰（信心）の論理構造に注目し、「宗教体験」の観点から分析するもの、真宗教学における位置づけを検討したものなどがある。さらに一九五〇年代以降は、庶民信仰への関心が背景となって、歴史学、思想史学、社会学、民俗学などの分野からの研究が進展し、歴史的・社会的な観点から妙好人伝や妙好人像の分析が行われた。そして、そこには妙好人に対する批判も現れるようになる。例えば、家永三郎《いえながさぶろう》は、「江戸時代に著された妙好人伝の類を繙《ひもと》いてみると、真宗の安心《あんじん》に徹し切ったいわゆる妙好人なるひとびとが、そろいもそろって封建社会の重圧を甘受して歴史の進展に力をつくそうとする積極的意欲の欠けた人間ばかりである」（「親鸞の念仏―親鸞思想の歴史的限界に就いて―」『大法輪』第一〇巻一号、一九四三年）と主張した。すなわち『妙好人伝』には、妙好人の厚い信仰が説かれる一方で、幕府および本山や宗主への崇敬、親孝行、正直、勤勉、質素、倹約などの生活倫理が説かれており、そこには国家体制や教団に順応する傾向があるとして批判されるようになった。

つまり、戦後の研究は大きく二つの面から進められ、妙好人の他力信仰の純粋性や超越性が高く評価され、他方では、妙好人の社会生活が体制順応的であるとして批判を受け、その歴史的限界が指摘された。ただし両者の研究は個別に進行しているというよりは、実際には複雑に絡み合っており、妙好人の内面的信仰と外面的な社会生活との関係性が問われるようになった。

妙好人像を問い直す

戦後のアカデミズム固有の学的・思想的な要請のもとで、「妙好人」という類型概念の再創造が行われた〔黒崎　一九九七〕。上述したように、その端緒となったのは鈴木大拙の一連の著作であった。鈴木は妙好人の特色を「大体学問のない人々で、信仰に厚い」（『妙好人』一九四八）などと規定していたが、それは戦後の妙好人像にも大きな影響を与えている。戦後には、「浅原才市」をはじめ「讃岐の庄松《しょうま》」「因幡の源左《げんざ》」などのように内面の信仰の記録が多くある直接的な言行録に注目が集まった。その一方で、妙好人の信仰をあらわす記述が少ないもの、社会生活における善行美徳が強調された『妙好人伝』はあまり読まれなくなった。その結果、「妙好人」といえば「浅原才市」に代表されるような無名で学問がない人でありながら、高度な信仰を獲得した真宗の在家篤信者というイメージが定着していったといえよう。

柏原祐泉《かしわはらゆうせん》は戦後の妙好人研究の動向には、妙好人伝にみられる国家的、倫理的、教団的諸関係の一切を否定的に捉え、妙好人の純粋な信仰そのものを追及しようとする傾向があるが、それは宗教の国家主義、倫理主義からの解放を叫んで真宗教学の「近代的再確立」を行った清沢満之《きよざわまんし》に対する戦後の復帰的傾向と、同じ歴史的性格を持つものであったと指摘する。また、そこには戦前の仏教のあり方に対する批判が込められており、妙好人に対する追求は戦後において、はっきりと「近代的基盤」の上に立ったと評価した〔柏原 一九七一〕。しかし、その「近代」なるものが問い直されつつある昨今において、戦後に構築された「妙好人」像もまた再検討する必要があるのではなかろうか。

実際の『妙好人伝』には、僧侶や坊守、知識人、上流階級の婦人、軍人など、さまざまな妙好人が登場している。戦後の「近代主義的」な価値観に合った一部の妙好人のみを取り上げるのではなく、近世から現代へと至る妙好人像の変遷を解明し、多種多様な妙好人の実像を検証していくことも必要ではないだろうか。

近年、近世の仰誓・僧純・象王らが編纂した『妙好人伝』を翻刻掲載した児玉識と菊藤明道による『大系真宗史料』伝記編八・妙好人伝（二〇〇九年）をはじめ、妙好人および妙好人伝に関する主要な研究論文を収録した菊藤明道編『妙好人研究集成』（二〇一六年）が刊行された意義は大きい。『妙好人伝』に関する資料や先行研究へのアクセス環境が整備されつつあり、今後さらなる研究の進展を期待したい。

参考文献

柏原祐泉 一九七一『近世庶民仏教の研究』法藏館
柏原祐泉編 一九七五『真宗史料集成』第一一巻維新期の真宗、同朋舎
菊藤明道 二〇〇三［二〇一一増補版］『妙好人伝の研究』法藏館
菊藤明道編 二〇一六『妙好人研究集成』法藏館
黒崎浩行 一九九七「妙好人伝の地平と近代」小田淳一編『物語の発生学』第一号、東京外国語大学アジア・アフリカ言語文化研究所
児玉識 二〇〇九「近世『妙好人伝』研究の経緯」真宗史料刊行会編『大系真宗史料』伝記編八・妙好人伝、法藏館

民衆宗教

石原　和

民衆宗教研究のはじまりと展開

尾張国の元武家奉公人媹姾如来《りゅうぜんにょらい》喜之《きの》の如来教（一八〇二年開教）、備前国の神職黒住宗忠《むねただ》の黒住教（一八一四年開教）、大和国の地主の妻中山みきの天理教（一八三八年開教）、備中国の農民赤沢文治の金光教（一八五九年開教）、武蔵国の農民伊藤六郎兵衛《いとうろくろべえ》の丸山教（一八七〇年開教）、丹波国の大工の妻出口なおの大本教（一八九二年開教）――。幕末維新期に民衆の間でおこった一連の創唱宗教を総称して「民衆宗教」と呼んでいる。これは主に歴史学者が用いてきた概念であり、〝近代国家（近代天皇制や国家神道）などに対抗しうる民衆の自主的かつ創造的な宗教運動〟として前掲の宗教群を分析するために用いられた概念であった。

初めてこの概念が用いられたのは、戦前に教派神道であった教団を「近代民衆宗教」と呼んだ村上重良『近代民衆宗教史の研究』（一九五八年）でのことであった。村上は、教祖・教団研究を通して、民衆宗教に近代宗教の萌芽を見出した。それを、来るべき時代の新しい観念を生み出し、やがて国家神道に対抗する役割を果たした（が、その圧倒的権力のもとに挫折してしまう）民衆の宗教運動として描いたのだった。ここでいう近代宗教とは、キリスト教をモデルとした一神教的神観念を宗教の近代的形態として捉えたもので、村上はその特徴として、政教の分離（政治権力からの独立）、信仰の自由（信仰の個人化・内面化）、教義の合理化（非呪術的な教義）があると捉えていた。この宗教の近代化を描くにあたり、当時の歴史学の主流であった戦後歴史学――生産方式を基盤とした発展段階論とその原動力となる階級闘争の分析に基づいた歴史記述。進歩主義的、上向的未来論――の理論が用いられた。こうして邪教視されることも多かった諸宗教は日本宗教史、日本史のダイナミズムの中に位置づけられたのであった。

この概念と研究分野を確固たるものとしたのには、村上ほか編『民衆宗教の思想』（一九七一年）の果たした役割が大きい。特に、この書に教典が抄録された教団が民衆宗教の主要教団として捉えられるようになったこと、また、所収の解説論文において、強力な一神教的最高神による救済、徹底した現世中心主義、人間本位の教義、政治権力・社会・民族への観点など、民衆宗教の性格が規定・提示されたことは重要である。加えて、この書における民衆宗教像には、共編者であった安丸良夫の民衆思想史――民衆をその意識や行動の次元から捉えることで未発の可能性を探り、その近代化過程を問う研究視角――の成果が内包されている。それは、民衆宗教概念に抵抗・対抗という意味を付与する役割を果たし、宗教の近代化のみならず、民衆の近代的主体形成が重要なトピックとされるようになったことに寄与した。ここに傑出した民衆としての教祖像が見出されていく。

八〇年代には、分野開拓以来の枠組と問題関心、そして教祖・教団研究という方法を基本としつつも、近代的な宗教としての民衆宗教像が問い直されるようになった。例えば、宗教の近代的形態＝一神教的最高神という前提から研究が進められることに批判が加えられた。これと連動して、生き神思想の系譜から民衆宗教の教祖や神を捉え直したり、民衆宗教には多様な神々が登場することが改めて注目されたりと、民衆文化の伝統との連続性が重視されるようになった。こうして民衆宗教を民衆の信仰世界の総体から捉え直していく動向がおこった。このような変容を経つつ、一九九〇年頃までには如来教、天理教、金光教、大本教など主要教団の研究の成果が出揃うこととなった。

その一方でこの頃、民衆宗教研究には、教祖や教団に研究者が語りたいナラティヴ、つまり〈講座派の人民闘争史的、あるいは民衆史の主体的〉民衆像が託されてきたという問題があると指摘されるようになり、民衆宗教に近代性を追求してきた研究者の視線自体の相対化が叫ばれるようになった。

しかし、九〇年代以降、分野開拓以来の理論の拠り所でもあり、批判すべき対象でもあった戦後歴史学の衰退とともに、民衆宗教研究は拠って立つところを失い、停滞してしまう。

民衆宗教研究と近代化論

民衆宗教研究の開拓にあたって、村上は鎌倉仏教に比定しながら、これと並び称することのできる民衆による自主的な宗教運動として幕末維新期の民衆宗教を位置づけようとした。

当時、この鎌倉仏教研究は日本史学界の〝花形〟の位置にあった。この研究は、明治維新以降、仏教教団の近代化を課題としておこり、やがて国史学の中にも定着し、戦後においても日本固有の近代化の発掘を課題としたものであった。こうした文脈から鎌倉仏教は理想化され、呪術性の克服や個人の内面的な信仰の確立といった近代性、戦後民主主義の理想と連動した民衆性が見出されていった。

民衆宗教研究はこれを祖型として幕末維新期の諸宗教に歴史的な位置づけを与えた研究であったということができよう。つまり、鎌倉仏教研究と同様の視点から、民衆の宗教運動の中に生じた自主性、近代性、呪術の克服、内面的信仰の確立、教義の合理性といった要素を探し求めてきた研究領域だったのである。特に近世近代移行期を対象として、近世の封建制を打破する近代性を発現した宗教として歴史的に位置づけられてきた。また、近代国家成立以降を対象とする際には、その支配に対置される民衆の抵抗の場として位置づけられ、そこに未発の可能性＝民衆的近代が読み出された。このようにして民衆宗教研究は、日本における宗教／民衆の近代化の発掘を喫緊の課題として登場・展開していったのであった。

明治維新以降、長きに渡って、日本の歴史学界のキーワードは西欧近代を理念型とした「近代」化だった。しかし、二〇世紀末が近づくにつれて、日本経済の停滞や世界情勢のめまぐるしい変化の中で、社会の矛盾やほころびが目立つようになり、長く理想化されてきた「近代」という時代像は、人類の進歩のための羅針盤として機能しなくなった。むしろ、戦争、帝国主義、排外主義、格差の拡大、人間関係の希薄化など様々な歪みをも生んでしまうような、私たちが辿ってきた現実である近代という営み自体が抱える問題が問われるようになってきている。こうした点を念頭におけば、民衆宗教研究は、現実の近代の問い直しという課題の中で、「近代」化論を基盤とする自己の枠組からの脱皮に躓き、影響力を弱めてしまったといえよう。

〝新しい民衆宗教研究〟へ

では、民衆宗教はもはや用済みの課題となってしまったのだろうか。いや、むしろ近代の営みを問い直していくための素材として、今こそ顧みられるべきだと考える。

民衆宗教研究が九〇年代に停滞して以降、宗教をめぐる研究は大きく進展した。二〇〇〇年代以降に一気に進んだ「宗教」概念論の進展とその定着に伴って、近年、宗教の捉え方に変化がおきている。近代日本における宗教概念は、キリスト教をモデルとしたreligionの含意を参照系としながら、多領域に亙っていた宗教の活動を信仰に関わる活動にのみに限定していくことによって歴史的に形成されたとみなされるようになった。これにより、従来の宗教研究が信仰や救済といった極めて限定された領域の宗教の活動を対象としてきたことが自覚されるようになってきている。

また、九〇年以降、戦後歴史学のグランドセオリーからの解放に伴って、従来、世俗（化）の時代とみなされてきた近世・近代が宗教性という視点から顧みられるようになってきた。例えば、宗教社会史の分野では、近世国家の宗教政策という次元から近世社会像の再構成が迫られ、社会の中で宗教が担った様々な役割が明らかにされてきている。これと連動するように、教団史・制度史に限定されがちだった近世仏教研究でも、その営みや社会的機能が解明されてきた。近代以降を対象とする研究においても、仏教の近代経験を多岐に亘る視野から問い直す近代仏教研究が多様な成果を重ねている。し、大正期には修養主義や霊術ブームと関わりながら新興の宗教が教線を広げていたことも指摘されるようになっている。加えて、大学と宗教、植民地と宗教など、問いの射程も広がってきている。

だが、民衆宗教研究はこれらの動向が登場すると同時に停滞したこともあって、宗教（史）研究の新たな成果を十分に反映させた新たな民衆宗教像を提示できているとは言い難い。そもそも民衆宗教研究は他の研究領域の成果への視線が弱い分野であった。それはその枠組自体が、民衆宗教（またはその教祖）を近世あるいは近代の日常性から乖離させ、近代性を萌芽させた孤高の宗教（主体）として位置づけることによって成立してきたことによる［井上 二〇一五］。また、近代化論との距離の近さから、呪術性、つまりプラクティスを排除したビリーフ研究に集中してきたという問題もある。

しかし、こうした現状を逆手に取れば、未だ手つかずの可能性を多く残した研究素材であるということができるのではないか。すなわち、近年の研究成果に目を配りつつ、民衆宗教の多領域的宗教活動とそれと同時代の宗教的土壌に注目することで、宗教社会の構造と史的展開という次元から民衆宗教の実践と社会的機能を再検討することにより、日本の近代経験とともに歩んできた集団として民衆宗教を問うていく余地が多分に残されているともいえよう。

実際に、二〇一〇年代以降、新たな成果が続々と登場している［幡鎌 二〇一二、石原 二〇一五、桂島 二〇一五、永岡 二〇一五、神田 二〇一七］。これらは、より広い視野と問いから民衆宗教を日本宗教史の全体像に関わる重要な課題として取り上げたものだ。今まさに民衆宗教を基盤として近世後期から近代の宗教史の全体像を捉え直そうとする〝新しい民衆宗教研究〟が産声をあげつつあるのである。

もはや近代化を論ずるだけの課題としての民衆宗教は役割を終えた。民衆宗教とは、様々な宗教が出会い、再構成される社会的かつ歴史的な〈場〉である。また、研究史的には宗教研究の〈辺境〉に位置し、近年の成果からも遅れてきた分野である。民衆宗教には、複数の宗教の多領域に亙る実践と思想が重なり合う〈場〉から、また仏教、神道、キリスト教研究を中心とした宗教研究の〈辺境〉から、宗教史全体に新たな問いを投げかけていく力が、未だ秘められたままなのである。いかにこれを掬い上げ、そこから、いかなる宗教史の全体像を見出していくかということが今後の重要な課題となろう。

参考文献

石原和　二〇一五「「渇仰の貴賤」の信仰としての如来教―一八〇〇年前後宗教社会から救済言説を読み直す―」（『宗教研究』三八四号）

井上智勝　二〇一五「民衆宗教の展開」（『岩波講座日本歴史第一四巻』岩波書店

桂島宣弘　二〇一五「迷信・淫祠・邪教」（島薗進ほか編『他者と境界』春秋社

神田秀雄　二〇一七『如来教の成立・展開と史的基盤―江戸後期の社会と宗教―』吉川弘文館

永岡崇　二〇一五『新宗教と総力線―教祖以後を生きる―』名古屋大学出版会

幡鎌一弘編　二〇一二『語られた教祖―近世・近代の信仰史―』法蔵館

無教会キリスト教

赤江達也

無教会主義――近代日本を代表するキリスト教思想

無教会キリスト教は、内村鑑三《うちむらかんぞう》（一八六一～一九三〇）が一九〇〇年（明治三三）頃に開始した宗教思想運動である。

内村鑑三は、明治半ばから昭和初期にかけて活躍したキリスト教著述家である。主著には『余はいかにしてキリスト信徒となりしか』『代表的日本人』『後世への最大遺物』などがあり、いずれも岩波文庫の古典として現在でも読み継がれている。内村はその知名度や影響力において、近代日本でもっとも代表的な宗教思想家なのである［若松 二〇一八］。

内村はプロテスタント・キリスト教の伝統的な信仰に立ちつつ、「人は信仰のみによって救われる」というプロテスタンティズムの原理を徹底し、救済のために「教会」という組織や制度は必ずしも必要ではないと主張した。内村はその立場を「無教会主義」と名付けた。そのため、内村の信仰と思想を継承する人びとは「無教会主義者」「無教会キリスト者」と呼ばれる。

内村の門下からは、多くのキリスト教知識人が輩出された。とくに有名なのは、戦後に相次いで東大総長を務めた南原繁《なんばらしげる》（一八八九～一九七四）と矢内原忠雄《やないはらただお》（一八九三～一九六一）、戦後社会科学を牽引した大塚久雄《おおつかひさお》（一九〇七～一九九六）である。

内村やその弟子の無教会派知識人たちの書物は、キリスト教徒だけではなく、教養読者層に広く受け入れられた。日本キリスト教史の第一人者である鈴木範久《のりひさ》は、日本のキリスト教徒は人口の一パーセント前後にすぎないが、キリスト教の「かくれ信徒」が人口の一〇パーセントほど存在しているという仮説を提示している［鈴木　二〇一七］。日本近代社会には、いわゆるキリスト教徒のほかに、それをはるかに上まわる数の「キリスト教シンパ」――キリスト教に好意と関心をもつ人びと――が存在してきた。そして、内村や無教会派知識人の読者には、教会・無教会の信徒に加え、そうしたキリスト教シンパ」が多かったと考えられる。

無教会主義は、近代日本において「天皇制国家」に抵抗しえた数少ないキリスト者の系譜として注目されてきた。とくによく知られているのが、内村鑑三不敬事件と矢内原事件である。

内村鑑三は一八九一年（明治二四）、天皇が署名をした教育勅語へのお辞儀が不十分であるとして攻撃され、第一高等中学校（後の第一高等学校）の教職を追われる。この内村鑑三不敬事件は、近代天皇制の成立期における最初にして最大のスキャンダルであり、その後の「国体と宗教」の関係を大きく規定していく。また、矢内原忠雄は一九三七年（昭和一二）に日中戦争を批判したことで右翼扇動家からの攻撃を受け、東京帝国大学教授の職を追われる。この矢内原事件は、戦時期の言論抑圧として知られ、宗教者の戦争批判・国家批判として名高い［将基面　二〇一四］。

こうした象徴的な事件ゆえに、無教会主義は「天皇制国家」に抵抗したキリスト教思想として知られてきた。そのため、無教会主義はナショナリズム批判の思想として語られやすい。それは正しいのだが、そのさいに、無教会主義がナショナリズムの思想でもあったことを見落としてはならない。

内村鑑三は、ジャパン（日本）とジーザス（イエス）を意味する「二つのJ」をみずからの標語とするナショナリストであり、日本人によって直《じか》に把握されたキリスト教――「日本的キリスト教」――を唱えた。その理想主義的な「キリスト教ナショナリズム」は、弟子の南原繁や矢内原忠雄にも継承された。たとえば、矢内原忠雄による国家批判には、「キリスト教ナショナリズムによる国体論的ナショナリズム批判」という論理がふくまれていた［赤江 二〇一七］。

戦後、内村鑑三や無教会派知識人の書物が教養読者層に広くアピールしたのは、無教会主義がたんに普遍主義的なキリスト教思想であるだけではなく、同時に日本のキリスト教思想、理想主義的なナショナリズム思想であり、日本が目指すべき方向を示す思想だと考えられたからなのである。

無教会運動――読者共同体と集会群からなる「紙上の教会」

無教会主義の思想は、それが組織や制度をもたないとすれば、どのように広まっていったのか。この問いに答えるには、無教会運動の展開を見る必要がある。

無教会運動は、不敬事件後に著述家となった内村鑑三が、既存の教会から離れて、独自の伝道活動を開始したことにはじまる。内村は一九〇〇年（明治三三）に雑誌『聖書之研究』を創刊し、同時に家庭で小規模な日曜集会（聖書研究会）を開始する。そして翌一九〇一年（明治三四）に投書雑誌『無教会』を創刊し、そのなかで「無教会主義」を唱えはじめる（『無教会』は第一八号で終刊）。

内村鑑三の聖書講義は、大正期にはときに九〇〇人近い聴衆を集め、雑誌『聖書之研究』の発行部数は一九三〇年（昭和五）の終刊時には四五〇〇部に達した。その後、一九五〇年代には、無教会キリスト者の数は三万から五万人と推定された（『キリスト教年鑑』一九五八年）。無教会運動では雑誌が次々と発行され、一九六二年（昭和三七）には、少なくとも六二誌の無教会雑誌が存在していた。

ただ、従来の無教会研究では、無教会運動は基本的に各地に散らばる小規模な集会として捉えられており、無教会雑誌の読者共同体の社会的な広がりは、あまり注目されてこなかった。そうした傾向は「集会中心主義」的な無教会理解と呼ぶことができる。

拙著『「紙上の教会」と日本近代―無教会キリスト教の歴史社会学―』では、こうした無教会運動の社会的な広がりを捉えるにあたって、内村鑑三が語った「紙上の教会」という構想に注目した（赤江 二〇一三）。そこで見えてきたのは、数万人規模の集合的読者を社会的な基盤としつつ、各地で多くの集会が立ち上げられていくという動態的な二層構造である。このように、無教会運動を読者共同体と集会群からなる動態的な二層構造――「紙上の教会」――として捉えることで、無教会キリスト教の社会的広がりとそのダイナミズムをよく理解できるようになる。

「紙上の教会」としての無教会運動は、より広範な社会的条件に支えられていた。それは明治末から大正期にかけて形成された「教養主義と宗教文化の受容空間」という文脈である。無教会キリスト教の書物は「教養主義と宗教文化の受容空間」のなかで教養読者層に広く読まれた。「宗教の教養化」が進むなかで、親鸞とイエスがともに尊敬を集め、仏教とキリスト教がともに「教養」として受容されていく。そうした受容のあり方において、浄土真宗と無教会主義はよく似ていた。

ただし、仏教とキリスト教が「近代」との関係で対照的な位置にあったことは重要である。仏教は一般に「前近代」や「伝統」と結びつけられやすい（それゆえに「近代仏教」という概念が重要な問題提起となりうる）。それに対して、キリスト教は基本的に「近代」という観念と結びつくことが自明視されてきた。その場合のキリスト教とはしばしばプロテスタンティズムを指しており、とりわけ無教会主義がその象徴的な存在となってきた。

「日本の近代と宗教」をめぐる通念を問いなおす

戦後日本の知的世界では、無教会主義はきわめて「近代的」な宗教思想として捉えられてきた。そのような評価の源泉となってきたのが、「内面的な信仰」を中核とする信仰中心主義《ビリーフ》的な宗教理解（近代宗教言説）であり、「日本の近代化とキリスト教」を結びつける「戦後社会科学」の思想（日本近代化論）である。

それらの言説の中心に位置していたのが、マックス・ヴェーバー（Max Weber, 1964–1920）の有名な論文「プロテスタンティズムの倫理と資本主義の精神」（一九〇四～〇五年）であり、その翻訳者の一人である大塚久雄である（マックス・ヴェーバーについては本書の項目を参照）。無教会キリスト者の大塚は、ヴェーバーが論じた禁欲的プロテスタンティズムを日本の無教会主義に重ね合わせるような議論を展開した。

また、社会学者の内田芳明は、大塚久雄の思想を論じるなかで、無教会主義を「ゼクテ」と規定した。この「ゼクテ」もヴェーバーの概念であり、成員の自発性や排他性を特徴とする「結社」を意味する。ヴェーバーはアメリカの近代資本主義を論じる際に、キリスト教的「ゼクテ」の役割に注目した（『プロテスタンティズムのゼクテと資本主義の精神』一九二〇年）。そうした議論をふまえつつ、内田芳明は、日本のキリスト教主流派ではなく、「無教会主義＝ゼクテ」の批判精神を高く評価した（『ヴェーバーとマルクス』一九七二年）。

このような議論を通じて、無教会主義は「ゼクテ」的な師弟の人格的交流のなかで育まれた「純粋な信仰」と「強固な主体性」――それらを体現する著名な無教会派知識人たち――といった「近代主義的」なイメージで理解されるようになる。それは、無教会キリスト者たちの自己理解でもあった。

そうした理解は、無教会キリスト教のある面をくっきりと記述している。ただ、そこには問題点もないわけではない。

第一に、「ゼクテ」的な共同性と個人の「内面的な信仰」という「近代主義的」な無教会イメージがあまりに強固であるがゆえに、それ以外の要素が見落とされてきたことである。先に触れたように、従来の無教会研究では「集会中心主義」的な傾向が強く、「紙上の教会」的な読者共同体は、あまり重視されてこなかった。

第二に、そうした無教会イメージを支えてきた近代宗教言説や日本近代化論の言説がすでに相対化されているということである。日本近代化論はすでに一九七〇年代には失効しはじめており、近代宗教言説についても一九九〇年代以降、多くの検討がなされている。そうした状況のなかで、それまでの無教会理解を更新する研究も少しずつ生まれている（マリンズ 二〇〇五、赤江 二〇一三）。

いま必要なのは、次のような二重の作業である。無教会キリスト教のような個別具体的な宗教現象についての理解を実証的に更新していくこと。同時に、これまでの歴史記述にふくまれてきた「近代主義的」バイアスを明らかにしつつ、そのバイアスを生み出した「キリスト教（宗教）に対するまなざしの歴史」を記述していくこと〔星野　二〇〇九〕。――このような相互に密接に関連する二重の作業を着実に積み重ねていくことが、「日本の近代と宗教」をめぐる新たな歴史記述への通路となるはずである。

参考文献

赤江達也　二〇一三『「紙上の教会」と日本近代―無教会キリスト教の歴史社会学―』岩波書店
赤江達也　二〇一七『矢内原忠雄―戦争と知識人の使命―』（岩波新書）岩波書店
星野靖二　二〇〇九「キリスト教史と〈宗教〉史の〝あいだ〟―近代・日本・宗教史―」市川裕・松村一男・渡辺和子編『宗教史とは何か（下）』リトン
マリンズ、マーク・R　二〇〇五『メイド・イン・ジャパンのキリスト教』高崎恵訳、トランスビュー
将基面貴巳　二〇一四『言論抑圧―矢内原事件の構図―』（中公新書）中央公論新社
鈴木範久　二〇一七『日本キリスト教史―年表で読む―』教文館
若松英輔　二〇一八『内村鑑三―悲しみの使徒―』（岩波新書）岩波書店

テーラワーダ仏教

佐藤哲朗

布教伝道の現場から

近現代の日本で断続的に試みられてきたテーラワーダ仏教（上座仏教）受容の歴史は井上ウィマラ［井上 二〇一六］、藤本晃［藤本 二〇一六］、青野貴芳［青野 二〇一四］に詳しい。本稿では、布教伝道にたずさわる当事者の視点から所見を述べたい。学生や研究者の皆さんが考えるヒントにしてもらえれば幸いである。

筆者は二〇〇三年の春から宗教法人 日本テーラワーダ仏教協会（一九九四年設立。以下、協会）に勤務し、主として機関誌や書籍の編集、インターネットを通じた布教伝道に従事してきた。国内で一時出家も体験した。日本におけるテーラワーダ仏教の実勢については、統計がなく確かなことは言えない。協会に属する寺院は国内三ケ寺のみだが、他団体やテーラワーダ仏教圏の出身者が建立した寺院を合わせると二〇ケ寺は下らないだろう。日本人比丘はまだ少ないが、出家儀式を行う戒壇（sīmā）も国内に複数設定された。宗教的なインフラ整備は、ここ十数年でかなり進んでいる。

協会の会員（月刊機関誌『パティパダー（Paṭipadā）』定期購読者）は全国で一〇〇〇名程だが、ほぼ全員が日本人あるいは日本語ネイティブである。会員には伝統仏教諸宗派の僧侶や仏教系新宗教の教師職、また非仏教徒も含まれる。一方で、入会はしないものの協会行事の常連だったり、協会宛に定期的に布施したりする例も少なくない。会員自主活動である「ダンマサークル」も全国で盛んだが、こちらも非会員の参加を歓迎している。ウェーサーカ祭やカティナ衣法要といった大きな法事には、スリランカやミャンマー、ネパール（仏教徒のネワー民族）出身の人びとも家族連れで参集する。

出版メディアにおける存在感

協会周辺に限っても、かように曖昧な日本のテーラワーダ仏教だが、出版メディアにおける「存在感」だけは確固たるものだ。協会の指導者にあたるアルボムッレ・スマナサーラ（Alubomulle Sumanasāra,1945–）の著作は、二七万部以上を頒布した『怒らないこと』（二〇〇六年）はじめ商業出版だけで二〇〇タイトルを超える。他にもタイで出家した日本人比丘プラユキ・ナラテボー、ミャンマーで出家し後に還俗した井上ウィマラ（高野山大学教授）、西澤卓美、浄土真宗寺院の出身ながらテーラワーダ仏教に強い影響を受けた小池龍之介、藤本晃など、日本の出版界にはテーラワーダ系の仏教書ジャンルが確立している。マハーシ・サヤドー（Mahāsi Sayādaw, 1904–1982）、アーチャン・チャー（Ajahn Chah, 1918–1992）、ポー・オー・パユットー（Prayudh Payutto,1938–）、アーチャン・ブラーム（Ajahn Brahm,1951–）、ウ・ジョーティカ（Sayadaw U Jotika,1947–）といった海外僧侶の著作も多数翻訳出版されている。電子書籍やインターネットでの発信を含めれば情報量はさらに増える。

協会の会員に限らず、一般の日本人とテーラワーダ仏教の接点は概ね書籍やネットであり、行事に参加する場合もいわゆる「法事」ではなく、瞑想会や法話会に個人で参加するケースがほとんどだ。たまさか会員になっても布教や献金の義務はない。個々の熱心度に違いはあれども、強固な「しがらみ」を形作るコミュニティ宗教の要素は希薄である。さらに言えば、会員であってもテーラワーダなる特定宗派に帰属意識を持つ人がどれだけいるか疑問だ。むしろスマナサーラの言葉を通じて、「宗派以前のブッダの教え」に触れていると感じる人が多いかも知れない。ブッダ本来の教えとは「純粋な科学」であり、テーラワーダであれ大乗であれ、そこに付着した宗教色・信仰・民族文化は「汚れ」に過ぎないというのが、スマナサーラの決まり文句である。

「原始仏教」というドメイン戦略

矢野秀武［矢野 二〇一二］によれば、現代日本のテーラワーダ仏教への共通了解は、大乗仏教より劣る小乗仏教、ブッダ時代の「原始仏教」を引き継ぐ仏教、パーリ語聖典に見られる思想としての上座仏教（宗派の教え）、各地域別のエスニック上座仏教（スリランカ仏教、タイ仏教など）、といったイメージに分断されている。これらの項目の中で、日本人の「需要」が大きかったのは「原始仏教」の領域であった。その背景として、西洋由来の近代仏教学による古代インド仏教研究、パーリ仏典を普及させた中村元（一九一二～一九九九）の業績などが挙げられている。日本の近代化過程で学術面に限らず信仰面でも一定の需要が生み出されたにもかかわらず、「原始仏教」を基盤とした寺院や僧侶はほとんど（まったく）存在せず、信仰面の需要は満たされない状況が続いてきた。「スマナサーラ長老を中心とする日本テーラワーダ仏教協会のドメイン戦略」がこのポイントに即していたとする矢野の分析は、協会運営に関わった立場からも頷ける。ただしスマナサーラは、未発達な仏教という意味を含む「原始仏教（Primitive Buddhism）」を避けて、より価値中立的な「初期仏教（Early Buddhism）」を用いている。また、「ブッダは信仰を否定した」という言説で「原始仏教」への信仰面の需要を逆説的に掬い取り、戒や瞑想といった「仏道の実践」へと人々を導いている。

テーラワーダ仏教への共通了解のうち、「大乗仏教より劣る小乗仏教」という偏見は強固だった。歴史的に大乗仏教が栄えた日本で、「小乗仏教」とは実体のない批判対象であった。それが近代化によって現実のテーラワーダ仏教と同一視され、「劣った仏教を奉じる遅れたアジア」なる差別意識とともに、アカデミズムや公教育の場において無批判に再話され続けたのである。近年この語が廃れはじめたとすれば、アジア諸国出身者ではなく日本人が「当事者」として批判の声を上げはじめたからだろう〔佐藤 二〇一三〕。その前史として青木保『タイの僧院にて』（一九七六年）を嚆矢とする文化相対主義の眼差しが、テーラワーダ仏教へのフラットな理解を促したことも指摘しておきたい。

話を戻せば、釈迦牟尼ブッダに直結する「原始仏教」イメージは、近現代の日本で「あるべき仏教」の理想形として形作られていった。昭和後期に伸長した仏教系新宗教が教団名に原始経典を意味する「阿含」を冠したり、パーリ語の礼拝文を取り入れたりしたように、そのイメージを実体化させんとする需要または欲求はつねに存在していたのだ。「初期仏教」の合理性と科学性を強調するスマナサーラの言説と「正念」のエッセンスを伝える瞑想指導（後述）は、一連のオウム真理教事件（一九八八〜一九九五年）が決定づけた宗教忌避の風潮とも相俟って、テーラワーダ仏教を「脱宗教的な実践体系」として日本社会に受容させたのではないか。

日本仏教にもたらした変容

近代仏教史の範疇では、テーラワーダ仏教の日本移植は挫折の連続だった。釈興然（高野山真言宗、一八四九～一九二四）は、一八九〇年（明治二十三）に留学先のスリランカで比丘となり、帰国後は外護者を得て日本比丘サンガ設立を期したものの失敗に終わった。さらに戦後の一九五〇年代、日本曹洞宗の青年僧侶たちがミャンマーのマハーシ・サヤドーのもとに参じヴィパッサナー（vipassanā 観瞑想――教学上の説明は措くが、次に触れる「気づき」の実践と同義――を学んでいる。現代の修行者からすれば羨ましい話だが、本人たちは苦痛だったようで、帰国後にその学びが注目されることもなかった［小島 二〇一六］。当時、日本ではテーラワーダ仏教は「戒律仏教」と見なされており、瞑想実践（bhāvanā）への関心や需要も皆無に等しかったのである。

それから数十年を経て、日本人のテーラワーダ仏教観は「戒律仏教」から「瞑想仏教」へとがらりと転換した。そしてテーラワーダ仏教の瞑想メソッドは、日本仏教のあり方にも変容をもたらしている。すでに人口に膾炙した「マインドフルネス（mindfulness）」は、仏教用語「念（sati, smṛti）」の英訳である。そして、このマインドフルネス及びアウェアネス（awareness）から重訳された「気づき」なる日常語が、日本仏教における伝統的な「念」解釈を更新したのだ。従来、八正道の正念は「正しい記憶」「正しい思念」など、具体的な実践と結びつき難い単語に訳されていた。そこにテーラワーダ仏教のサティ概念が（英語経由で）移入されたことで、仏道の要諦たる「正念」の実践が一気に普及したのである。

二一世紀になって、宗主国アメリカからヴィッパサナーをアレンジした「マインドフルネス瞑想」が本格導入されると、この傾向に拍車がかかった。テーラワーダ仏教色が強い「ヴィパッサナー」の受容には抵抗していた伝統仏教界も、アメリカ流の「マインドフルネス」ならば容易に受け入れた（出世間を志向しない点を除けば、内容はほぼ同じなのだが）。現在では宗派を超えて伝統仏教の僧侶が「マインドフルネスコーチ」の肩書を掲げて活動するまでになっている。

イメージと実像の乖離

開国以来の紆余曲折を経て、「原始仏教」志向の受け皿となることで橋頭堡《きょうとうほ》を築いたテーラワーダ仏教は、日本人が国内でアクセスできる仏教の一つとして定着したと言えるだろう。その一方、「原始仏教（初期仏教）」あるいは「瞑想」をドメインとした伝道のあり方が、テーラワーダ仏教の実像と乖離を生んでいる側面もある。例えば、テーラワーダ＝瞑想仏教というイメージを抱いて「本場」の仏教に触れると、大半の仏教徒が「瞑想」に関心をもたず、祭礼や布施儀式に熱心な姿を目撃して困惑することになる。これは、アメリカやヨーロッパで禅堂に通い、いざ「仏教国日本」を訪ねてギャップに驚く欧米仏教徒の感覚に近いかもしれない。さらに近年は、スリランカ・ミャンマー・タイで頻発する仏教と他宗教の「宗教対立」、アシン・ウィラトゥ（Ashin Wirathu, 1968–）らナショナリスト僧侶によるヘイトスピーチなどが頻繁に報じられ、テーラワーダ仏教への日本人の好意的印象に不穏な影を落としている。「脱宗教的な実践体系」だったはずの教えが、きわめて偏狭な宗教の「毒」をふり撒くさまを見せられれば、興醒めも仕方ない話だろう。かくして「テーラワーダ仏教のリアル」と対決を迫られる日本のテーラワーダ仏教（原始仏教ドメイン戦略部門）。布教伝道の波頭から見える光景は、このようなものだ。

参考文献

井上ウィマラ　二〇一六「欧米・日本の上座仏教」パーリ学仏教文化学会　上座仏教事典編集委員会編『上座仏教事典』めこん

小島敬裕　二〇一六「ミャンマー上座仏教と日本人―戦前から戦後にかけての交流と断絶―」大澤広嗣編『仏教をめぐる日本と東南アジア地域』勉誠出版

藤本晃　二〇一六「テーラワーダは三度、海を渡る―日本の土壌に比丘サンガは根付くか―」大澤広嗣編『仏教をめぐる日本と東南アジア地域』勉誠出版

青野貴芳　二〇一四「日本のヴィパッサナー瞑想史」蓑輪顕量監修『別冊サンガジャパン①　実践！　仏教瞑想ガイドブック』サンガ

矢野秀武　二〇一二「タイ上座仏教の日本布教―タンマカーイ寺院についての経営戦略分析―」中牧弘允、ウェンディ・スミス編『グローバル化するアジア系宗教　経営とマーケティング』東方出版

佐藤哲朗　二〇一三『日本「再仏教化」宣言！』サンガ

南島とキリスト教

一色　哲

日本キリスト教史研究と近代化

明治のジャーナリスト・山路愛山《ヤマジアイザン》は、その著書『基督教評論』（一九〇六年）で、明治期にプロテスタントの代表的な伝道者は佐幕藩の男性士族であったと述べている。この旧佐幕藩出身の知識人たちは、〝文明の宗教〟としてキリスト教を受容し〝半開〟の地・日本にそれを広めようとした欧米人宣教師のまなざしを内面化することで、自らが〈文明開化＝日本近代化〉の原動力となるべきという自負を持ちはじめる。このような〈キリスト教＝文明の宗教〉論を前提に、「日本キリスト教史」研究ははじまった。

しかし、警醒社編纂『信仰三十年　基督者列伝』（一九二一年）には、多数の女性や「平民」が有力信徒として名を連ねている。また、各地に残存する明治期の「教会員名簿」を見ても同様である。つまり、日本キリスト教史は、実証的な手続きを経ないまま、「明治のキリスト教は、もっぱら社会の上層の知識人に受容された」という虚構に基づき研究が続けられてきた。

また、日本キリスト教史は、長らく「一国伝道史」に基づいた縦割りの「教派史」を束ねたものにしか過ぎなかった。そのような歴史像から、欧米人宣教師が日本人伝道者を育て、その日本人伝道者たちが「未開・半開の地方」に文明の光を届け、感化していったという「地方伝道史観」が想定されることになった。このような史観に立てば、教会の信徒や求道者（教会に出入りする未信者）は、宣教師や伝道者の教えを従順に受け入れる伝道の「客体」にしか過ぎないことになる。また、この伝道する側に偏った史観による歴史叙述には、教会の周辺にいて、キリスト教に批判的であったり、無視したり、あこがれたりしている群衆・民衆・市民の姿への視点も関心もみられない。

本書では、日本の各宗教の歴史の再構築が行われている。わたしの課題は、キリスト教においては、〈明治プロテスタント＝文明の宗教〉論の軛から逃れ、日本キリスト教史の〝再構築〟をめざすことである。その点で、近代以降の南島地域でのキリスト教受容の過程と質はその再構築を考えるうえで、格好の事例である。

近代日本における南島地域とキリスト教伝道

南島とは、奄美・沖縄・宮古・八重山の各群島を含む地域で、かつての琉球王国の最大版図とほぼ重なる。近代以降、南島は、鹿児島県と沖縄県とに行政的には分断されてきたが、キリスト教伝道では単一の伝道圏を形成していた。その地には、現在、一〇〇余りのキリスト教会があり、約五万人の信徒（人口比でいうと約三・五％）がいる。この人口比は、日本本土の四倍弱にあたる。

この南島地域は、近代以降、帝国日本の「内国植民地」とされ、長期にわたって近代化が低いレベルでおさえられてきた。沖縄では、琉球処分後も王国時代の制度が長らく残り（「旧慣温存」）、奄美では、鹿児島県の政商による「黒糖搾取」が藩政時代から存続していた。つまり、近代以降も、南島には近代化の光は届かず、むしろ近代化の闇の部分を地域全体で担わされてきたのであった。したがって、近代化に恩恵を受けた階層がキリスト教（プロテスタント）を受容したという〈明治プロテスタント＝文明の宗教〉論に基づく歴史像は、南島にはあてはまらない。

こうして、日本におけるキリスト教の受容を、土着論ではなく、近代化論の文脈で再構築すると、新たな地平が見えてくるのではないか。近年、若手のキリスト教史研究者による日本の植民地伝道や朝鮮時代、中国・満洲、台湾等の東アジアのキリスト教研究が活発化している。それらの若い研究者と学的交流をし、各人のフィールドから越境して知見を広げていくと、南島のキリスト教にはそれら日本以外の東アジアのキリスト教史と共通する特徴や課題が見出せる。このような学際的な取り組みを「〈東アジア〉キリスト教交流史」と呼ぶこともできるだろう。

そもそも、日本の周縁部・辺境にあたる南島のキリスト教との接触は、一七世紀前半、石垣島の石垣永将がルエダ神父からカトリックの洗礼を受けたことにはじまる（「八重山キリシタン事件」）。その後、一九世紀中ごろ、琉球王国末期に、ベッテルハイムなど二十名余りの欧米人宣教師が中国経由で来島する。しかし、彼らの目的は琉球伝道ではなく、禁教令下の日本本土の伝道を狙ってのことだった。

そして、三度目の南島への伝道は一九世紀末にはじまる。まず、奄美大島にカトリックが来島し、沖縄島では、日本人伝道者によってプロテスタント伝道がはじまる。それらは沖縄戦で一旦断絶するが、戦後、沖縄を軍事占領した圧倒的な支配者である米軍により、宣撫工作の一環として再開され、多数の信者を産み出した。そして、一九五〇年代以降は日本本土や米国の神学校に「留学」した南島の青年伝道者たちにより、また、「本土復帰」の一九七二年の前後に本土教団との再合同が模索され、新しい神学や信仰が沖縄島に持ち込まれた。

戦前における南島キリスト教史の構造

こうして、南島のキリスト教が、国家の周縁部にあるがゆえに、信徒・伝道者が〝越境〟と〝交流〟を繰り返し、次第に重層的信仰を獲得していった背景には、次のような南島キリスト教史の三層構造が見えてくる。

まず、南島伝道の〈中心〉は沖縄島である。沖縄島には、最初に宣教師や伝道者が派遣され、それぞれ教派による南島伝道の拠点となった。この時期の南島伝道における主要な教派のうち、メソジストは「南島宣教部」を設置して、奄美群島を含めて完結した伝道を行った（〈完結型〉）。日本基督教会（旧日基）は、九州地方を管轄する鎮西中会（〈教区〉）に南島を編入し、本土や台湾から有力伝道者がしばしば派遣された（〈貫流型〉）。また、バプテストは、琉球讃美歌などを多用しながら、農村伝道を積極的に行った（〈土着型〉）。

沖縄島では、すでに、政治・経済の実権をにぎっていた本土からの寄留者が新たに仏教寺院をつくり、そこに集った若者たちが近代的言説を用いて沖縄の知識人を感化しようと努めていた。そのため、後発のキリスト教各派は、信徒・伝道者が協働して、民衆に「魂の救済」を説いた。その結果、近代化の恩恵の届かぬ階層へもキリスト教伝道の働きかけが届くことになった。

また、南島の〈周縁〉にあたる石垣島（八重山群島）や喜界島（奄美群島）では、近代以降、労働力移動が盛んであった。そのため、台湾や朝鮮半島等帝国日本の植民地への越境により、出郷先で信仰を得た帰還信徒による要求で教会が形成され、島出身の伝道者による宣教も盛んになった。

そもそも、南島からの出郷者たちは、植民地では、現地の人びとと支配者である日本人の間に立つことになった。そこで、出郷者たちは、現地の人びとに対する理不尽な扱いを体感し、それら苦難を背負った人びとが、その難儀から自らの心身と「民族」の救済を強烈に希求し、解放の道を探る営為に、「周縁的伝道知」を見出していく。そして、この「周縁的伝道知」は南島に伝えられ、南島全体に広がっていった。南島と帝国日本の旧植民地・勢力圏におけるキリスト教受容の近似性は、こうして生まれたと考えられる。

最後に、その〈中心〉と〈周縁〉の中間に位置する宮古島（宮古群島）や徳之島（奄美群島）では、共通の〈半周縁〉的な特徴が見られる。これらの〈半周縁〉地域では、他の地域に比べて、伝道活動が低調であった。その代わりに、特に徳之島では、カトリックの神学者である吉満義彦をはじめとして、有力な伝道者や神学者を本土や沖縄島などに送り出している。この両島に住む人びとの教育熱心で激しい気質は、強い上昇志向・中央志向を産みだし、そのことが、この〈半周縁〉でのキリスト教伝道を特徴づけている。

〈貫流〉、〈還流〉、〈越流〉の系譜

さて、戦前の南島を巡る信徒や伝道者の動態をできる限り調べていくと、いくつかのパターンのあ

ることに気づく。それは、（一）日本本土から南島を経て台湾に至る〈貫流〉の流れ。（二）帝国日本の外縁部を巡回し、南島の〈周縁〉地域に福音をもたらした〈還流〉の流れ。そして、（三）海外や本土への出稼ぎ・移民により、南島で信仰を得てから海外雄飛をめざす者、「外地」で教会を建て、経済的搾取に悩む同朋を救おうとした者、「外地」で信仰を得て帰還後伝道に南島伝道に挺身する者などの〈越流〉の系譜がみられる。

また、戦前には、帝国日本の外縁部のみをめぐる巡回牧師がいた。その巡回牧師は、沖縄にも伝道している。本土と南島、外地を往還する有力伝道者が開催する伝道集会は、その都度、南島の信仰に新しい息吹を吹き込んだ。

こうして、「外地」で信仰を得た伝道者や信徒は、南島に最新の神学をもたらし、熱狂的な信仰を惹起した。その原動力は、理不尽な艱難からともに救われたいという心性であった。そして、その救済への激しい希求が、南島を含む東アジアのキリスト教との共時性と近似性を産みだしたのではなかったか。

ひるがえって、従来の日本キリスト教史は、今から約百五十年前の長老派と聖公会の外国人宣教師の来日が、唯一無二の「ファースト・コンタクト」として、宣教師から日本人伝道者へ、教派・教団中央から地方教会へという「単線的伝道」像に固執し、抜け出せないでいる。

〈周縁的伝道知〉と〈民衆キリスト教の弧〉の形成

こう考えると、結局、日本のキリスト教には救われなければならない何者があったのだろうか。

少なくとも、〈明治プロテスタント＝文明の宗教〉論のなかには、苦難や理不尽な扱いからの解放と救済といった信仰的動機は見出すことはできない。一方、救われなければならない苦難が、南島にはあった。そして、その苦難は、個人的なものだけではなく、社会的・民族的な苦難であった。その苦難からの救いを神に対して激しく希求する信仰的なありようが、南島全体に広がった。そのような救済と解放を強く望む信仰のあり方、つまり「周縁的伝道知」は、先述の帝国日本の植民地下・勢力下にあった東アジアのキリスト教と共通している。

このような信仰のありかたを、池上良正の顰みに倣って、「民衆キリスト教」［池上 一九九一］と呼ぶならば、南島から台湾にかけて、「民衆キリスト教の弧」が形成されていたことになる。これは、南島キリスト教史を日本キリスト教史のなかの「地方伝道史」から自立させ、独自の伝道圏が形成されていたことの証明となるだろう。

参考文献

安齋伸 一九八四『南島におけるキリスト教の受容』第一書房
池上良正 一九九一『悪霊と聖霊の舞台―沖縄の民衆キリスト教に見る救済世界―』どうぶつ社
藤野陽平 二〇一三『台湾における民衆キリスト教の人類学―社会的文脈と癒しの実践―』風響社
一色哲 二〇一八『南島キリスト教史入門―奄美・沖縄・宮古・八重山の近代と福音主義信仰の交流と越境―』新教出版社

④ガヴァナンス——権力と信仰

鎮護国家

佐藤文子

仏教と護国

アジア文化の構図において日本は漢訳仏教文化圏のなかに位置している。皇帝の保護下でサンスクリット語原本（これを梵本という）から中国語に翻訳事業がなされて成立している漢訳仏教の世界においては、国王が仏教を保護したときにはその国王は仏教の力で護られるという国王守護思想がたびたび見受けられる。これは訳経の際に、仏教の思想に中華社会の忠・孝の思想が融合するためで、このような記述は梵本には存在しない「松長　一九六六」「頼富　一九七九」。

『金光明経《こんこうみょうきょう》』は、国王守護思想を記載した経典としてもっとも古くかつ著名なものである。この経は、人間世界を治める王がこの経典を大切にすると、外敵が国境に侵入しても四天王とその配下の鬼神たちがこれを撃退し、平安を得、願いは満たされる、と説く。

日本にはこの経の旧訳と新訳が輸入され、毎年正月に宮中の大極殿《だいごくでん》で経文の内容を読み解き、議論する行事が催された（御斎会《みさいえ》《ごさいえ》）。八世紀には唐僧義浄《ぎじょう》（六三五～七一三）による新訳『金光明最勝王《こんこうみょうさいしょうおう》経《きょう》』（七〇三年に漢訳）が国分寺に備えられた（七四一年）。新訳には旧訳にはない四つの現世利益についての記述が付け足されている。為政者がこの経について法会を主催するとき、その功徳の力によって、病や一切の災いから逃れる、長寿を得る、外敵に侵入されない、安穏に仏教の効き目が世に行き渡る、などとするのがそれである。

この経典が重視された背景には、天然痘が九州方面から近畿に至り、政府要人が次々と没したこと（七三七年）、その後まもなく九州大宰府で藤原広嗣叛乱軍が挙兵したこと（七四〇年）があった。このような状況下で新訳に説かれる四つの利益は切実な意味を持っていた。

『金光明最勝王経』においては、人間世界の為政者がこの経を保護するとき、四天王と眷属が為政者一族を護ることを、「擁護彼王（人王）后妃眷属」「擁護自身（人王）后妃王子、乃至内宮諸婇女等」と表現している。日本のひとびとは、天皇やその一族のことについて直接的呼称を避けて婉曲に表現する際に「国家」といっていた。そのためこれを日本的な表現に移し替えて「護国家」とした。「護」は類義字を重ねて「擁護」「守護」など二字語でも表現され、現代語とは意味が異なる「国家」と結びついて和製漢語として通用した。

護国家と鎮国家

九世紀にはいるとここに新展開がおこる。「鎮護国家」思想の登場である。「鎮護国家」の語の初見は『戒律伝来記』である。朝廷は平安時代のはじめ、既存の仏教宗派に命じて由緒や概況を報告させた。この書物はそのうちの一つで、八三〇年（天長七）唐招提寺から提出された律宗の由緒である。著者豊安《ぶあん》は、鑑真とその弟子達の功績を説明して、此土（日本）の出家者達に戒律を授けることで、

「住持仏法、鎮護国家」（仏教を守り続け、天皇一族を「鎮護」してきた）と述べている。この「鎮護国家」の思想は、どれだけ探しても漢訳仏典には発見できない。これは「護国家」と「鎮国家」とのふたつの概念を同列にならべて成立したものであったと思われる。

「護国家」の意味が比較的平明であるのに対して、「鎮国家」の意味は曖昧である。「鎮」は鎮圧とか文鎮とかいう言葉があるように、放っておくと良くないのでおさえしずめるという意味である。曖昧なのは、なにを鎮めたら問題が解決するのかがよく理解されていないからである。為政者をおびやかす災害や叛乱・疫病流行に対して、彼らはなにが原因であるかの把握に苦慮し、宗教者を頼りさまざまな方法を試していた。

災異を引き起こすのは、ざわざわとしたモノ（正体のないかたちにならないかけらのようなたましいの作用）と観念され、祓《はらえ》によって対処されるときそれは穢《けがれ》であり、追儺《ついな》によって対処されるときそれは鬼物であり、読経によって対処されるときそれはヒトガミ未満の未熟な人霊であった。また懺悔の法によって対処されるときそれは自身に関わる罪障と観念された。災異の原因を人格に見立てないまま、取り除こうとする「鎮国家」思想は、家宅に災いが起きないように安鎮しようとする道教の「鎮宅」思想にも似ている。文化が断続的に到来する日本社会（とくに内陸に位置する天皇の都）では、これらの観念が同時に併存しながら相互に干渉しあい、さらにそれぞれに展開したのであった。

九世紀になって「鎮国家」の意味が急展開する契機は、仏教者が率先して天皇の忌日供養をするようになったことにある。南都の寺院勢力と対立した最澄（七六九〜八二二）は既成集団からの独立を目指し、毎年正月に宮中でいっせいに行われていた得度（年分度）を、天台宗については南都勢力の下渉を廃して独自に実施しようとした。八二三年（弘仁一三）に至って比叡山では亡き桓武天皇の忌日三月一七日に年分度を実施し、それを「鎮国家」と称している（光定『伝述一心戒文』）。得度には強い功徳があるとされていたので、その力を死者たる天皇に贈るという趣旨である。

思想の特質

「鎮護国家」は、目に見えない災異のもとい（漠然とした魂魄の作用から死者となった天皇に至る）を「鎮」め、生者として目に見えて在る天皇を「護」るというはなはだユニークな語である。中華社会では「鎮」と「護」は意味が離れすぎていて、決して組み合わせにはならない。対立拮抗しながら成立していた「鎮」と「護」が、その外縁において融合的に受容され、淘汰されないのである。

「鎮護」＋「国家」という概念は、天皇の「死」が、天寿をまっとうした場合とそれ以外の不慮の場合とについて、大差なくその死を忌み、「穢」と認識して対処する条件下においてのみ成立しうる。日本の、とくに都のひとびとは天皇に対してさえ死者となったからには鎮まっていてほしい、やたらにアクティブな状態にならないでほしいと願った。

また複数の対処法を便宜で駆使していたために、死者が生前の記憶を継続する人霊に昇格しても、廟に祀られるような祖霊とはならない。その本質は祟りなすものである。陵をつくっても宗廟は決してつくろうとはしなかった彼らの一貫した態度こそが、そのことを語っている。東アジアでは、死者の人格を再編し、生者と共存可能にするための周到な手続きを含んだ「礼」が、共有されていたが［吾妻・朴　二〇一二］、日本では江戸時代の一時期一部権力者において見られるのみで、死者についての対処として一般には普及していない。

定額寺の論理

古代社会においては、民間資本で寺院が建立されることはめずらしくなかった。このような寺院は「私道場《しどうじょう》」と呼ばれ、建て前では禁止されていたが、仏教のために私財をなげうち、その果報として幸福を獲得しようという行為は社会的にはむしろ流行していたといえる。九、一〇世紀には、民間資本で建立された寺院が、「鎮護国家」の名乗りをあげることで、朝廷の認可を受けることが恒例化した。これを定額寺《じょうがくじ》という。願い出て寺号を名乗ることを許可され、保護されるというしくみである。

寺院を建立し存立させようとする仏教者たちおよびその オーナーたる有力寄進者（檀越《だんおつ》）は、「国家」を「鎮護」することを祈った［吉田 二〇一一］。またそれを標榜するために進んで天皇を意味する元号を寺号とした。より強い功徳を贈るために、寺院建立の発願者を名義上天皇とすることも行われた。

近代の「鎮護国家」

さて、「奈良時代に大仏や国分寺を建造した聖武天皇が仏教の力で国家を守ろうとしたのが「鎮護国家」の思想であるという、おなじみの説明がでてこない、どうしたことか」と思う読者をおきざりにしてしまっている。以下そのことについて説明していく。

九世紀に出現する「鎮護国家」思想は、仏教の力で国家（Nation や State）を守ろうという思想ではない。寺やその檀越が、自分たちの寄付行為によって為政者一族にも功徳を贈ろうとする思想である。聖武天皇が生きていた奈良時代には「鎮護国家」の思想がまだないのに、いまも教科書の著者はそう書いている。それはなぜか。

それはのちの時代になって、「鎮護国家」という語が、宗教の力で国家を守るという意味に転用されるからである。それがいつのことかあきらかにした学者はいない。そこで以下は一案である。

「国家」という語は、中華社会では皇帝が治める「国」(「人王」と「国土」と「人民」とを含む)と周辺(「辺彊」)の冊封勢力(「家」)とを併せた「国」と「家」の意味であったので、漢訳仏典では「護国」「護家」が相似並立する。中華社会における「国」「家」はそれぞれ法や軍隊をそなえ、中原を征服して王朝を建てると官僚が出仕する政庁を持ったので、結果的に近代国家における「国家」と同じではないがさほど遠くない意味を示していた。

日本の古代社会において「国家」の語が為政者そのものを指して用いられたのは、社会の様態が中華社会とは異なっており、また近代国家とも異なっていたからである。つまり宗教の力で国家を守るという意味は、実態において国家の内実が成熟しないかぎり、成立し得ないのである。

はっきりとその意味で用いられているとわかるのは、戦時下に頒布された国民教育読本『国体の本義』(一九三七年)においてである。そこでは、仏教は外来宗教ではあるが、おおいに日本化して発展し、推古天皇によって振興され、「君親の恩」に報いるための寺院が建立されたとする。またこの精神が南都仏教において「鎮護国家の精神として」現れ、次代の天台・真言およびその後の仏教者はこれを受け継いで「王法」を重んじてきたとする。

八世紀に仏教が「政治の資」であったとし、「国家を鎮護」したとする言説は、すでに一〇世紀の初頭には、日本美術を顕彰する政府の刊行物に見えている（佐藤 二〇一八）。仏教者たちのあいだでは、それに先だって明治政府と共存する自画像を構想するなかで「鎮護国家」という語を用いている例がみられる。もちろん幕末にすでに存在している可能性もあり、自分の目で史料を確かめて考察を進めることこそが不可欠である。

参考文献

吾妻重二・朴元在編　二〇一二『朱子家礼と東アジアの文化交渉』汲古書院
佐藤文子　二〇一八「史学史としての〈国家仏教〉論」『日本古代の政治と仏教―国家仏教論を超えて―』吉川弘文館
堀裕　二〇〇四「平安初期の天皇権威と国忌」『史林』八七―六
松長有慶　一九六六「護国思想の起源」『印度学仏教学研究』二九
吉田一彦　二〇一一「国分寺国分尼寺の思想」須田勉・佐藤信編『国分寺の創建』吉川弘文館
頼富本宏　一九七九『中国密教の研究―般若と賛寧の密教理解を中心として―』大東出版社

顕密体制

林　淳

顕密体制と神道史

黒田俊雄が提起した顕密体制論は、一九七〇年代以降、権門体制論とともに中世史研究において広く深刻な影響を与えた学説であった。顕密体制とは、中世において正統とみなされた宗教のありかたをさす概念ではあるが、決してわかりやすくはない。顕密体制が、一義的な意味に収斂されていないという定義上の問題点があった。この点については、すでに平雅行が的確な指摘をおこなっている〔平　一九九四〕。顕密体制は、一方で顕密仏教の八宗の統合をさしながら、他方で顕密仏教と国家権力との癒着状況をもさすという二重性をかかえていた。この二つは、明らかに異なる次元の異なる事象であるにもかかわらず、黒田は顕密体制という概念によって二つの次元の事象を統合的に説明しようとした。前者については、顕密仏教、顕密寺院という用語を使用すべきであり、「体制」概念とはなじまないと筆者は考える。

顕密体制は、中世仏教の構造を説明するために作られた概念であったために、仏教史の領域においてその継承をめざした多くの研究が積み重ねられた。筆者は、顕密体制論が神道史、修験道史の研究領域に及んだ影響を検証して、顕密仏教という用語がもつ宗教史的な可能性をさぐりたい。

黒田は、神道史について積極的に語り続けた。戦中に皇国史観のもとで教育を受け、戦後にマルクス主義者になった黒田にとっては、神道史を語ることは必然的なことであったと思われる。黒田の神道史研究は、顕密体制論を前提にしており、神道とは顕密仏教の一部分であった点を強調している。黒田の神道論は、津田左右吉の『日本の神道』（一九四九年）をふまえている。古代・中世において神道とは、津田のいう「神の権威、力、はたらき、しわざ」であり、仏教と並び立つ独自な宗教ではなかった。顕密体制が崩壊する中世後期になって神道の独自性が主張されて、吉田神道のような異端的な存在が出現した。黒田は、神道を顕密仏教の中に位置づけて、それは仏教の世俗的な一形態であって、決して仏教と並び立つ独立した宗教ではなかったことを語った。

この黒田の神道説に対しては、神道学者からの批判や反論は、おもてでは聞こえてこなかった。それは、神道学者に批判的精神がなかったのではなく、議論がかみ合わなかったからである。黒田説に対する挑戦は、同じ京都大学史学科出身で、黒田とも個人的に交流があった高取正男から出された。高取の『神道の成立』（一九七九年）は、黒田の神道説へのアンチテーゼとして提出されたものであった。

高取の本は、堀一郎の「日本文化の潜在的意志としての神道」（堀『聖と俗の葛藤』一九七五年）という論文をふまえたものであった。堀によれば、日本では神仏習合はルーズな形でしか行われず、シンクティズムにふさわしい融合はまれであり、峻別意識が根強くあった。高取は、堀のいう「峻別意識」を「神仏隔離」と表現し、それを前面に打ち出した神道史像を提示した。高取は、神道は古来の民族宗教であるという説を斥けて、「宗教としての神道」が歴史的に形成されたと考えた。

高取によれば、奈良時代末に道鏡政治への反動として、朝廷の祭祀の場面で僧侶や仏教の儀式などが憚られ、排仏意識が芽生えた。仏教を忌む神仏隔離とともに、死の忌みをはじめとして忌みの規程ができ、仏教を忌む慣習は朝廷から神社へ広がり、さらに庶民の生活へも影響を与えるようになる。高取は、神仏隔離の自覚や禁忌意識をもとにして奈良時代末・平安時代初期に神道が成立したことを緻密に論じて、宗教史研究に一石を投じた。黒田と高取の違いは、古代・中世の神道史を構想する場合に、神仏習合を軸に考えるのか、神仏隔離を軸に考えるのかの点にあった。

黒田の神道論を継承、発展させた研究者として井上寛司がいる［井上 二〇〇六］。黒田の門下である井上は、顕密体制論の立場からの神道史を構想している。黒田は神社、神道について粗いデッサンを描いたが、具体的な個別研究を行ったわけではなかった。井上は、自ら諸国一宮研究を行い、各時代の神道史の研究成果をも取り入れて、古代から現代までの神道史を描く。井上は、マーク・テーウエン同様に、「神道《ジンドウ》」と「神道《シントウ》」を区別する。テーウエンによれば、「神道《ジンドウ》」は仏教が土着の神々を馴致することを意味していたが、「神道《シントウ》」は、仏教とは異なる神道流派を意味するものだと論じたことがあった［テーウエン 二〇一〇］。井上も、顕密体制の成立期に「神道《ジンドウ》」をあて、顕密体制の崩壊期に「神道《シントウ》」をあてはめて、神道史の段階説を顕密体制の成立・展開にむすびつけて展開した。テーウエン、井上は、黒田の描いたデッサンをもとに、神社史や中世神道書の研究成果を加えて、中世後期に起った神道史の転換を明確にした。ただし井上の研究についていうならば、中世後期の転換にとどまらずに古代から近代におよぶ壮大な神道史のパノラマを描いている。

顕密体制と修験道

黒田は、修験道に積極的な関心をしめしていなかったようにみえる。しかし黒田門下であった長谷川賢二によると、黒田は少しずつ修験道に注意をはらうようになり、中世後期の顕密仏教のあり方として修験道をとらえようとしていた。顕密体制論の視角から修験を本格的に取り組んだのは、長谷川の研究をもって嚆矢とする。長谷川は、中世後期の顕密仏教の展開として、山伏の階層が地域的なヨコのネットワークを形成し、聖護院に編成されていく過程を議論している。長谷川の研究が契機になって、顕密体制論の視角からの修験道研究は増加し、今日の研究状況をつくりあげている。また長谷川、徳永誓子によって「修験」「修験道」という史料用語についても検討がなされた。一三世紀末成立の『天狗草紙』園城寺巻では、顕・密に加えて「修験の一道」の三つを兼ねるのは「我が寺園城寺のみ」という言葉がみえる。一三世紀末から一四世紀初めの史料のなかに「修験道」は出てくるが、それ以前にさかのぼることはない。顕教、密教と併記されて修験道が記されていることから、修験道は、顕密仏教に追加された要素であったことがわかる。長谷川は、「修験道」の成立を顕密仏教の裾野の拡大であったと表現する。徳永誓子も、「この時期の修験道は、顕密仏教の内部で自身の独自性を強調するために確立された概念であった」と説明している。修験道史では、神道史と同じように中世後期に大きな転換が起こっていた。

代表的な修験道の研究者である五来重は、縄文時代以来の野生の宗教として修験道を語った。また宮家準は、平安時代の山岳霊山をもって修験道の成立の指標とした。二人の学風は異なるものの、超歴史的な修験道概念が紛れこんでいたが、長谷川、徳永の研究が登場して、中世の顕密仏教の一部と認識され、それが組織的に自立化していく経過が明確になった。

顕密体制と近世宗教史

顕密仏教の宗教的な特質をさすものとして黒田は、顕密主義という概念を造語した。その内実は、「呪術的多神教」であった。顕密主義が、近世には大衆化して民俗的信仰に変容したとも黒田は述べた。黒田は近世宗教史については、「顕密仏教の次の段階の仏教の形態」として「いえ」仏教を設定し、「いえ」仏教の裾野に民俗信仰がひろがるという二重の構造を予想した。

このような形式的な行事だけに陥りがちな「いえ」仏教に、すべての人々が十分に満足していたわけではなかった。名目的・形式的な寺檀制度による教義ないし宗旨による葬式や法要のほかに、公式上の信仰とは別に、かれこれの民俗的信仰――主に中世以来の顕密主義的なもの――や呪術的現世利益信仰も、多少とも常識としてひろく普及していたのが、一般的であった（黒田俊雄「仏教革新運動の歴史的性格」『日本中世の社会と宗教』一九九〇年）

寺請制度に支えられた仏教宗派があり、その裾野に民俗的信仰が広がるという黒田の構図は、研究史的にみると、圭室文雄がかつて指摘した葬祭寺院と祈禱寺院という二重性とさほど違わない。本山、本所による宗教者の編成論が高埜利彦によって提唱され、それが近世宗教史の研究に根づいたことを知るわれわれからすると、黒田の構図はやや旧式に属する。しかし、つぎのようにも言えよう。黒田は、顕密仏教の次の段階にあたる近世について、顕密体制論で使った道具立てを以て、愚直に近世宗教史を構想しようとしたと。呪術的多神教という言葉を聞くと、筆者は、それを克服した脱呪術的一神教を想定したくなる。黒田の議論に宗教進化論の無自覚な受容を見ることができるし、もしかすると黒田の生家の浄土真宗信仰の影響を見たとしても、あながち的外れではないかもしれない。近世宗教史に関する限り、黒田の議論の立て方が、高埜以後の近世宗教史の問題意識には、残念ながら接続することはなかった。

中世後期の神道史、修験道史の転換について、顕密体制論の応用力をわれわれは目の当たりに見たが、近世宗教史では顕密体制論の道具立ての概念は、有効性を失っていた。この対照性は、何を意味するのか。顕密体制論は、顕密仏教の崩壊にあたって顕密仏教の中の一側面であった神道、修験道が組織的に自立化していく動きを射程におさめることはできたが、その射程距離は近世には届かなかったということである。しかしテーウェン、長谷川などの研究を参照すると、中世後期（とくに戦国期）における顕密仏教（顕密体制ではない！）の崩壊からはじまった吉田神道、本山派の組織化は、近世宗教史の特質である本山、本所による宗教者編成につながることは明白である。あらためて思うことは、顕密体制は中世前期の国家権力と仏教の関係性をモデルとした概念であって、中世後期にはすでに実態から離れていて使用しにくくなっていた。戦国期から近世へとつながる長期的な宗教史の変動を展望しようとするならば、われわれは顕密体制を放棄し、顕密仏教を有効に使うことを考えるべきである。

参考文献

井上寛司　二〇〇六『日本の神社と「神道」』校倉書房
平雅行　一九九四「黒田俊雄氏と顕密体制論」『歴史科学』一三八
テーウェン、マーク　二〇一〇「神道《ジンドウ》と神道《シントウ》の成立についての比較考察」『日本思想史研究』四二
徳永誓子　二〇一五「修験道の成立」時枝務・長谷川賢二・林淳編『修験道史入門』岩田書院
長谷川賢二　二〇一六『修験道組織の形成と地域社会』岩田書院

近世仏教衰微史観

上野大輔

衰微史観の刻印

近世仏教衰微《すいび》史観とは、日本の近世において仏教が衰微したとする歴史観を指す。同史観は、近世段階での排仏論や僧侶自身の現状批判を起源の一部とし、明治維新以降、仏教界の改革運動の中で明確な像を結び、仏教（史）学者の主導のもと近代的な学知としても発達を遂げることとなった〔クラウタウ 二〇一二〕。

同史観を理解する上では、関連する学問分野や社会動向・時代状況への幅広い目配りが求められるが、筆者の能力の問題もあり、以下では明治以降の国史学をはじめとする歴史学の成果を中心に取り上げつつ論じたい。このように限定的な視野からの論述となるが、歴史像の形成と関わって強い影響力を持つ学問分野を対象とすることで、同史観への理解を深められるものと考える。

国史学の近世史（ないし江戸時代史）叙述において仏教衰微史観は、吉田東伍（一八六四～一九一八）の著書『徳川政教考』（一八九四年）や斎藤隆三（一八七五～一九六一）の著書『近世世相史』（一九〇九年）等の中に、仏教の形式化を批判する議論として先駆的に見出される。

この議論は辻善之助（一八七七〜一九五五）の研究にも継承され、最終的には辻『日本仏教史』近世篇一〜四（一九五二〜一九五五年）の主要部分として結実した。すなわち、本末制度、寺院僧侶の階級格式、檀家制度と宗門改、新義異義の禁止といった仏教の形式化によって活力が失われると共に、地位を保障された僧侶が「堕落」し、これに対する民衆の離反や排仏論が起こり、仏教は衰微したと結論付けられる。そして明治の廃仏《はいぶつ》毀釈《きしゃく》に臨んでの仏教の「覚醒」が評価され、一方で江戸時代の姿を保持している現状への批判が述べられる。単なる実証的成果ではなく、政治性や信念を強く伴う主張であることは言うまでもない［林　一九八二］。

近世仏教像の諸相

ところで、国史学における近世仏教像は、決して衰微史観一辺倒だったわけではない。辻自身が近世仏教の発展の側面をも論じている点は、注目される。それだけでなく、例えば辻の師である三上参次（一八六五〜一九三九）は、衰微史観とは異なる見地から仏教を論じた。一九三八年（昭和一三）の談話においては、一九〇一年（明治三四）の自らの講演を振り返りつつ、江戸時代の仏教は国教として信仰面でも盛んであったが、明治になって衰えた、という認識を示している（三上『明治時代の歴史学会』一九九一年）。江戸時代に衰えて明治時代に「覚醒」するのではなく、その逆である。しかし三上の近世仏教論は、辻のように体系的な学説としては展開されなかった。

次に、内田銀蔵（一八七二〜一九一九）と西田直二郎（一八八六〜一九六四）は、それぞれルネサンスと宗教改革に対応させつつ近世の儒教（儒学）を評価し、仏教がいわば旧勢力として位置付けられることとなったが、いずれも仏教の衰微を直ちに導いてはいない（内田『近世の日本』一九一九年、西田『日本文化史序説』一九三二年、等）。とはいえ、衰微史観を間接的に支える議論として把握することは許されよう。少し補足すると、内田は、恐らく原勝郎《かつろう》（一八七一～一九二四）の論文「東西の宗教改革」（『芸文』一九一一年）を踏まえて、いわゆる「鎌倉新仏教」の誕生を日本の宗教改革と見なし、それよりも時期の下る近世の動向にルネサンスを投影する。一方、西田は、鎌倉時代と安土桃山時代の文化を二つのルネサンスと見なし、鎌倉時代の浄土教と禅宗を評価しつつも、宗教改革は先述のように近世の儒教（儒学）に対応させるのである。

また、栗田元次《くりたもとつぐ》（一八九〇～一九五五）の著書『江戸時代史』上巻（一九二七年）のように、辻と近い仏教論を確認することもできる。同著では、民衆化をはじめとする近世仏教の発展的側面と共に、僧侶の「堕落」や排仏論の展開、思想界での権威失墜が指摘されており、近世を仏教衰微の時代と総括してはいないが、衰微史観を共有するものと言える。なお、仏教の民衆化は、内容の俗化や僧侶の安逸化による質の低下として、マイナス面でも評価されている。

衰微史観の継承

昭和の敗戦後に近世仏教史に取り組んだ研究者たちは、先述の辻『日本仏教史』近世篇の主要部分を、近世仏教史の「定説」である「近世仏教堕落論」として語るようになり、しばしば辻の近世仏教論全体と同一視した。そして「同論」を批判・克服するという課題のもと、一定の実証的・方法論的成果を上げたが、一方で「同論」の論理的枠組や価値判断を少なからず共有し、場合によっては辻の主張を超えて「同論」を増幅してしまい、かくして衰微史観が継承されることとなった［上野　二〇〇九］。

なお、文献上における「近世仏教堕落論」の語は、圭室《たまむろ》文雄『江戸幕府の宗教統制』（一九七一年）を一応の初出とするが、それ以前より辻の研究は同様の意味を帯びて把握され、類似の言葉も確認できる。今日では「近世仏教堕落論」の語が、近世仏教へのある批判的な語り方を意味する研究概念としても、広く用いられている。例えばオリオン・クラウタウはこの語を、「近代的な宗教観念の下、同時代における仏教の振興を願う立場——積極的であれ、消極的であれ——から生じるような近世仏教の批判的な語り方の総称」として便宜上用いている［クラウタウ　二〇一二］。

近世仏教衰微史観は、アメリカにおける日本近世仏教史研究に影響を与えている［クラウタウ　二〇一二］。また、琉球仏教史も伊波普猷《いはふゆう》（一八七六～一九四七）以来、同史観に彩られてきたようである［知名　二〇〇八］。同史観は、村上重良（一九二八～一九九一）以来の「国家神道」対「民衆宗教」という、仏教を欠落させた近代宗教史研究の枠組をも規定しており［上野　二〇〇九］、その影響力の大きさを窺うことができる。

衰微史観を支えた学知

ここで、衰微史観を支えた学知について整理を試みたい。一言で述べると、近代西洋的な学知ということだが、更に踏み込んで幾つかの要素を列挙したい。

第一に、形式化批判が挙げられる。形式化によって衰微するというロマン主義的な性格を帯びた主張だが、内面の信仰を重視するプロテスタント的宗教観の影響や、信教の自由への志向も背景をなすだろう。

第二に、僧侶の「堕落」という知見である。これは前代からの排仏論や僧侶の自己反省の系譜にもあるが、第一の形式化批判とつながることで学知として強化された。

第三に、葬式仏教批判が挙げられる。葬式仏教とは、葬式を（主な）役割とする仏教という意味である。近世日本において葬式仏教は一般化するとされるが、これをインド哲学的仏教観に立脚して仏教「本来」の姿ではないと批判することで、近世仏教衰微という見解に至り得る。但し、葬式仏教自体が常に批判されるとは限らず、第一の形式化批判（とりわけ寺檀制度批判）の言い換えの場合もある点に、注意が必要である。

第四に、西洋モデルの歴史像である。進歩史観に立脚し、ルネサンスや宗教改革を近代への画期と見なすような学知が国史学に導入された結果、これを後ろ盾に「鎌倉新仏教」や近世の儒教（儒学）は高く評価されることとなった。それは直ちに近世仏教の衰微という議論を導いたわけではないが、衰微史観を間接的に支えた学知として把握できよう。

第五に、権力批判である。幕藩権力のもとで体制化した仏教教団に厳しい眼差しが向けられるようになったが、キリシタンや日蓮宗不受不施派《ふじゅふせは》の評価と表裏の関係をなすだろう。この権力批判は、マルクス主義と交わりつつ敗戦後（一九八〇年代頃まで）隆盛を保ち、日本史研究者にも広く共有された。

以上の五つの要素は、多様な組み合わせを伴って近世仏教論を規定し、衰微史観を支えることになったと見なすことができよう。

今後の課題

近世仏教をめぐる歴史観の主流となった衰微史観は、数々の批判にもかかわらず依然としてその影響力を喪失してはおらず、また全否定されるものでもなかろう。尤も、実際の近世仏教衰微の説明を検討するならば、その論理的枠組は妥当性を欠いている場合があり、その価値判断も相対化可能なものである［上野 二〇〇九］。こうした論理的枠組や価値判断の成り立ちを近代史の問題として改めて捉え直すと共に、先行研究を踏まえ近世仏教に関する具体的な歴史像の再構築を進めることが、引き続き重要な課題である。

なお、前者の課題と関わって衰微史観の呪縛に無自覚に囚われないためには、一見関係なさそうな要素も含めて、広く考察を進める必要があろう。「衰微」と対照的な「復興」「興隆」などの語られ方も、問題となるはずである。一方、後者の課題と関わっては近年、思想史研究の立場からも「近世仏教堕落論」の見直しを念頭に置いた叙述が試みられている［末木 二〇一〇］。幕藩領主の政策や教団組織の編成・運営といった問題と合わせ、事例分析の進展と諸成果の架橋が求められよう。

参考文献
上野大輔 二〇〇九「日本近世仏教論の諸課題―宗教社会史の視座より―」『新しい歴史学のために』二七三
クラウタウ、オリオン 二〇一二『近代日本思想としての仏教史学』法藏館
末木文美士 二〇一〇『近世の仏教―華ひらく思想と文化―』吉川弘文館

知名定寛　二〇〇八『琉球仏教史の研究』榕樹書林

林淳　一九八二「辻仏教史学の継承と批判」田丸徳善編『日本の宗教学説』東京大学宗教学研究室

近世の寺院制度

朴澤直秀

問われるべき課題

近世の神社や神職、修験、陰陽師などに関する研究に立ち後れつつも、近年、近世の寺院や僧侶、仏教教団の構造や幕藩権力との関係に関する研究も、進展をみせていると考えられる。しかしながら、とりわけ、宗教学や仏教学、文学研究、あるいは近世以外の時代を対象とする研究において、近世の仏教に対する統制や、「統制に規定された」教団などの構造について、未だに旧来のステレオタイプで捉えられる傾向にあるように思われる。そのことを念頭に置き、小稿では、江戸幕府による仏教教団・寺院・僧侶などの掌握、近世における仏教教団の構造や機構、寺院や僧侶をめぐる諸条件、などに関して、若干の整理を試みる。そのさい留意すべきことは、概ね以下の通りである。

A．幕藩権力による、教団・寺院・僧侶の統制の側面と、それが社会や、人々の営みにおいて果たす役割や機能と。それらは、かつていわゆる「近世仏教堕落論」に異議を申し立てようとして後者が追究されたように二項対立的に捉えるのではなく、包括的に把握することが可能である。

包括的に把握するための道具立てとして、まずは、個々の「統制」の諸局面・諸要素が、具体的に何への対応であったのかを考えていくことが必要であろう。そして、そこに反映される実態や情報の具体的なありようを、併せ考えていく必要がある。さらにそのうえで、当時想定され、あるいは中長期的に醸成された「宗教統制」の理念・通念について考えていく必要があろう。

B．仏教教団・寺院・僧侶については、他の宗教者や宗教施設に比べて、宗派を単位として、早期に、かつ強固に組織的に編成された、というイメージが持たれてきた。そういった理解は必ずしも誤ってはいないが、一方で、宗派に編成され切らないものや、編成の原理から外れるようにみえるもの、あるいは大きな教団に包含される小教団などをも視野に入れて、社会のなかで広く捉えていく必要があるだろう。

C．仏教教団について、考慮すべき特質として、寺院（仏教的な宗教施設の一種）が編成されている、ということを挙げることができる（無論、前記Bで言及したように、必ずしも編成されていない寺院もある）。よって、寺院に取り結ばれる様々な関係が、教団や僧侶集団のありようにも影響を与える。この特質は逆に、前記A・Bで述べた論点を追究するときの一つの鍵となり得る。また、教団組織も、寺院組織と、僧侶集団との両側面から捉えることができるのである。

仏教教団の構造

近世の仏教教団の構造は、一つには支配系統や統属関係の側面から、また一つには、地域的・部分的な集団構成・編成の側面から、捉えることが可能であろう。

まず、支配系統や統属関係の側面についてである。既に筆者が述べてきたように、近世の仏教教団は、①狭義の寺院本末関係――「本山―末寺―孫末寺」といったような寺院間のヒエラルヒーであり、幕府によって諸宗の本山にしばしば提出を命ぜられた「寺院本末帳」（末寺帳）への記載などによって公認される――、②教団行政の支配系統――「触頭《ふれがしら》」（江戸触頭）などを全国的な頂点とし、その下に、国・郡や、藩領などの枠組みで、幕府または本山の主導によって設置・指定された「触頭」（国触頭）や「録所《ろくしょ》」といった寺院が、地域的に寺院を統轄する――、③教学に関する支配系統―檀林（談林）や、教学上の本寺など、僧侶が教学を学ぶ施設を頂点にする、そこで一定期間学ぶことなどが、僧侶の身分維持の一つの条件となる場合がある――、④寺院や僧侶の格に関する支配系統――これは前記の②③と密接な関係を持つが、頂点部分において、教団外の幕府・朝廷や門跡寺院と結びつくことがある――、といった、複数の、寺院や僧侶の上下関係・支配系統を内包するものであった。

これらの①〜④は、必ずしもそれぞれが別個に存在しているのではなく、教団や地域により、複数の系統が重複しているような場合もあった。前記Bとの関係でいえば、どれかの系統が派を超えていたり、共有されたり、といった状態もあり得たのである。例えば①の系統であれば、多くの田舎本寺（地域的な本末関係の頂点に位置する寺院）が古義真言宗の寺院の末寺となる新義真言宗や、本山が天台宗の寺院本末帳に記載される真宗の誠照寺《じょうしょうじ》派などのように、いわば教団を超えた関係が結ばれている場合があるのである。古義真言宗・新義真言宗の場合は、事相《じそう》（真言密教の修法儀礼）法流《ほうりゅう》が本末編成の原理となっているという事情がある。

なお、これらの①〜④の系統にいかに組み込まれているかを指標とすることは、個別寺院や、地域的・部分的な教団組織の性格を考えるうえでも、一つの切り口となり得る。例えば、①②③の系統に組み込まれていない寺院なども存在するのである。

また、それらの系統が可変的であること、幕府による寺院本末帳の徴収や、広域支配ないし個別領主による寺社調べなど、編成の明確化を迫るような局面で、編成の動きと実態との齟齬が顕れたり、新たに生じたりすることがあることも考慮する必要がある。

こういった系統的把握と関わって、仏教教団は、寺院組織（教団行政機構によって把握された寺院の組織）と、それに対応する僧侶集団（最低限得度はしており、場合によっては修学・修行を経て住職資格や一定の格式を得る僧侶の集団）とを一括して捉えることができる。さらには、全体的な教団組織のなかに、地域的ないしは下位の（教団行政機構や、本末組織に編成された）寺院組織と、それに対応する僧侶集団からなる、地域的ないしは下位の教団組織が包摂されていると、捉えることができる。

そして、その外延ないし周縁に、「無本寺《むほんじ》」（原則的には、本末関係上の上位寺院が設定されていない寺院）「一本寺《いちほんじ》」（一派の本寺）などと呼ばれる寺院のうち、教団行政機構に組み込まれていない寺院が、存在する。これらの寺院には、村や特定の家などが管理に強く関与するなど、種々の事情を有するものがみられる。ただしこれらの寺院は、教団行政機構に組み込まれていないにもかかわらず、特定の「宗」に属するものとして表記され、幕藩権力により、そこの住僧《じゅうそう》や看坊《かんぼう》は、最低限、仏教教団（多くはその特定の「宗」）に属する寺院で、師僧のもとに得度していることが求められる。幕府は、そういった寺院やそこに属する僧侶については、教団行政機構を通じてでは把握しきれないので、近隣の領主などを通じて補完的把握を試みる。

幕府は、諸寺院を、一つには教団行政機構（先述の(2)の系統）を利用して、基本的には寺院本末組織

（先述の①のヒエラルヒー）として把握しようとする。だが、個々の宗教施設の実態（土地や堂舎など）については、地域的な、あるいは支配ごとの把握が行われた。ただしその調査は、往々にして（部分的なものを含め）教団組織を介して行われる。

寺檀関係をめぐって

宗判寺檀関係に関して、いわゆる「近世仏教堕落論」（現在の近世仏教研究では、もはや後景に退いていると思われるが）的な捉え方からすると、檀那寺は檀那からの収奪の主体であり、さらにその上部に、収奪機構としての本山・教団がある、という理解になろう。しかし、個別の寺院に取り結ばれた諸関係のなかで、寺檀関係を捉え直すならば、異なる理解をすることが可能になろう。

檀那寺についていえば、住職たるべき僧侶の修学・修行、身分・地位の維持にかかる費用は、その多くが教団の機構を通じてその上部や、費目によっては門跡など広義の朝廷に吸収されていくと捉え得よう。しかし、その堂舎などの維持にかかる費用などにも、相当の支出が必要になるはずである。一方財源についても、単純に檀家に転嫁される訳ではなく、寺の所持地や領有地からの収入、資金の運用による収入など、個々の寺院の状況に応じたものが存在するわけである。印象論になるが、しばしば寺院文書などに見られる住職の「大借」（多額の借財）や、無住寺院、潰れ寺の頻出などをみると、そもそも、一定程度の規模の寺院から小寺院に至るまで、寺院経営は相当の困難を伴う場合も多かったのではないかと思われる。一方、本山・教団の集金組織的な構造についてであるが、これは教団によって大きな差異があろう。

かかる問題は、単に収支構造に留まらず、寺院の進退権の面から考えることが必要だろう。寺院本末関係に組み込まれている、ないしは教団行政機構によって把握されている寺院であれば、その進退権は、究極的には、幕府により、その寺院を編成下に収める全国的教団のもとに認められている。しかし一方で、寺院、あるいはその個々の構成要素（土地・堂舎など）の進退権は、それらをめぐる諸経緯・実態により、寺院所在町村、近隣村々や、個々の家、同族団、（宗判・葬祭・祈禱に関する）檀家組織、講集団などによって主張される場合もあり、完全に全国的教団のもとに収斂されているともいいきれない。そういった寺院を、単に、檀那・檀家といわば「対峙」するものとしてのみ捉えるとすれば、それは誤ったないし不十分な見方だといわざるを得ないのである。

以上、教団構造や寺院をめぐる諸関係をめぐり、かいつまんで考察してきた。最後に、かかる構造分析が近代以降を対象としても深められ、そのことにより、身分制の解体や教団構造の変容、さらには地域社会の変容を踏まえた、近世・近代の宗教研究の架橋がなされること、その前提としての、近現代の寺院・教団史料の調査・整理が進展することを祈念しつつ、稿を閉じる。

参考文献

朴澤直秀　二〇〇四『幕藩権力と寺檀制度』吉川弘文館
朴澤直秀　二〇一四「近世の仏教」大津透・桜井英治・藤井讓治・吉田裕・李成市編『岩波講座日本歴史』第一一巻　近世二　岩波書店
朴澤直秀　二〇一五『近世仏教の制度と情報』吉川弘文館
朴澤直秀　二〇一七「新地建立禁令をめぐって」『佛教史學研究』第六〇巻第一号

近世の延暦寺

藤田和敏

近世前期の天台宗

中世社会において権門寺院の代表格として国家支配の一翼を担った延暦寺は、一五七一年（元亀二）の織田信長による比叡山焼き討ちで一山が焼亡し、中世的な組織構造が解体された。近世に入ると、豊臣政権や江戸幕府の保護によって復興が進められ、一七世紀の段階で新たな寺院組織を形成する基盤が整備されるが、それに平行する形で幕府権力を背景とする輪王寺門跡の教団支配が確立された。すなわち、一六一六年（元和二）に日光東照宮、一六二五年（寛永二）に寛永寺が創建され、幕府の要請により関東へ下向して寛永寺・輪王寺両住職を兼帯した守澄法親王が一六五五年（明暦元）に天台《てんだい》座主《ざす》に補任、輪王寺宮の号を勅賜されたことにより、輪王寺門跡が延暦寺を従属させる体制が形成されたのである。その結果として、杣田善雄が論じているように天台座主と京都の天台門跡は延暦寺に対する権限を喪失し［杣田 二〇〇三］、延暦寺の運営は輪王寺門跡の統制下で衆徒《しゅと》によって担われることになった。

近世延暦寺の寺院組織

近世延暦寺の寺院組織については筆者が基礎的な分析を行っている（藤田 二〇一一・同 二〇一六）。延暦寺は、寺域が東塔《とうとう》・西塔《さいとう》・横川《よかわ》の三塔と呼ばれる区域に分かれており、三塔には合計で十六の谷が存在した。各谷には、一七一三年（正徳三）の段階で衆徒が居住するための僧坊が一三六坊建立されている。同年の「延暦寺三院僧徒臘次《ろうじ》」では、衆徒の人数は一三三三人とされており、僧坊の数を大きく上回るものではなかった。

延暦寺の運営を主として担っていたのは、世間役・出世間役と呼ばれる役職に就任していた衆徒であった。世間役とは俗儀、出世間役とは法儀に関わる役職であり、補任に勅許が必要な法印大僧都《ほういんだいそうず》以上の法階を持つ衆徒が就任していた。世間役には、三塔の実務担当者である東塔執行代《しぎょうだい》・西塔執行代・横川別当代（略して三執行代と称される）、輪王寺門跡の学問修行所・隠居所と延暦寺の本寺統制機関の役割を果たした滋賀院の留守居、「三学頭坊」と称された東塔東谷正覚院・西塔北谷正観院・横川兜率谷《とそつだに》恵心院《えしんいん》の住職が就く世間役の長である東塔執行・西塔執行・横川別当などが存在した。出世間役には、山内の論議法会において審査を司った探題《たんだい》と、講師を務める已講《いこう》・擬講《ぎこう》・望擬講《ぼうぎこう》があった。これらの役職の就任には輪王寺門跡の許可が必要とされていた。

「三学頭坊」の正覚院・正観院・恵心院住職は、それぞれが三塔の代表であり、基本的に権僧正《ごんのそうじょう》以上の法階を持ち、執行と探題を兼任することになっていた。延暦寺において「三学頭坊」は特別な格式を持っていたのだが、それ以外にも天台教理の流派檀那流《だんなりゅう》の学室である東塔北谷竹林院・同恵光院・同西谷覚林坊、「山門五箇灌室《さんもんごかかんしつ》」と称された台密《たいみつ》（天台密教）の穴太流《あのうりゅう》・法曼流《ほうまんりゅう》などを伝える正覚院・東塔北谷惣持坊・同西谷行光坊・同無動寺谷法曼院・横川兜卒谷鶏足院という、特定の教学や儀礼を継承する僧坊が存在していた。これらの僧坊の住職は、師資相承をしておらず、延暦寺内の僧坊から転住して就任することが原則であった。また、「三学頭坊」の住職は、十年前後の短期間で交代しており、所属する三塔から選ばれるわけではなかった。近世延暦寺の人事は流動性の高いものであったと評価できる。

事相法流関係と地方寺院住職の兼帯

輪王寺門跡による支配は本末関係にも大きな影響を与えた。天台宗に属する寺院は、一七八六年（天明六）作成の「寺院本末帳」に二七九四ヶ寺が記載されているが、寛永寺末が一八三五ヶ寺（孫末寺以下の末寺数も含む、以下同じ）と全体の約六六パーセントを占め、延暦寺末が約一七パーセントの四八三ヶ寺であり、末寺数で寛永寺は延暦寺を圧倒していたのである［藤田 二〇一三］。また、延暦寺に対して提出される末寺からの願書などは、三執行代と滋賀院留守居の協議を経た後に、寛永寺執当（寛永寺の実務統括職）を通して輪王寺門跡の裁可を受けなければならなかった。

しかしながら延暦寺の各僧坊は、制度的な本末関係とは別に、地方寺院に対して直接影響力を及ぼす手段を持っていた。それは、事相法流関係と僧坊住職による地方寺院の兼帯である。事相法流関係とは、密教の伝授を媒介とする「山門五箇灌室」と地方寺院とのつながりを指しているが、幕府発給の触書が「山門五箇灌室」から地方の法流寺院に伝達されるなど、制度的な本末関係に類似する機能を果たしていた［藤田 二〇一三］。地方寺院住職が阿闍梨《あじゃり》職に就任するためには、「山門五箇灌室」において伝法灌頂を行う必要があり、その際に納められる多額の礼金は灌室にとって大きな収入源になっていた［藤田 二〇一七］。

僧坊住職による地方寺院兼帯は、近世中期以降多額の借銀に苦しんでいた各僧坊が、地方寺院の収益を上納させるために行われていた。兼帯されていた寺院の特徴としては、分布が全国的であったこと、多くが寛永寺末の寺院であったこと、大社の神宮寺など有力寺院が多かったことを指摘できる［藤田 二〇一二］。

天台宗の寺院間関係は、制度的な本末関係以外にも多様な要素が含まれていたのであり、そのような中で延暦寺は収入源となる地方寺院を確保していたのであるが、近世後期になると財政難が深刻化し、寺院運営の仕組みそのものが掘り崩されたのである。

近世仏教史研究は、主として浄土真宗を事例とする分析が蓄積されてきたが、それ以外の教団については基礎的研究が立ち遅れている。また、寺檀関係を基軸に近世仏教を捉える従来の研究視角では、天台宗において数多く存在する、山寺院や神宮寺などの檀家を持たない寺院は検討の対象に入りにくかった。中世前期からの伝統を引き継ぐ延暦寺などの旧権門寺院の構造分析を行うことは、これまでの研究とは違う枠組みを提示できる可能性を秘めていると筆者は考えている。

参考文献

杣田善雄 二〇〇三『幕藩権力と寺院・門跡』思文閣出版

藤田和敏　二〇一一「近世延暦寺組織構造の基礎的考察」『天台学報』五三
藤田和敏　二〇一二「近世における西塔正観院灌室の形成と展開―近江国柏原成菩提院との関係を中心に―」『天台学報』五四
藤田和敏　二〇一三『近世郷村の研究』吉川弘文館
藤田和敏　二〇一六「「延暦寺三院僧徒臈次帳」から見る三学頭坊の人事と三塔の関係性」『平安仏教学会年報』九
藤田和敏　二〇一七「近世山門五箇灌室による地方寺院支配の実態―丹波国桑田郡上矢田村大智院を事例に―」『天台学報』五九

帝国

金 泰勲

帝国と帝国史研究

近代日本は帝国であった。この場合、帝国とは何か、そしてその始まりを何時からに定めるのかという重要かつ複雑な議論を保留にすれば、少なくとも一八八九年の大日本帝国憲法の発布そして一八九五年に台湾を植民地化することによって、近代日本は名実共に、天皇という皇帝の名の下で異民族を支配する政治システムとしての帝国となった。そしてその帝国としての歴史は、朝鮮半島をも植民地化し、その後のアジア・太平洋戦争と一九四五年八月の敗戦によって終了した。簡単に言えばそういうことだ。

今日の日本社会においては、かつて帝国として日本が行ったアジア諸国への侵略と植民地支配の歴史、戦争責任など、その暴力と犯罪性に対する痛烈な批判と反省の理念、またそれにかかわる実践がある一方、それは幕末明治初期にかけての西洋列強の脅威、植民地主義の国際情勢のなかで日本が選ばざるを得ない、仕方ない道であったのだ、そしてあの戦争に関しては日本も被害者なのだという見方も強く存在している。ここには今日いわゆる「歴史認識問題」と言われる深い溝がある。

だが、その溝の存在自体、今日の日本社会がポスト帝国の時代を生きていることの証拠であろう。ポスト帝国の時代だからこそ抱えざるを得ない問題なのだ。今、日本社会のなかでその構成員として生を営む個人は誰しもこのポスト帝国時代という時間的存在様式から自由にはなれない。北朝鮮の核・ミサイル問題にしても憲法改正問題にしてもその根底には帝国とポスト帝国の時間が流れている。また、独島・竹島の領土問題、歴史教科書問題、首相の靖国参拝問題などについても、これらが、日本の領土、教育、政治、文化などに対する外部からの一方的な批判や内政干渉であるという独存的な言葉で言い返し、それを無視してしまうことができない理由は、それが日本の内部の問題としてのみ「起解」できるものではないからなのだ。内部の問題であると同時に外部にも直接的な存在根拠を有する問題。それはこの問題の起源が今の内と外の境界とは別の範疇から発せられていることを意味する。かつての帝国日本の範疇である。帝国日本の範疇から「起」するこれらの問題は、ポスト帝国の時代に分離、成立した日本国と東アジア諸国の共通の問題なのだ。それを自覚し、その「解」をそもその「起」の範疇で考え直そうとする認識の転回が、今、東アジア世界に求められている。その一つが帝国史研究という現代歴史学の一ジャンルであろう。

戦前の日本近代史を上記のような帝国史的観点から考え直そうとする動きは、駒込武《こまごめたけし》の『植民地帝国日本の文化統合』（一九九六年）以降、本格的に展開しているといってよい。一九九九年度の日本史研究会大会近現代部会では「帝国日本の支配秩序」を取り上げ、翌年発行の『日本史研究』（四五二号）で、特集「「帝国の時代」としての近代日本」を編んでいる。そこでのコメントにおいて、駒込は当時の帝国史研究の特徴を次の四点でまとめている。（一）日本と朝鮮、あるいは日本と台湾という二項間の関係にとどまらず、複数の植民地・占領地と日本内地の状況の構造連関を横断的に捉えようする、（二）内地の状況が植民地支配を規定した側面のみならず、植民地の状況が内地に与えたインパクトを解明する、（三）従来の経済史を中心とした帝国主義史研究の成果をふまえながらも、政治史や文化史（あるいは、政治史としての文化史）の領域を重視する、（四）「日本人」「日本語」「日本文化」というカテゴリーを自明なものとみなさず、その形成と変容の歴史的プロセスに着目する。そして研究主体として、いわゆる「日本人」によって行われる帝国史研究の陥りやすい「陥穽」として、「ある種の自己中心性」と「植民地主義的な関係の再生産」、また「新たな文化帝国主義」を挙げている。

この日本史研究会大会の場においては、帝国史研究に対する注目すべき根本的な「点の問いが投げ掛けられていた。帝国史研究が「日本史」という学問領域との差異をどのように自己証明できるのかという問いであった。戦後歴史学が果たしてきた帝国主義批判と帝国史研究は何が違うのか。「台湾史」や「朝鮮史」といった分野で行われてきた植民地研究と「日本史」で行われる近代史の研究がすでに存在する上で、帝国史を唱えることの意味はどこにあるのかといった問題であったといえよう。登場当時における帝国史研究は、駒込の言葉を借りれば、「過渡的であることを本質とする架橋的な作業として、帝国史研究的な観点も有効なのではないか」と、「過渡的」「架橋的な作業」として帝国史研究の意義を設定していた。「日本史」と、それと区別できるものとしての「台湾史」や「朝鮮史」、いわゆる「植民地史」という枠組みを認めつつ、両者を「過渡的」に「架橋」する作業にその意義が見出されていたのだ。

だが、もう一歩踏み込んで今から考えれば、今ここで考えようとする帝国時代の範疇においては「日本史」と「台湾史」「朝鮮史」という枠組みが自明なものとして区別できるものだろうか。そもそも「朝鮮史」という枠組み自体、日本帝国による植民地朝鮮支配の一環としての「帝国の学知」という眼差しによって生成された帝国主義的な出自を孕んでいる。分かりやすくいえば、後代の王朝が前代王朝の歴史を編纂してきたのと同様に、朝鮮総督府の管轄で作られた朝鮮史編修会という組織のもとで「朝鮮史」が定礎されていた歴史性を喚起すれば理解できよう。帝国史研究は、それが意図した本来の地平にいたるためには、「日本史」と「植民地史」という枠組みを、架橋することに留まることなく、それぞれの内部からそれを解体し、その再構築へ向かうところに意義があるだろう。駒込の「過渡的」といった言葉にはそういう意味が込められていたかもしれない。前記（四）の「日本人」「日本語」「日本文化」というカテゴリーを自明なものとみなさないとしたところに「日本史」をも加えること、また、「ある種の自己中心性」「植民地主義的な関係の再生産」「新たな文化帝国主義」という「陥穽」を、戦後歴史学における帝国主義批判を内部から解体させるメスとして働かせる地点において、その可能性は開かれるのではないだろうか。

帝国と宗教

帝国の時代を通して、多くの宗教者がいわゆる「内地」から植民地台湾や朝鮮へ渡って活動していた。神社と寺院、キリスト教の教会、天理教や金光教など教派神道系とされていた新宗教の教会が建てられ、植民地民の信者を獲得し、宗教的な日常が営まれていた。

ここでまず考えられる近代宗教史的な論点は、日本の宗教が植民地へどのような背景の下に渡り、何を行ったのかという点であろう。これについては、植民地の宗教政策・制度史、国家神道論にかかわる海外神社史、日本仏教の海外布教史、近代日韓キリスト教関係史などにおいて、注目すべき事実関係とその歴史的背景の多くが明らかにされてきた。そこでは、日本帝国の植民地支配を軸とする文化統治に動員された宗教の姿としての植民地民教化や戦争協力の側面と個別宗教者の思想にみられる反／植民地主義などが主な議論の対象となっていた。要するに、帝国主義批判という枠組みから離れるものではないだろう。一方、二〇一〇年を前後にして登場した近代仏教という視座（大谷　二〇一二）、また植民地朝鮮の宗教領域への帝国史的なアプローチを目指した研究（磯前・尹　二〇一三）、そして近年では日本仏教の近代化と植民地布教の関係性に着目した研究（中西直樹　二〇一三、二〇一六）、国家神道論を帝国の範疇で捉え直そうとした「帝国神道論」の登場（青野　二〇一五）など、近代日本宗教史における急激な地殻変動がみられているのもたしかだ。今後これらの研究はどのような地点においてその研究史的な意義が取りまとめられるのであろうか。今はその可能性が模索されているところであろう。

ここで、ポスト帝国の時代における宗教を考えてみよう。植民地台湾と朝鮮の地に建てられていた神社の跡地は公園化されたり、他宗教の施設として再編成されたりした。そして今でもその痕跡を残している場合も多い。戦後日本の神道・神社界はこの戦後史をどのように解釈し、意味付けることができるのだろうか。植民地に建てられていた多くの仏教寺院はどこに行ったのだろうか。そして日本仏教寺院の信者として信仰を続けていた植民地民のその信仰は、その後どのような戦後史を経験したのだろうか。また、引き上げとなったキリスト教の教会、天理教や金光教の建物と信者たちは、その後、台湾や韓国あるいは北朝鮮、旧満州地域と、引き上げてきた日本のそれぞれの社会において、どのような戦後史を経験してきたのだろうか。その歴史的な意味は一つも考えられてこなかった。日本宗教史、植民地宗教史という一国史的な枠組みでは捉えきれないこの余白は、ポスト帝国の時代に分離、成立した日本国と東アジア諸国のそれぞれの社会において、なかったかのように、封じ込められ、忘却されてきたといってもよいだろう。帝国の宗教を経験した信仰者たちの戦後史を帝国主義批判という枠組みのみで語ることが可能なのだろうか。帝国の時代に「起」してポスト帝国の時代に流れているこれらの歴史的な意味を、近代日本宗教史像の再構築という側面から捉え直すためには、忘却によって線引きされている近代日本宗教史という枠組みを内部から動揺させる帝国への想像力が必要であろう。

参考文献

青野正明　二〇一五『帝国神道の形成―植民地朝鮮と国家神道の論理―』岩波書店
磯前順一・尹海東編　二〇一三『植民地朝鮮と宗教―帝国史・国家神道・固有信仰―』三元社
大谷栄一　二〇一二『近代仏教という視座―戦争・アジア・社会主義―』ぺりかん社
中西直樹　二〇一三『植民地朝鮮と日本仏教』三人社
中西直樹　二〇一六『植民地台湾と日本仏教』三人社

朝鮮仏教

川瀬貴也

前近代の朝鮮仏教

「朝鮮仏教」は古代から連綿と続く歴史がある。伝承によると仏教は、高句麗や百済に四世紀後半に伝来し、それが古代日本にも伝えられたのは周知のことであろう。本項では主として朝鮮王朝末期から一九四五年の「解放」後までの近現代の朝鮮仏教について、日本との関わりを中心に説明するが、まずは研究史を振り返りつつ、前近代の朝鮮仏教についても簡単に述べることにしよう。

まず、「朝鮮半島の仏教」に関する日本の研究状況について言えば、実は古代、中世に関する研究が分厚い〔韓国留学生印度学仏教学研究会編　二〇〇二〕。これは日本の仏教が朝鮮半島（百済）から伝来したことから始まり、統一新羅は仏教を重んじ、日本へ多大な影響をあたえたことに由来する。また古代東アジア仏教は華厳経を中心とした共通性を持っており、華厳教学や、元暁（六一七〜六八六）や義湘《ウィサン》（六二五〜七〇二）などの高僧に関する研究も蓄積されている。中世の高麗朝では、護国鎮護の教えとして仏教は隆盛し、多くの寺院が建立され、仏教は社会全体に浸透した。高麗朝の仏教に関しては、日本との交易の重要な品目であった高麗大蔵経（近代日本の仏教学はこれを底本とした）をめぐる研究や、高麗仏画などの美術史方面の研究が盛んに行われている。

それに対して、朝鮮王朝時代、近現代の朝鮮半島の仏教に関する研究はまだそれほどの進展があるとは言えない。これは高麗王朝まで国家によって庇護されていた仏教が、朝鮮王朝の「崇儒抑仏」政策によってその地位を追われ、歴史の表舞台に現れることが少なかったことの反映である。日本人による朝鮮仏教の通史は、鎌田茂雄のものを嚆矢とするが、鎌田の書も高麗朝までの記述が過半を占めている［鎌田　一九八七］。しかし近年の傾向では、朝鮮王朝期を単なる「抑仏」の時代とは見なさず、仏教信仰が王家にも庶民にも脈々と継承されたことや、朝鮮王朝後期になると信仰も教学も活性化されたことに注目する見解も増えている［金　二〇一七］。なお、朝鮮王朝時代の仏教を「衰退」し「無個性」なものであると断じた代表的な日本人研究者は、京城帝国大学教授であった高橋亨（一八七八～一九六七）であるが（『李朝仏教』一九二九年）、近年では彼の朝鮮に対する「他律史観」「停滞史観」や研究そのものの「オリエンタリズム性」が指摘されることも多い［川瀬　二〇〇九］。

朝鮮王朝末から植民地時代の朝鮮仏教

朝鮮は日本によって開国させられ、否応なく近代化を目指すことになったが、朝鮮仏教も自らの近代化を模索しようとした。その時の交渉相手、もしくはモデルとなったのが日本仏教である。まず朝鮮仏教の地位向上の近道として、僧侶の「都城（ソウル）出入禁止」を打破することが目指されたが、これはある日本人僧侶によって果たされた。一八九五年、日蓮宗の僧侶佐野前励が、当時の朝鮮総理大臣の金弘集に対し、僧侶の入城について禁を緩めるように書を呈したのである。これがただちに認められ、僧尼は入城が許される身となった。日本人僧侶によって禁が解かれたことの意義は大きく、日本仏教が朝鮮仏教から好意的に見られる一つの原因となった。その後、守旧派政権によって一八九八年に再び僧侶に対する都城出入禁止令が出されたが、有名無実となり、次いで一九〇二年に大韓帝国政府が発布した三六箇条よりなる「寺刹令」（朝鮮総督府発布のものとは別のもの）により、それまで等閑視されていた仏教寺院に対して、寺刹統制の国家管理が法文化されるに至った。

　そして日本側でも、弱体化しているが民衆に隠然たる影響力の存在する朝鮮仏教の抱き込み（具体的には末寺化）を図った。例えば、曹洞宗の武田範之が中心となって画策した曹洞宗と朝鮮の円宗（一九〇八年三月に朝鮮仏教の禅宗を統合する形で設立された）の併合運動は、一九一〇年一〇月に連合条約を結ぶまでに至ったが、円宗内部で反発も多く、一部の僧侶は分離独立した。そのうち中心人物であった武田も一九一一年六月に死去し、同じ月に朝鮮総督府から発布された「寺刹令」によって朝鮮寺院はひとしく総督府の統制を受けることとなり、日本仏教との本末関係も一切排除されたのであった。このような動きの背景には、近代化と復権を目指した朝鮮仏教界が、「衰退した朝鮮仏教の援助と同時に、朝鮮半島へのキリスト教の流入を防ぐこと」を大義名分としていた日本仏教界の差し出す手に摑まってしまった面があろう。

　朝鮮仏教統制の具体的な法令として、一九一一年に発布された「寺刹令」「寺刹令施行規則」がある。この二つの法令の内容を概観すれば、その柱は寺院の併合・移転・廃止・名称の変更及び寺院の財産に関しての処分に対して、すべて朝鮮総督の許可を必要とするものであり、寺院に対する朝鮮総督の介入を主眼としたものであった。また、この法令では朝鮮の大寺三〇が「三〇本山」として指定され、その住持の就任については朝鮮総督（地方末寺は道知事）の認可を受けるべき事が定められ、全国千三百余りの寺院と三〇本山（後に三一本山）との本末関係を規定し、トップダウンの管理が行き届くことが目的とされた。また、一九一五年に施行された、全ての宗教を対象とした「布教規則」も加わり、あらゆる教団のトップの人事は朝鮮総督により左右される事となった。

ソウルの覚皇寺には「三十本山連合事務所」が置かれ、これが最終的には一九二四年に「財団法人朝鮮仏教中央教務院」となり、朝鮮仏教の統轄機関となった。この団体では一九二九年に宗憲、教務院の院則などが制定されたが、新たな本山を求める「総本山運動」が展開し、一九四一年に太古寺（現曹渓寺）が創建され三一本山を統轄することとなり、宗名を「朝鮮仏教曹渓宗」とすることが決定され、この名称は解放後につながっている。このような中央機関への志向は、朝鮮仏教としては自主性の回復のためのものと考えられていたが、日本側としてはより強力なトップダウンのためのものととらえられており、「同床異夢」の関係にあったと言えよう。

植民地朝鮮では青年僧を中心として寺刹令や日本仏教に対する反発も継続し、一九一九年の三・一独立運動の「民族代表」には僧侶二名（韓龍雲と白龍城）が名を連ねた。一九二〇年代からの寺刹令撤廃などを求めた青年僧を中心とした運動は、結局実権を握る住持層の圧力と懐柔により成功しなかったが［川瀬 二〇一五］、この時期は朝鮮仏教内部から仏教の「改革」が唱えられ、仏教関係の啓蒙的な書籍や雑誌も多く出版され、僧侶教育も盛んになった。

日本仏教各宗派は併合前から日本人移民を追う形で次々と「上陸」し、主に日本人居留民の葬儀などに従事したが、現地人への布教は不振であった。日本仏教は自らの存在意義を示すべく総督府の宗教政策の枠内で社会事業なども行ったが、結局日本仏教は現地に定着できなかった。しかし日本仏教が持ち込んだ僧侶の「妻帯制」は朝鮮仏教界の一部に根づくことになった。

一九三〇年代後半からは、日中戦争、総動員体制のもと、仏教界においては思想動員に協力したりや創氏改名したりする僧侶も出現し（のちに「親日僧」として糾弾されるものも多かった）、一九四〇年代には献金や物納なども強いられていく。

解放後の韓国仏教

韓国仏教界は、一九四五年八月の「解放」によっても、すぐさま日本仏教の影響を払拭できはしなかった。解放直後に開かれた本山代表者会議で「親日僧の捜索・追放」を満場一致で決議し、さらに同年九月に開かれた全国僧侶大会では「寺刹令」や「三十一本末寺法」廃止を決議し、中央総務院を組織し、各道に教務院を設置し全国を一三の教区に分ける教区制を新設することを決定したが、内部抗争が激化し改革は頓挫した。ＧＨＱは、仏教界の希望を無視して一九四五年一一月、総督府の旧法令の存続を規定し、「寺刹令」をはじめとした仏教関連法を維持させた。これにはアメリカ側が、急進的な改革派僧侶を左翼勢力と見なし、その動きを掣肘しようとしたことが理由である。李承晩政権になっても住持などの仏教界の中心勢力は妻帯僧であり、革新勢力を追い出すために政権に協力し、李承晩政権もＧＨＱ同様、改革派を左翼勢力と認定し、この政権の親キリスト教政策と反共政策は仏教界に打撃を与えた〔金 二〇一七〕。

解放後の韓国仏教界で最大の問題の一つとなったのが、植民地期に日本から「輸入」された妻帯僧制度への対応であった。朝鮮戦争後の一九五四年、李承晩が特別談話で妻帯僧の寺刹からの追放を示唆し、これにより本格的な比丘僧・妻帯僧間の紛糾が再開した。これを「仏教浄化運動」と呼ぶ。この紛争は時には流血の惨事も招いた。一九六〇年に李承晩が国外に亡命すると、妻帯僧側の「反撃」も激化し、大きな社会問題になった。しかし、一九六一年に大統領となった朴正煕は、双方に一つの教団をつくって仏教を再興せよと命じ、一九六二年には曹渓宗の「宗憲」が制定され、「大韓仏教曹渓宗」が成立した。結局、妻帯僧側は最終的には曹渓宗から分離独立して一九七〇年に「太古宗」を設立し、双方の対立と紛争は公式的には終止符を打って現在に至っている。ここで注意すべきは、妻帯僧問題は、単に戒律の復活という仏教的な価値観のみならず、「日帝の残滓の清算」という政治的な名分としても考えられていたということである。つまり、この妻帯僧問題は、「戦前と戦後の連続性」というポストコロニアリズムの問題系の一環をなしていたのである。日本側も、現代の朝鮮仏教を見るときには、いわば一方の「当事者」として、そのポストコロニアルな「連続性」を考慮しなければならないだろう。

参考文献

鎌田茂雄　一九八七『朝鮮仏教史』東京大学出版会
川瀬貴也　二〇〇九『植民地朝鮮の宗教と学知―帝国日本の眼差しの構築―』青弓社
川瀬貴也　二〇一五「植民地朝鮮における宗教政策と日朝仏教―一九二〇年代から三〇年代を中心に―」『宗教研究』三八三号、日本宗教学会
金龍泰（蓑輪顕量監訳、佐藤厚訳）二〇一七『韓国仏教史』春秋社

――韓国留学生印度学仏教学研究会編　二〇〇一『日本の韓国仏教研究動向』藏経閣　韓国語

大逆事件と宗教者

中川剛マックス

平民社に集まった人々

一九一三年（明治四四）、大杉栄の片腕と評されたアナキスト・近藤憲二は大逆事件判決の号外を見て「そのなかに僧侶が三人いるのを見て、おやこんな中に坊主がいる、と思った」と自伝『一無政府主義者の回想』（一九六五年）に記している。大逆事件によって、仏教者と社会主義が注目されたことは、判決後、各宗門が狼狽し、上奏に奔走したことからも伺うことが出来る。一九〇一年に結成された社会民主党の発起人が、六人中五人、幸徳秋水《しゅうすい》（一八七一〜一九一一）以外はキリスト教者であったことからも、キリスト教と社会主義の関わりは深かったことは知られているが、数は少ないものの仏教を含む宗教者が社会主義運動に関わっていたことはあまり語られていない。

わが国の初期労働運動の先駆者・片山潜《せん》（一八五九〜一九三三）は、キリスト教を学ぶためにアメリカに渡り、そこで労働運動を学び、高野房太郎と共に、日本でキリスト教社会事業の一環として労働運動を開始した。もともと権利意識の低い日本人の中では労働運動は馴染まず、当初、大衆には浸透しなかった。

一九〇三年（明治三六）、日露開戦に対して非戦論の論陣を張っていた『万朝報』が賛戦論に転じたため、幸徳・堺利彦（一八七〇～一九三三）は退社し、平民社を興した。平民社は、社会主義運動よりも日露開戦に反対する、こんにちで言う、市民運動から出発した。このことによって、宗教的良心から平民社の運動に多くの階層の人々が参加した。

幸徳・堺らが発刊した社会主義の機関誌・週刊『平民新聞』に連載された、投稿欄「余は如何に社会主義者となりし乎」、後継紙『直言』の「如何に社会主義者となりし乎」は、読者にいかなる動機で社会主義を奉ずるようになったのかを告白させるべく、「忌憚なく、修飾なく、ありのままに書き記して吾人に送られよ」と呼びかけたものであった。ここに登場する八一名の人物は、安部磯雄・堺利彦・幸徳秋水・木下尚江《なおえ》（一八六九～一九三七）をはじめ、明治社会運動史に登場する山口義三（一八八三～一九二〇）・小田頼造《らいぞう》（一八八一～一九一八）・内山愚童（一八七四～一九一一）・杉村縦横・中里介山など、さらにこの欄にしか名前が見られない全く無名の人々におよび、職業も新聞記者・弁護士・牧師・僧侶・医者・教員・学生・労働者・農民など広範囲におよんだ。その中には、信仰について語った読者もあり、進歩的知識人の出身階層を知るうえで参考になる資料である（太田 一九九一）。

中村勝範は、自由民権運動から社会主義に移行した者、キリスト教や仏教の信仰を持ったまま参加した者、仏教の信仰を捨てて参加した者を分類し、多くの同志が、新聞、雑誌を含む社会主義文献の読書から社会主義思想に近づいたとし、貧困への同情から社会主義者となったと分析している（中村 一九六八）。

また、大逆事件に連座した曹洞宗の内山愚童、真宗大谷派の高木顕明（一八六四～一九一四）、臨済

宗妙心寺派の峯尾節堂《せつどう》（一八八五～一九一九）も信仰を持ちつつ、社会主義に入っていった。内山は、

余は仏教の伝導者にして曰く一切衆生悉有仏性曰く此法平等無高下曰く一切衆生的吾子之れ余が信仰の立脚地とする金言なるが余は社会主義の言ふ所の金言と全然一致するを発見して遂に社会主義の信者となりしものなり

と投稿し、各経典の平等観の一致を社会主義に見いだし、信仰を持ったまま参加した典型的な人物であった。高木は『平民新聞』に投稿はしていないものの、手記「余が社会主義」に

余が社会主義とは、カールマルクスの社会主義を稟けたのではない。（中略）片山君や枯川（堺）や秋水君の様に科学的に解釈を与えて天下に鼓吹すると云う見識もない。けれども余は余丈の信仰がありて実践して行く考えである

として、真宗の信仰から社会主義を実践することを決意している。峯尾の場合は、伊藤証信《しょうしん》（一八七六～一九六三）の無我愛運動の修養に影響をうけ、その機関誌『無我の愛』に「信仰さえ確立せば、パンや衣服や住家や乃至世間の毀誉褒貶やは恁麼《いんも》になっても宜敷もの歟と存じ候。雨降らばふれ、雨楽しく候。風吹かばふけ、風楽しく候」と一休の言葉を用いて、自身の信仰の確立から出発し、地元の和歌山県新宮の医師・大石誠之助の影響から、社会主義に入っていった。

これに対し、仏教に愛想を尽かし、社会主義者となった者が二人いた。一例を挙げれば、小森治助は仏教の信者であったが、僧侶が貧困に喘ぎ虐待されている人々に「何事も前世の因縁」と説くのを聞いて仏教が嫌になり、片山の演説を聞いて社会主義者となったという。多くの読者がキリスト教、仏教の信仰を持ったまま参加したのに対し、特異な例であった。

平民社解散と宗教者

日露戦争が終結し、日露講和条約が一九〇五年（明治三八）に調印されると、平民社は解散することとなる。もともと日露戦争反対の平和主義によって共闘が保たれていたが、キリスト教社会主義者、唯物的社会主義者の対立がしだいに顕在化していった。さらに、平民社の求心力が低下した理由として、堺や、西川光次郎の男女問題によって、宗教的良心から参加した同志が、運動から離れていったことによる。思想よりも倫理の問題が解散の一因であった。

キリスト教社会主義者は『新紀元』を、唯物的社会主義者は『光』をそれぞれ創刊したが、週刊『平民新聞』の初期読者は運動から離れていった。平民社で最も優れた社会主義伝道を実践した小田頼造は、山口義三とともに、東海道から山陽道を箱車で伝道行商し、九州を一人で廻ったが、その後、社会主義を捨てて、宗教的社会主義を目指した。この時期、伊藤証信の東京・巣鴨で始まった無我愛運動に平民社から同調し、入苑する者も多くいた。内山愚童も一時期、無我苑に出入りしたが、次第に宗教的社会主義の限界を感じ、伊藤に宛てて決別状を送っている。

一方、小田は、三島・龍沢寺に入寺して、山本玄峰について臨済禅を学んだ。この寺で一年弱を過ごすが、正規に出家することなく寺を出ている。続いて、岐阜・加納の天理教の布教使・奥谷文智のもとで四、五ヶ月過ごし、その後、高野山に登り、真言密教を学んだ。また、西田天香の一灯園に入会し、江渡狄嶺の百性愛道場、世田谷・粕谷の徳富蘆花の経営する農場に働き、さまざまな宗教の門を叩いた。そのどれもが長く続かず、京都に戻って、機関誌『創世』を五号まで発刊し、この間に、河上肇とも親交をもった。だが、どの宗教にも身の置き所がなく、広島に移り住んだ。この頃になると、ほぼ完全な菜食主義をとるようになり、河原に生えている芹やタンポポを食べ、餓死同然に広島市内で没した。小田の業績は、トルストイの『簡易聖書』『人道主義』『人生の意義』の翻訳であった。小田の思想はトルストイに心酔し、そこから出ることは無かった。小田は堺に「社会主義は一つの宗教と思っていた」と語ったように、一時的に社会主義運動にのめり込み、あっさり精神主義に戻った例は多くあった。

大逆事件前後

一九〇七年（明治四〇）、唯物論的社会主義者とキリスト教社会主義者が歩み寄り、平民社を再建し、日刊『平民新聞』を創刊した。先の『平民新聞』『直言』『光』と比べて理論的な水準は、はるかに高かったが、「余は如何にして社会主義となりし乎」などのユニークな企画は姿を消した。さらに、日本社会党第二回大会では、国会議員を立て、議会政策を主張する「議会派」と、ゼネラル・ストライキを主張する「直接行動派」に分かれて、内部対立が鮮明になった。運動の方法論を巡って対立したものであったが、同時に「非宗教運動」も採択され、社会主義は先鋭化していった。その後、赤旗事件によって在京の主だった社会主義者が逮捕されたことによって運動は停滞し、幸徳の女性問題によって、多くの同志は離れていった。キリスト教から社会主義に入った赤羽巌穴《がんけつ》（一八七五〜一九一二）は幸徳に「男として恥を知れ」と言い残し、去っていった。週刊『平民新聞』から、幸徳と親交を保った仏教者は内山愚童くらいのものであった。内山は、自坊で秘密出版をおこない、赤旗事件に憤慨して『無政府共産』を印刷し、小作米不納・税金不払・徴兵拒否・天皇制批判を主張した。この冊子が、愛知県・半田の職工、宮下太吉に爆裂弾製造を決意させた。宮下と数人の社会主義者による天皇暗殺計画であったが、長野県・明科での宮下逮捕をきっかけに、事件は全国に拡大し、二六名が逮捕される大逆事件となった。高木・峯尾らは既に社会主義から離れていたが、自白の強要によって連座させられた。内山も秘密出版による出版法違反と爆発物取締罰則違反で横浜監獄に収監されていたが、『無政府共産』が内山によるものである事が捜査段階で判明したことによって、大逆罪に問われて死刑となった。

小田や赤羽そして内山などは、社会主義者と言うよりも宗教的な信念に基づいて社会を変革しようとし、志半ばで若くして逝った。大正以降の社会主義者は、人間としての魅力は乏しいのに対し、明治の社会主義者は社会主義以外の思想が多大に混入し、人間的魅力をこんにちに伝えている。赤羽の『農民の福音』は内容から見ても、愚童の『無政府共産』と非常によく似ている。どちらかが引用したというものではないが、宗教の信仰から社会変革を果たそうとした事による共通点が、自然に醸成したものであろう。

以上のように、明治の社会主義の思想的基盤の一つとして、キリスト教や仏教などの宗教があった。大逆事件に関わった宗教者の存在に見られるように、明治の社会主義と宗教は密接な関係にあることがこれまでの研究でも指摘されてきたが、その検討は不十分である。「社会主義と宗教」の研究は、日本宗教史像の再構築につながる可能性を秘めている。

なお、内山、高木、峯尾はそれぞれ教団から擯斥され、歴史上から忘れ去られていたが、最近になって、ようやく再評価され、教団を挙げて復権された。

また、二〇〇〇年以降、各地に大逆事件を顕彰する会が市民組織で結成され、ようやく一般に認知されるようになってきた。また、若手研究者のなかでも大逆事件の研究がなされ、その成果の発表が待たれる。

参考文献

太田雅夫　一九九一『初期社会主義史の研究―明治三〇年代の人と組織と運動―』新泉社
中村勝範　一九六八「明治社会主義意識の形成」『法学研究』第四一巻七号、慶應義塾大学法学研究会
柏木隆法　一九七九『大逆事件と内山愚童』ＪＣＡ出版
神崎清　一九六八〜一九六九『革命伝説』一―四巻、芳賀書店
絲屋寿雄　一九七〇『大逆事件』三一書房
大沢正道　一九八九『転生と狂気』平凡社

皇道仏教

新野和暢

国家神道と皇道仏教の関係性

日本近現代宗教思想史を貫く課題は、国家神道《こっかしんとう》にあると言っても過言ではない。なぜなら、祭政一《さいせいいっ》致《ち》を掲げた明治政府の宗教政策が国家神道の形成に寄与し、日本宗教のあり方に多大な影響を与えたからである。国家神道の実体について仏教側からアプローチするテクニカルタームの一つに皇道仏《こうどうぶっ》教《きょう》がある。この名乗りは、当時の仏教家が自ら用いていたものであったが、戦後の研究ではあまり注目されてこなかった。戦時中の「宗教と国家」に関する思想的な問題は、「戦時教学」と呼ばれる分野として扱われ、慈悲や平和の教えを持っているはずの仏教が戦争を肯定し、戦争讃美へと転換した思想構造と戦争協力の事実を研究対象にしてきた。

とりわけ、東西両本願寺に代表される真宗教団は、他宗派が追随できないほどの戦争協力を行っており、その反省と慚愧の念から「戦時教学」は徹底的に検証され膨大な研究成果がある。しかし、皇道との関係から戦争協力の実体に迫ろうとする試みにおいては、その余地が残されていると思われる。なぜなら、この「戦時教学」は、戦時という時代背景に限られた特殊な思想ではないからである。明治以降の日本の歴史は日清戦争、日露戦争、第一次世界大戦そして満洲事変に始まる十五年戦争（一九三一年九月一八日〜一九四五年八月一五日）と対外的な戦争を繰り返してきた。これら「戦時」の際、大日本帝国の政策を支持してきた「戦時教学」は、突然変異的に現れたのではない。「戦時教学」を表出する前提に、日本という国のあり方、つまり国体《こくたい》に対する仏教の姿勢が大きく関連している。その思想的概念を表す言説の頂点が皇道仏教である。天皇を中心とする神の国であることの認識が、戦争する国家を支える仏教的根拠としての名乗りとなって表象されていたのである。

皇道仏教を直接取り上げた研究

皇道仏教の先行研究は、市川白弦『仏教者の戦争責任』（一九七〇年）が最初である。彼は「天皇教」ともいうべき仏教を放棄した姿が皇道仏教であるという論を立て、それを批判した。この指摘は、戦争協力の検証を済ませていない仏教教団に対する批判に直結したため相当なインパクトを与えた。その後、一九九七年に、Brian Daizen Victoria が *Zen at War* をアメリカで刊行すると、二〇〇一年に同書邦訳の『禅と戦争—禅仏教は戦争に協力したか—』が出版された。彼は皇道仏教を、『仏法』を完全に『王法』の指導のもとに置くことにあった。政治的に言えば、既成仏教教団は国家とその政策に一切の異議も唱えることなく従順そのものであった」［ブライアン 二〇〇一］と定義した。この二人が指摘している皇道仏教は、単に仏教が国家と結びつくだけでなく、仏教の自立性や宗教性すら失ったことの問題にまで言及している。そして筆者は、二〇一四年に『皇道仏教と大陸布教』を出版し、戦争協力の頂点を支える思想に皇道仏教があり、その内実は信仰の諦《たい》である真諦《しんたい》が、社会的な諦である俗諦《ぞくたい》に包含され、一《いっ》な諦として捉える「真俗二諦」であったことを明らかにした。

つまり皇道仏教は、日本にしか通用しない、日本独自の仏教である。大日本帝国の意図に矛盾する仏教教義の駆逐によって成立する姿は、「大日本帝国仏教」と言うべき、国家思想を中心に置いたあり方なのである。

皇道の理解

皇道という言葉の意味は、国体や惟神《かむながら》といった考え方に通じている。明治政府は、「大教宣布の詔《みことのり》（一八七〇年一月三日）」をはじめ、「軍人勅諭《ぐんじんちょくゆ》（一八八二年一月四日）」、「教育勅語（一八九〇年一〇月三〇日）」という流れで、君臣《くんしん》の関係を確実なものとする理念を提示したが、いずれの場合も皇道を用いることはなかった。「大教宣布の詔」は「神の御心のままに」という意味の惟神という概念を用いて説明している。同じような言葉を用いる際、「軍人勅諭」は「忠節」、「教育勅語」はその「節「天壌無窮ノ皇運」が皇道に近い用語に該当すると思われる。明治政府の公式用語に採用されなかった皇道は、その後大正期半ばから昭和初期にかけておこった国体明徴運動をきっかけにして、神道家や国粋主義者の間で国体論を論じる際に頻繁に用いられることになったが、定着するようになったのは一九三二年以降である。陸軍大臣の職にあった荒木貞夫（一八七七〜一九六六）が多用したことや、二・二六事件（一九三六年二月二六日〜二九日）の首謀者が皇道派（大日本帝国陸軍内の派閥）と称したことなどが一般的に認識された背景にある。

明治以後の総合雑誌から地方誌まで取り扱う『雑誌記事索引集成データベース「ざっさくプラス」』

(https://zassaku-plus.com、二〇一七日一〇月一日時点)によると、タイトルに皇道と付されている新聞記事や論文等は、一八八八年に一件あるが、その後は年間〇本から三件までの状態が続いている。そして一九一三年に五件、一九一七年に一五件となり一九二一年(一四件)までの間に小さな山が見られるが、飛躍的に用いられるのは一九三二年から敗戦までの期間である。一九三四年に一〇三件と、毎年百件前後の論題が世に出ている。「皇道に基く神聖戦争」(無記名、一九三二年一二月)、「平田篤胤大人皇道思想の基地」(細谷則理著、一九三二年)、「ファッシズムより皇道主義へ」(中谷武世著、一九三二年一二月)といった有名無名を問わない多く論者が戦争との関連を語った。

仏教家の皇道理解

実は、皇道とは使う者によって意味の揺らぎが見られるため決定的な定義が見当たらない。神道家は神道の立場から解釈し、軍人は「皇軍の道」として捉え、政治家は国家指導の精神として説いた。そして仏教は、皇道仏教という概念を生みだした。皇道と仏教を合わせた造語である皇道仏教を誰が用いだしたのかは不明であるが、主に一九三〇年代後半から敗戦までの間に仏教教団や仏教家の口から公然と語られた。

例えば、政治家として政界にも影響を及ぼした浄土宗僧侶の椎尾辨匡《しいおべんきょう》(一八七六〜一九七一)は一九三八年に発表した論文「皇道仏教」で、「日本仏教=皇道仏教」であることを提唱した。また日蓮宗では、天皇を本尊として仰いで「天皇本尊論」を主張する「皇道仏教行道会」(高佐日煌会長)が一九三八年九月に発足して一定の影響力を持った。真宗大谷派は、一九四三年の「決戦宗議会」と銘打った大谷派宗議会で「皇道真宗」と名乗り、戦争協力をさらに押し進めた。

皇道仏教の特徴と海外開教

皇道仏教を考える際、外せない特徴がある。それは、日本仏教の優位性と特殊性の主張である。「インドで生まれた仏教が中国を経て日本に伝わった歴史に対して、「日本が仏教を完成させた」という価値判断を加える仏教史観である。東京大学で宗教学を講じた浄土宗僧侶の矢吹慶輝《やぶきけいき》（一八七九〜一九三九）は、聖徳太子が仏教を国政に採用して以来、皇室の庇護のもとで仏教が興隆し、国体や国風に合致したからこそ純粋な仏教思想が完成されたと論じている（矢吹 一九三四）。そして椎尾は、仏教の発祥の地から伝来の距離で言うならば、インドや中国の仏教が日本よりも優れていると思われがちだがそうではなく、インドや中国の仏教は「出来損ない」であって、唯一、日本仏教のみが釈尊在世時のような仏教本来の姿を残していると述べている（椎尾 一九三八）。

聖徳太子の功績を皇国史観《こうこくしかん》へと横滑りさせる仏教史観は、戦争する国家に足並みをそろえながら東アジアへと「開教」する動機へと繋がっていった。皇道仏教はこれまであまり注目されてこなかったが、天皇を中心とする「大日本帝国」を無批判に肯定した思想的な問題に加えて、東アジア的な視点をも供給している。ゆえに皇道仏教の再検討は日本近現代思想史を捉え直す重要な作業になるのである。

参考文献

市川白弦　一九七〇『仏教者の戦争責任』春秋社
椎尾辨匡　一九三八「皇道仏教」大倉精神文化研究所編『護国仏教』大倉精神文化研究所
新野和暢　二〇一四『皇道仏教と大陸布教―十五年戦争期の宗教と国家―』社会評論社
ヴィクトリア、ブライアン（エイミー・ツジモト訳）二〇〇一『禅と戦争―禅仏教は戦争に協力したか―』、光文社、原著一九九七年
矢吹慶輝　一九三四『日本精神と日本仏教』仏教聯合会

総力戦

永岡　崇

戦争協力と抵抗

近代における宗教と戦争の関係について論じられるとき、それを広い意味での戦争責任の問題と連続したものとして認識することが、戦後日本を生きる人びとの習い性のようになってきた。宗教者や教団はなぜ、どのようにして戦争や戦死を正当化し、若者たちを死地に送り出していったのか。あるいはむしろ責任は、宗教を戦争に利用した政府・軍部に求めるべきなのか。逆に、困難な状況のなか、非戦・反戦の志を貫くことができた宗教者はどのような人物だったのか――。こうした問いに正当性を与えていたのは、一九四五年の敗戦という出来事である。これにより、戦争遂行の建前が、「無責任ナル軍国主義」（ポツダム宣言第六条）として完全に否定され、日本は戦争放棄を謳う平和主義国家をめざすこととされた。かつての〝聖戦〟は〝侵略戦争〟へと転落し、戦争協力は忌まわしい過去の罪悪として記憶されるのである。

このような背景のもと、市川白弦『仏教者の戦争責任』（一九七〇年）をはじめとして、仏教の思想や組織がどのように政府・軍部と結びつき、戦争に加担していったかを厳しく追及する研究が多く積み重ねられ、近年では反戦僧の再評価も進む。他方、アジア・太平洋戦争下で敵性宗教として厳しい監視や弾圧にさらされていたキリスト教の場合、キリスト者の戦争協力の問題に加え、政府による暴力の歴史を掘り起こすとともに、苦境のなかでも信仰を守りぬいた人びとの姿を浮かび上がらせる努力が続けられてきた。

二一世紀の現在も、世界の大部分の国家が軍隊を保持しており、従軍チャプレンなどのかたちで、宗教者がそれを支える例も多い［石川 二〇一三］。そうした社会状況においては、宗教者が戦争・軍隊にコミットしていくことが、必ずしも否定的にとらえられるわけではないのだ。その意味で、敗戦国日本という地政学的条件のもとでこそ、右のような問題意識に立つ研究の集中的な蓄積が可能になったということもできる。ローカルな環境に規定されて生起したものではあるが、グローバルに共有し、鍛えあげていく価値のある知的遺産であることはたしかだ。

だが、戦争というものがきわめて巨大で複雑な社会的出来事の塊であることにあらためて思いをいたすとき、従来の〝戦争と宗教〟論が抱える欠点もみえてくる。端的にいえば、戦争への協力／抵抗という二分法的な問題構成にこだわりすぎた結果、戦争の全体像をとらえるだけの視野をもつことができていないのではないだろうか。

問いの射程を広げる

近代の戦争、とくに総力戦（Total War）と呼ばれるアジア・太平洋戦争は、前線で殺し／殺されるだけの営みではなく、銃後での生産や消費をふくめ、国民生活のほとんど全体を巻きこむものだった。

そして、戦争を支える人的・物的エネルギーを確保するうえで、重要な戦略拠点のひとつとなったのが宗教である。仏教やキリスト教、新宗教には、人びとの心やふるまいを掌握するためのさまざまなノウハウが蓄積されており、各教団はそれを通じて豊富な資金や労働力を調達することができる。政府や軍部からすれば、各教団を管理・統制することによって、そこに蓄えられた広汎な人びとのエネルギーを効率よく動員しうることになるはずだろう。

諸宗教は政府や軍部の要請によく応えた。仏教の戦時教学やキリスト教の日本的基督教のような戦争遂行の教義的正当化、軍人や思想家、一般信者の宗教的信念、戦時増産のための勤労奉仕、金品献納、戦死者葬儀、戦地・戦死者遺家族の慰問、植民地・占領地・大陸での布教・宣撫工作、宗教開拓移民など、総力戦体制において宗教が果たした役割は思いのほか幅広い。こうした事実の存在自体は従来からよく知られているのだが、ではそれらがもつ宗教史的意味まで深く掘り下げられてきたかといえば、多くの課題が手つかずのまま残されているといわざるをえない。

たとえば、僧侶や牧師など専門的宗教者の思想は繰り返し問われてきたし、日本の進出地域における宗教教団と軍や政府の連携の実態についての研究も進んできている［大澤 二〇一五］。だが、膨大な一般信者たちの宗教的信念が総力戦とどのようにかかわっていたのかについては、充分に追及されてこなかった。諸宗教がかかわった勤労奉仕や梵鐘の供出など、身体的・物質的次元の諸実践も、多くの場合、戦争協力の事例として列挙されるにとどまっている。

一般信者が問題化されにくい理由のひとつは、それが戦争責任論的な思考の枠組みに馴染まないということだろう。誰に、あるいは何に、どの程度の戦争責任を割り当てるべきか、という論理を一般信者にまで拡大するなら、〝一億総懺悔〟という名の思考停止を招きかねない。だが他方で、専門的宗教者の思想も孤立して存在していたのではなく、それが広範な人びとによって受容され、解釈しなおされたからこそ〝戦争する社会〟を下支えすることも可能になったのだから、その受容と解釈の場を等閑視することはできないはずだ。責任の問題をいったん括弧にいれて、戦争という社会的出来事を構成する多様な主体の複雑な連鎖のありようそれ自体を認識することが重要ではないだろうか。こうした観点からは、銃後の女性信者にとっての戦争の意味も、新たに問われることになると思われる。

身体的・物質的次元での諸実践の分析が立ち遅れていることについては、〝戦争と宗教〟論全体を規制してきたビリーフ中心主義がその背景にあると考えるべきだろう。近代社会で広く受けいれられてきた宗教理解の枠組みは、宗教をビリーフ（言語的に表明される信仰）とプラクティス（非言語的・非意味的な慣習行為）に分割したうえで、前者が後者を意味づけるという形でそれらがセットになっていると考える。そして、宗教を理解するうえでは、プラクティスを意味づける能動的な主体としてのビリーフこそが中心的な役割を果たすものとされるのである。戦争と宗教の関係をめぐる研究にもこの発想はもちこまれ、戦争協力のプラクティスは、行動原理としてのビリーフの帰結として位置づけられることになる。そうした立場からなされる研究の基底には、教義・思想の領域をおさえれば戦争協力の問題は理解できる、という発想があるのではないだろうか。

だがそのような発想は、戦争と宗教の関係性をあまりにも単純化している。たとえば、戦時増産体制を支えるべく全国の炭鉱に入った天理教の「ひのきしん隊」において、隊員たちは危険な重労働に従事しながら、それを信仰上の試練として意味づけなおしていった。そこでは、教団指導層が提示する教義的説明と重なりあいつつも、それには還元しえない宗教経験の場が広がっていたといえる。総力戦体制のなかのさまざまな場において、ビリーフとプラクティスがどのように絡まり合って宗教的世界を変容させていったのか、あらためて問いなおす必要がある〔永岡　二〇一五〕。

総力戦体制論と宗教

社会学者の山之内靖らが一九九〇年代に提唱した総力戦体制論は、総力戦体制がもたらした社会変動を包括的にとらえるための枠組みを提起しようとし、諸分野に大きな影響を与えた。そしてそれは〝戦争と宗教〟をめぐる議論とも無縁ではない。たとえば山之内によれば、総力戦とは社会総体を戦争遂行のための機能性という一点に向けて合理化するプロジェクトであり、植民地出身者や女性など、近代社会で周縁化されてきた人びとを積極的にとりこもうとした。そして彼ら／彼女ら自身も、国家への過剰な同一化を通じて〝一人前の臣民〟をめざすことになったのである〔山之内・コシュマン・成田編　一九九五〕。

ここで宗教政策に目を移すと、一九三〇年代後半以降、政府は特高警察を尖兵とした取締りを強化して、総力戦に協力する宗教と抵抗する宗教を厳しく峻別していった。諸宗教の側も、総力戦体制の友／敵のどちらであろうとするのか、さまざまな局面で決断を迫られることになるが、とくに長らく〝迷信〟として蔑視にさらされ、周縁化されてきた大理教や金光教のような有力新宗教は、国家への過剰な自己献身に身を投じることで〝有用な宗教〟としての自己を演じようとした。大衆的動員を得意とする新宗教の運動形態も、総力戦体制との親和性を示しているだろう。信者のなかに下層労働者や農民、女性などを多く抱えていたこともふくめて考えると、帝国内のマイノリティをめぐる議論に接続させることで、新宗教と戦争との関係に新たな光をあてることが必要になるのではないだろうか。

その一方で、総力戦体制論が戦時における社会の合理化を強調している点には、再考の余地がありそうだ。各宗教団体の組織編制をみるかぎり、戦争遂行のための合理化が進められていったことはたしかである。国内のプロテスタント諸教派が日本基督教団として合同（一九四一年）したことは、その象徴的な事例といってよい。だが、アジア・太平洋戦争下の日本社会では、政府・軍部・マスコミが主導して、〝聖戦〟を謳う宗教的表象が大量に流通し、非合理的な信念が前線／銃後の国民を衝き動かしていた［川村　二〇〇七］。この、総力戦における合理化と非合理化の併存、もしくは相互補完的な関係を理解することが、総力戦体制論をヴァージョン・アップさせるための鍵となるのではないだろうか。そしてそれは、宗教史学が解明すべき課題である。

参考文献

石川明人　二〇一三『戦場の宗教、軍人の信仰』八千代出版
市川白弦　一九七〇『仏教者の戦争責任』春秋社
大澤広嗣　二〇一五『戦時下の日本仏教と南方地域』法藏館
川村邦光　二〇〇七『聖戦のイコノグラフィ―天皇と兵士・戦死者の図像・表象―』青弓社
永岡崇　二〇一五『新宗教と総力戦―教祖以後を生きる―』名古屋大学出版会
山之内靖、ヴィクター・コシュマン、成田龍一編　一九九五『総力戦と現代化』柏書房

⑤ディスコース——思想

神話（解釈史）

斎藤英喜

「神話」概念の変革

「神話」といえば、八世紀成立とされる『古事記』『日本書紀』『風土記』に代表される古代神話が思い浮かぶだろう。イザナキ・イザナミ、スサノヲ、アマテラス、オホクニヌシなどのお馴染みの神々が活躍する神話だ。この天地はどのように出来たのか、人が結婚し、子どもを生み、あるいは死ぬのはなぜなのか、そして人びとを支配していく王の由来とは……。そうした事物の起源を神々の世界に遡って語り伝えるのが「神話」である。

しかし、近年の神話をめぐる研究のなかで、あらたに注目を集めたのは「中世神話」である。中世神話？　だれもが奇異に思うだろう。一般に、中世とは、仏教が人びとを支配し、また人びとを救済した時代と認識されてきた。法然《ほうねん》や親鸞《しんらん》、日蓮《にちれん》などの著名な宗教家が登場し、貴族や武士階級から、さらに広い階層の人びとのあいだにも仏の教えが広まった時代。そこでは神話はもはや効力を失い、克服されていった、というように。

しかし、そうではなかったのだ――。近年の研究によれば、中世は、古代以上に「神話」が活性化し、多様に生み出された時代であった。まさに「中世神話」である。その研究成果は、神話といえば「古層」とか「原型」と語ってきた認識がじつは近代的価値観の裏返しでしかないことを暴き、イデオロギー論・比較論・構造論・発生論・テクスト論というこれまでの神話研究を突き抜けていく、あらたな学問の可能性を切り開いたのである。まさしく「神話」概念の変革が起きたのだ。それはまた、「日本宗教史像」を塗り替えるヒントを、われわれに教えてくれよう。以下、「中世神話」をめぐる研究を紹介していこう。

「中世神話」という視界

中世では多くの寺院が、その教えを衆生に説き教えるために、縁起、物語を作り、諸国を巡り歩く旅の宗教者たちによって運ばれ、唱導文芸として発達し、後にはお伽草子《とぎぞうし》（室町物語）と呼ばれる物語になった。それらは神が人となって様々な苦しみを受けて、やがて「神仏」に生まれ変わるというお決まりのパターンが多い。これは本地物《ほんじもの》とも呼ばれる。こうした中世の縁起、本地物語がもつ「神仏への崇敬を示してその由来物語を奏上申し上げるとの口吻《こうふん》」［徳田　一九八八］を、古代神話とは異なる「中世神話」として名付けたことがスタートとなった。

さらに「中世神話」の視座は、本地物、寺社縁起譚などのテキストのみならず、中世において膨大に編述された、『日本書紀』の注釈書へと波及していった（なお、中世では『古事記』はほとんど読まれていなかった）。神祇官《じんぎかん》出身の卜部《うらべ》氏、伊勢神宮祠官たち、藤原一条家などの貴族知識人、あるいは天台や真言系の仏教僧侶たちが『日本書紀』にかんする注釈を始めた。そこでは皇祖神《こうそしん》アマテラスは大日如来と同体とされ（『釈日本紀』）、さらに大空に輝く太陽のイメージを「虚無神《こむしん》」とする仏教理論で解釈し（『天下皇太神本縁』）、究極的には人びとの「罪」の身代わりとなる蛇体の神へと変貌させた（『元長修祓記』）。あるいは荒ぶる神として追放されながら、八岐大蛇を退治する英雄神でもあるスサノヲは、天台教学から導かれる「邪正一如《じゃしょういちにょ》」「善悪不二《ぜんあくふに》」の神として解釈され（『釈日本紀』）、さらに異国神としての性格が付与されることで、盤古神《ばんこしん》・牛頭天王《ごずてんのう》・摩多羅神《まただらじん》などの異神へとメタモルフォーゼしていった（『神書聞書』）。

こうした奇想天外な神話の解釈は、近代の学者たちからは牽強付会《けんきょうふかい》、空理空論の説として相手にされてこなかったが、一九七〇年代以降、中世文学の研究者たちが「中世日本紀」というネーミングで、中世固有の学知のあり方を掘り起こすなかで、「中世神話」の重要な一角を占めることを明らかにしていったのである（伊藤　一九七二、阿部　一九八五）。そこでは『日本書紀』原典を注釈することが、原典を超えた、あらたな「神話」を創造する行為と評価されていくのである。

とりわけ宗教史にとって重要なのは、「中世神話」の世界が、伊勢神道・山王《さんのう》神道・吉田神道などの中世に生み出された神道教説と交わっていくところだ。従来は、仏教や儒教、陰陽道などと習合した中世神道は、不純な「神道」として否定的な扱いを受けてきたが、そこに展開される、一見空理空論に見える教説が、中世独特な神話に支えられた、豊かな想像力と知の世界としてあることが見えてきた（山本ひろ子『中世神話』一九九八）。それは「神道」を、土俗的な伝統的信仰や習俗と見てきた、従来の宗教史像を大きく書き換える可能性を切り開いたといえよう（伊藤聡『神道とは何か』二〇一二）。

さらに中世神道の教説は、机上で編み出された観念論、抽象論ではなく、密教の観想《かんそう》技法などを応用し、身体・意識の変容から導かれた「神秘体験」にもとづくことも明らかにされた（小川豊生『中世日本の神話・文字・身体』二〇一四）。こうした中世神話は、中世後期から近世初期に列島各地に展開していく「神楽《かぐら》」へと波及することが捉えられ、神事芸能と呼ばれた神楽が、中世神話の地方的な展開、あるいは儀礼的実践としてあったことが見えてきた（斎藤英喜＋井上隆弘編『神楽と祭文の中世』二〇一六）。

「神話解釈史」の可能性

仏教によって注釈され、読み替えられた「中世神話」の世界は、近世の知識人、とりわけ賀茂真淵《かものまぶち》（一六九七～一七六九）や本居宣長《もとおりのりなが》（一七三〇～一八〇一）といった国学者たちによって批判されていく。彼らは近代的な文献学の先駆となるような手法で、『万葉集』や『古事記』の価値を再発見したと評価された。けれども宣長の『古事記伝』を熟読してみると、中世の神話解釈を「さかしら」と批判していながら、彼自身もまた『古事記』を注釈することで、『古事記』本文から超え出た、あらたな「神話」を作り出していることが見えてくるのだ。

たとえば『古事記』冒頭の高天原に出現するタカミムスヒ、カムムスヒは、「ムスヒ」の霊力によって天地・万物・人間を作り出した創造神とされ、さらに両神は高天原以前の「虚空《こくう》」に出現したとまで説かれていく。あるいは皇祖神アマテラスは、天空に輝く太陽そのものであることから、球体としての地球、月、太陽という天文学の認識を神話化し、さらには太陽を中心とした「太陽暦」をもって『古事記』と結びつけて解釈されていく（『真暦考』）。こうした過剰な注釈の背後にあるのは、宣長が生きた十八世紀の知識人社会に浸透していくキリスト教や西洋天文学の知識にほかならなかったのである（斎藤英喜『古事記はいかに読まれてきたか』二〇一二）。宣長の『古事記』注釈の世界とは、江戸社会固有の「近世神話」と呼ぶことができよう（山下久夫＋斎藤英喜編『越境する古事記伝』二〇一二）。

さらに宣長の異端の弟子とされる平田篤胤《ひらたあつたね》（一七七六〜一八四三）は、宣長が構築した文献学的手法を破壊して、独断的な神学を作り出したと否定的な評価が与えられてきたが、「近世神話」の視点にたてば、篤胤は宣長以上にラディカルに、新しい神話の創造者であったことが見えてくる。宣長の天文学的解釈をさらに推し進めるとともに、宣長が踏み込めなかった「死後の魂の行方」をめぐる神話をも創造していく。出雲大社に祭られるオホクニヌシを「幽冥界《ゆうめいかい》」の主宰神として解釈し、「顕界《けんかい》」の神たるアマテラスを超え出るほどの力を見出していくのだ。また宣長が『古事記』というテキストを価値化したことにたいして、篤胤は『古事記』のみならず『日本書紀』、『出雲国風土記』『古語拾《しゅう》遺《い》』『延喜式祝詞《えんぎしきのりと》』などの古代文献をセレクトして、真の古伝たるテキスト＝『古史成文《せいぶん》』を編み出し、それにたいする注釈書＝『古史伝』を作り出していったのである。その手法は近代的な文献学、注釈学からの後退のように見えながら、じつは「中世日本紀」以来の注釈学の方法を、西洋近代の時代と向き合うなかで継承し、さらに鍛え上げていったともいえよう。

ここから見えてくるのは、「神話」なるものが、つねに時代の最新の知を媒介にして、読み替えられ、時代の現実を意味づけ、超越していくような、知の運動の歴史としてあったことだ。それを「神話解釈史」と呼ぶことにしょう。近世の宣長、篤胤は、中世以来の神話解釈史の系譜のなかに再配置されるのである。

それにしても、中世、近世と続く神話解釈史の系譜は、近代においてはどうなるのだろうか。近代的な学問は神話解釈を神話学・歴史学・国文学・宗教学などのジャンルに細分化していったが、近代にあって、それを再統合するような奇跡的な実践を果した人物がいる。異端の国文学者、民俗学者とされる折口信夫《おりくちしのぶ》（一八八七〜一九五三）である。かくして折口信夫にいたる神話解釈史の系譜を展望するとき、「神話」や「神道」をめぐる日本宗教史の相貌は、これまでとはまったく異なる姿を見せてくれるにちがいない。異貌の日本宗教史である。

参考文献
阿部泰郎　一九八五「中世王権と中世日本紀」『日本文学』三四／五
伊藤正義　一九七二「中世日本紀の輪郭」『文学』四〇／一〇
徳田和夫　一九八八「「中世神話」論の可能性」『別冊国文学・日本神話必携』学燈社
斎藤英喜　二〇一四『異貌の古事記』青土社

世界観《コスモロジー》と世界像《コスモグラフィー》

岡田正彦

世界像と近代

マルティン・ハイデガーは、後に「世界像の時代」として訳出された一九三八年の講演のなかで、次のような言葉を残している。

世界像は、かつての中世的なものから近代的なものになるのではなくて、そもそも世界が像になるということが、近代の本質を表わしているのです。

「近代」の新しさを表象しているのは、地球を中心にするのか、太陽を中心にするのかといった宇宙像の形式的な変化ではなくて、むしろ宇宙の構造を説明する理論の質的な変化なのである。「世界」を近代的主体にとって観察可能な対象として表象し、表象された世界像の客観性をリアリティの基準とするとき、「近代」は始まる。世界はもはや無限の神秘ではなく、有限な観察対象になるのである。

世界を対象として観察する近代科学の機械論的自然観は、キリスト教文化圏においても旧来の目的論的な自然観を根底から覆したように、日本の伝統的な自然観にも多大な影響を及ぼすことになった。

このインパクトの中心は、西洋近代の黎明期と同じように、やはり従来の宇宙論の根本的な変革であった。しかし、この変革の本質は、描かれた宇宙像の形態上の変化ではなくて、むしろ描かれ方の変容なのである。

西洋の自然観と日本仏教

地球の概念を中心とする西洋の自然観と日本仏教の出会いは、すでに一六世紀のイエズス会士のキリスト教伝道に始まっている。フランシスコ・ザビエルがローマへ送った書簡のなかで、日本人への布教には天文や暦学の知識が有効である、と報告していたことはよく知られている。また、来日した宣教師たちは、しばしば地球説をもとに仏教を批判した。仏典中の記述の背景にある基本的な宇宙像は、静止した世界の中心に巨大な須弥山が聳え立ち、これを取り巻く方形や円形の山脈と大海によって構成された、円盤状の宇宙像（須弥山説）であったからである。

しかし、徳川幕府による鎖国とキリシタン禁教政策によって、須弥山説の是非を問う論争はしばらく沈静化することになった。西洋の天文暦学に関する書物も、寛永の禁書令（一六三〇年）の対象になったからである。しかし、一八世紀の中頃には徳川吉宗による禁書令の緩和（一七二〇年）と実学奨励によって、西洋の自然科学に関する文献が再び広く紹介されるようになり、あらためて仏教の宇宙像に批判的な目が向けられるようになる。

とはいえ、この時代の須弥山説をめぐる議論は、一六世紀のイエズス会士による批判とは本質的に異なっていた。この時期に紹介された西洋近代科学の自然観は、キリスト教文化圏においても伝統的な自然観と決別し、産業革命につながる技術革新を導いて、近代化の推進力となった新たな世界の認識であった。このため、仏教思想は排仏論者たちの仏説批判に対抗するだけでなく、同時に近代自然科学の機械論的な宇宙論とも正面から向き合わなくてはならなくなったのである。

二つの須弥山説批判を隔てる空白の期間には、一七世紀の科学革命とそれに続く産業革命があり、この間に西洋自然科学の宇宙論には本質的な転換が生じた。ガリレオ・ガリレイが、異端審問で有罪判決を受けたのは一六三三年のことであり、吉宗の禁書令緩和の頃には、西洋の科学的知識はキリスト教圏においても、すでに伝統的な宗教思想とは切り離されていたのである。

梵暦開祖と仏教天文学

キリスト教と自然科学が切り離された新たな知的状況のもとで、仏典中の平らな宇宙像の実在を主張し、仏説の正当性を擁護した仏教僧の一人が、普門円通《ふもんえんつう》（一七五四〜一八三四）であった。

地球の概念や地動説は、宗教的なイメージではなく暦数の計算や観測によって実証されたリアリティだとすれば、信仰上の議論だけで、自然科学の知見にもとづく須弥山説の批判に反駁することはできない。円通は、一五歳の時に当時西洋の天文学理論の紹介書として広く普及していた『天経或問』を読み、仏典中に説かれる平らな宇宙像に疑問をもった。この疑問を解消するために、彼は七歳の時に出家した日蓮宗の寺院を離れて仏典中の天文・暦法を研究し、土御門家に入門して天文暦学を学んだ。

その後、仏典中の天文説に再び天文学としての可能性を見いだした円通は、仏教の宇宙像にもとづく独自の天文学理論を構想し、これを「梵暦」として体系化する営みに着手した。その研究は、一八一〇年（文化七）に刊行された主著である『仏国暦象編』（全五巻）に結実する。自然科学の知見にもとづく新たな世界像に反駁するためには、ある種の合理的で実証的な理論が必要になる。須弥山を中心とする世界の実在を証明するために、円通は仏典の記述をもとにした仏教天文学の理論を創出したのである。

『仏国暦象編』が刊行されると、円通の理論に影響を受けた人々は師説を学ぶとともに各自の理論を展開して、多彩な活動を行なうようになる。円通を「梵暦開祖」とする「梵暦社中」の人々は、独自の仏暦を頒布したり、仏教各派の学林などで暦学を講義したり、各地で私塾を開いて天文学を教えたりしながら、広範な活動を明治期以後も続けた。

円通が本格的に梵暦理論を展開し、梵暦社中の活動を組織し始めたのは寛政年間であり、これは「大正七戌年越州龍譚和上の示寂」まで続いたと、昭和初期に梵暦運動を本格的に調査した工藤康海は述べている。円通が『仏国暦象編』を著した一八一〇年を起点としても、彼らの活動はおよそ百年近く継承されたことになるだろう。

仏教の宇宙像と須弥山儀

円通とその門弟たちは、須弥山を中心とする世界（須弥界）の実在を証明するために、仏典中の宇宙像を表象するイメージを図版として刊行するばかりでなく、実際に時計仕掛けの装置を製造して、須弥山説の正当性をデモンストレーションしようとした。重錘式やゼンマイ式の精密機械としてつくられた、これらの「須弥山儀」や「縮象儀」は、現在でも各地に残存しており、さまざまな図版も広く流通している。

従来の日本仏教史では、円通以前の須弥山説擁護論と、一九世紀の梵暦運動は同一線上において議論され、「須弥山儀」や「縮象儀」は、地球儀や天球儀に対抗するために製作されたモデルであると考えられてきた。しかし、実際の須弥山儀や縮象儀は、天球上の星座の位置や世界地図を図示する儀器ではなくて、天体の運行を実際の観測に近いかたちで自動表示する極めて精巧な装置である。

西洋でも、一八世紀から一九世紀にかけて、新しい宇宙像である地動説にもとづく太陽系のシステムを説明し、地動説の理論的な正しさをデモンストレーションするために、「オーラリー」（Orrary）と呼ばれる天体運行時計が製造されている。須弥山儀及び縮象儀は、後にプラネタリウムへ発展するこの天体運行時計に類する精密機械であり、地球儀や天球儀とはまったく異質な装置であった。

図１　静岡市清水区・龍津寺所蔵「須弥山器」

科学史の研究者たちは、かなり早い時期から司馬江漢の描いた「屋日列禮図解（オルレレイノツカイ）」との類似性を強調しながら、円通の須弥山儀は西洋のオーラリーに類する天体運行時計であると指摘している。

宗教史の研究者が、須弥山儀や縮象儀を天球儀や地球儀と対比させて考えてきたのは、排仏論と護法論の対立や排耶論の言説を意識しすぎて、一六世紀と一九世紀の須弥山説批判の質的な差異に目を向けられなかったからだろう。

円通とその門弟たちは、なぜこのような精密機械を製作し、梵暦理論の正当性を主張しようとしたのであろうか。須弥山儀や縮象儀を使ったデモンストレーションは、もちろん円通たちの活動以前には見られない。宇宙を精確に再現可能な機械論的イメージとして表象する、これらの装置の存在自体が、一六世紀と一九世紀の須弥山説批判の本質的な差異と梵暦理論の特質を如実に表しているのではなかろうか。

世界観と世界像

近代的自然観とともに、地球の概念や地動説にもとづく新たな宇宙像が日本に紹介され、広く普及するようになると、近代自然科学の知見に関連づけて伝統的な世界像の正当性を主張する人々が現われてくる。儒学、国学、洋学、仏教などの各分野に登場してくる多彩な議論について、従来の思想史ではこれらのテキストにみられる共通の言説よりも、それぞれの思想伝統に由来する世界観の相違と対立が強調されがちであった。しかし、スポーツの試合やカードゲームの対戦が、共通のルールの存在によってはじめて可能になるように、同時代の思想論争は、つねに互いの主張の正当性あるいは妥当性を支える、基幹的な言説を共有することによって可能になるのである。

円通以来の仏教天文学の知的系譜は、平らな宇宙像の実在を主張するアナクロニズムの一方で、須弥山を中心とする世界を機械論的な「像」として表象し、その実在を科学的（疑似科学的）な理論によって証明しようとする。どのような世界観が描かれているのかではなく、どのように宇宙像が描かれているのかに着目すれば、梵暦の手法は極めて近代的なのだ。梵暦のような「反近代的」思想の「近代性」は、「何がリアルであって、何がリアルではないか」を決定する、同時代の人々に共有された意識の変化について、より明白な事例を提供してくれる。

従来の日本思想史では、一九世紀の日本における「神儒佛耶」の思想の関係交渉は、おもに相互の対立関係を強調しながら論じられてきた。しかし、世界観（コスモロジー）ではなく世界像（コスモグラフィー）に焦点を置くとき、一九世紀の日本に登場した儒学、国学、洋学、仏教の宇宙論には、むしろ共通する「知の枠組み」の根本的な変容を見ることができる。こうした視座から、この時期の宇宙論をめぐる言説を再考することは、「日本宗教史像」の根本的な見直しにもつながるはずである。

参考文献

ハイデッガー（桑木務訳）一九六二『世界像の時代　ハイデッガー選集一三』理想社
岡田正彦　二〇一〇『忘れられた仏教天文学――一九世紀の日本における仏教世界像――』ブイツーソリューション

神仏習合

鈴木正崇

定義と学説史

神仏習合とは日本に外来から受容された仏教と在地の信仰の関係性の変容を説明する概念である。神仏習合の概念を普及させた辻善之助（一八七七〜一九五五）によれば、神と仏の関係は以下のように説明される（『日本仏教史之研究』一九一九年）。当初は仏菩薩は「蕃国の神《あだしくにのかみ》」として受容され、次第に神が仏に従属する形態をとった。相互の変化の段階は以下の三つである。①神は迷える衆生で仏の救済を必要とする。神は神宮寺に祀られ神前読経で神身離脱を遂げる。②神は仏法を守護する護法神として祀られ時には菩薩号を与えられた（八幡大菩薩）。③日本の神はインドの仏菩薩を本地として、日本に神として垂迹して民衆を救済する「本地垂迹《ほんじすいじゃく》」の思想が説かれる。日本の神は仏菩薩の垂迹としての権現（権《かり》に現われた）、つまり化身とされたのである。①と②は奈良時代に説かれ、③は平安時代中期（一〇世紀〜一一世紀）以降に展開した。神仏習合は神と仏が時代の変化と共に関係を深め最終的には同一性を持つに至るという直線的な一元論である。この説は説得力があったが批判も多い（伊藤聡『神道とは何か』二〇一二年）。神仏習合は平安時代の言説に基づくという時代の限界性があり、それ以後の展開を説明できない。中世にあっては、仏の化身の「権者」と共にあった、衆生として苦しむ「実者」の存在が考慮されず、神と仏の性格の時代変化が単純化された。神が内在化され「心」として仏と同様になる思想や、吉田神道による垂迹の神明を本地とする神本仏迹の思想などの複雑な展開が考慮されていない。辻善之助の一元的な思考を多次元的に切り替える必要がある。

神仏習合をめぐっては、村山修一『神仏習合思潮』（一九五七年）、逵日出典『神仏習合』（一九八六年）、菅原信海『神仏習合思想の研究』（二〇〇五年）などが歴史学や思想史の観点から考察を深めた。他方、五来重は仏教民俗学の観点から、神仏習合を神道と仏教という対等の宗教が結合したのではなく、「仏教が基層文化のなかに組み込まれて常民に受容されてゆく過程の歴史現象」であり、最終的には基層文化の解明に向かうべきだと提唱して（『日本仏教民俗学論攷』『日本仏教民俗学の構築』二〇〇七年）、「神仏習合」の読み変えを行った。しかし、民俗学の影響が強く、日本人の基層信仰へのこだわりがあり、混淆の動態を深く考察するまでには至らなかった。

概念の問題点

問題は神仏習合の概念そのものにもある。史料上で確認する限り、明治維新当時の実態は「神仏混淆」であり、それに対して慶應四年（一八六八。明治元年）三月二八日付の太政官布告第一九六号でいわゆる「神仏判然」の指令が出され、「排仏毀釈」が展開した。当時の法令には「神仏分離」の用語は使用されず、あくまでも神と仏を「判然」と区別することを求めたのであり、仏教に対しての太政官令も「排仏」であって「廃仏」ではなかった（慶應四年六月二二日付）。つまり、「排除」exclusion であって「廃絶」abolition ではない。新政府にとって、寺院や仏像の徹底破壊まで突き進む「廃仏毀釈《はいぶつきしゃく》」は意図せざる結果であった。

「神仏分離」の概念は明治時代初期には遡らず、「神仏習合」と組になって明治四〇年代に学術用語として登場した。「神仏分離」の用語を初めて使用した論文は修多羅亮延の「神仏分離と神官僧侶」『仏教史学』二巻一号（一九一二）で〔坂本 一九九四〕、後に『神仏分離史料』に再録された。日清戦争（一八九四〜一八九五）と日露戦争（一九〇四〜一九〇五）を経てナショナリズムが高揚し国民統合が強化され、「国民国家」が生成されて、国民統合の精神的基盤として「近代神道」が確立した時期に、神道と仏教が対等に「習合」する二項対立の概念として「神仏分離」や「神仏習合」の用語が出現したのである。

「神仏習合」の用語は、明治維新以後、四〇年以上経過して過去を振り返る余裕が出来た段階で「遡及的」retrospective 概念として現われた。初見は一九〇一年（明治三四）の足立栗園の『近世神仏習合辨』（一九〇一年）で、学術用語としては一九〇七年（明治四〇）に辻善之助が『史学雑誌』（一八編一号以下一二号まで断続掲載）に発表した「本地垂迹説の起源について」が嚆矢とされる。本論考は『日本仏教史之研究』（一九一九）に収録されて広まった。本書出版後、辻善之助は一九二〇年（大正九）から一九二六年（大正一五）まで全国で神仏分離に関わる史料や聞書きを蒐集し、一九二六年（大正十五）から一九二九年（昭和四）にかけて、村上専精・辻善之助・鷲尾順敬編『明治維新神仏分離史料』全五巻（一九二六〜一九二九年）として地域別に分けて出版した。全五巻のうち、上巻（一九二六）では「神仏分離」に対して「神仏習合」を使用し、二項対立図式の説明はここに完成を見る。「神仏習合」の定義は曖昧なままで、負の表象として神道優位の政策に巧みに組み込まれた。「神仏習合」の概念は辻善之助の学問的権威を背景として急速に普及して、「神仏分離」の正統性を説明する概念となった。明治維新の「神仏混淆」から「神仏判然」へという実態が、「神仏習合」から「神仏分離」へという理念に切り替わり、神道の仏教に対する優越や、「混淆」や「習合」を負の表象とする意味合いが含み込まれたのである。

辻善之助が全国的規模で神仏分離史料収集を開始したのは一九二〇年（大正九）であった。同年一一月一日には明治神宮が創建され、一九二一年正月以降、初詣の第一位に躍り出て、東京の「中心」となる神社として急速な上昇を遂げる。明治神宮の出現は人々の行動を大きく変えた重要な文化運動であった。この時代は「近代神道」確立の時期であり、一九二〇年（大正九）の明治聖徳記念学会の成立、そのブレーンとしての加藤玄智（一八七三～一九六五）による東京帝国大学での神道学を通しての天皇崇拝・神国思想の展開、日本青年館の成立（一九二一）による天皇崇拝の民衆への浸透、聖徳記念絵画館の開館（一九二六）による明治天皇・昭憲皇太后の顕彰などで、神社神道や天皇の祭祀の確立が進行した。明治神宮の創建以後、民衆の「寺社参詣」は神社を優位とする「社寺参詣」となったのである。史料を編纂した『神仏分離史料』全五巻の出版によって、「神仏分離」は実証的に証明され、神―仏の関係を二元化して固定化した「神仏習合」「神仏分離」の概念は人々を呪縛した。辻善之助は、江戸時代以降の仏教衰退の必然的帰結を証明できたことになる。後世に至って辻の学説は江戸時代の仏教を低評価する「佛教堕落論」と評され（圭室文雄『江戸幕府の宗教統制』一九七一年）、学界において、長い間、定説として君臨してきた。

神仏習合と固有信仰

一九二〇年（大正九）から一九二九年（昭和四）に至る神仏分離史料の確定作業の時代は、柳田國男による民間伝承（後の民俗学）研究の確立に至る揺籃期と重なる。この時期に雑誌『民族』（一九二五〜一九二九年）が出版され、柳田國男・折口信夫・南方熊楠・伊波普猷などの論文が掲載され、岡正雄が民族学の概念を広めた。宇野圓空は『宗教民族学』（一九二九年）を出版した。民族学や民俗学の普及にあたっては、出版事業として岡正雄の兄が編集者を務めた岡書院の役割も大きい。折口信夫は「大嘗祭の本義」（一九二八年）を『國學院雑誌』（第三四巻八・一一号）に執筆し、『古代研究』（一九三〇年）を刊行した。折口は『民族』終刊後、民俗学会を組織し、『民俗学』（一九二九〜一九三三年）を編集して、『民俗藝術』（一九二八〜一九三二年）にも関与した。昭和初期において、民俗学と民族という学問は、「近代神道」の確立に対する対抗言説 counter discourse として形成され、次第に「民族的ナショナリズム」を支える言説として定着していった。柳田國男はその後に、方法論の主著『民間伝承論』（一九三四年）、『郷土生活の研究法』（一九三五年）を刊行した。柳田國男は神道と仏教の融合を主張する「神仏習合」論には批判的で、仏教を排除した固有信仰の探究に向かった。折口信夫も民族の基層である「古代」に固執した。しかし、一九三一年（昭和六）の満州事変を期に「日本精神運動」が始まり、一九三七年（昭和一二）日中戦争以後激化した戦争の時代にあって、民俗学も民族学も政治的に利用される手段へと転化していった。神仏混淆の修験道も徐々に復活を遂げたが、神仏習合よりも根底にある「民族精神」が評価され、心身鍛錬の行法と見なされた。

「神仏習合」は近代概念であり、神と仏の関係は本来は「不均等二分法」で、歴史的に見れば長期にわたる仏教優位の観点から「仏神習合」と呼ぶべきであったにもかかわらず、神道優位の近代にあって「神仏分離」と対になって定着した。その結果、「神仏習合」の概念は柔軟で融通無碍な日本の信仰形態と乖離し、原理主義的な神道優位の論理を無意識に受容させる二元論的な説明概念となった。従って時代や文脈の異なる中世の研究や修験道の研究に近代言説 modern discourse としての「神仏習合」の概念を安易に使用したり、東アジア全体に「神仏習合」の概念を拡大して適用することは慎重さを要する。

参考文献

阿部泰郎　二〇一三『中世日本の宗教テクスト体系』名古屋大学出版会
伊藤聡　二〇一六『神道の形成と中世神話』吉川弘文館
クラウタウ、オリオン　二〇一二『近代日本思想としての仏教史学』法藏館
阪本是丸　一九九四『国家神道形成過程の研究』岩波書店
圭室文雄　一九七七『神仏分離』教育社
ドルチェ、ルチア、三橋正編　二〇一三『「神仏習合」再考』勉誠出版

進化論の受容

ゴダール・クリントン

進化論と宗教

科学と宗教の関係は一九世紀以降、非常に大きな議論となった。近代化と世俗化に伴い、一八〜一九世紀にかけて「宗教」と「科学」はしだいに分化し、社会における二つの独立した領域となっていった。その結果、宗教と科学思想の間にいくつかの相違点が現れ、さまざまな論争が勃発した。とくに宗教と進化論(創造説と進化説)をめぐる論争が多く、それは現在も続いている。ダーウィン自身も彼の進化思想とイギリスの宗教世界との衝突を非常に恐れていたため、長年にわたり本当の考えを発表しなかった。『種の起源』の出版後、進化論をめぐる論争が激しくなった。二〇世紀になっても論争は続き、なかでも一九二五年に米国テネシー州で起こった、いわゆる「猿裁判」はとても象徴的な事件である。これは、学校で進化論を教えることの可否についての問題である。

こうした歴史を見ると、科学と宗教との間の「衝突」は避けられず、両者の関係は根本的に「戦い」の関係である、という印象を受けるのは無理がない。一八九六年に出版されたアンドリュー・ディクソン・ホワイトの『キリスト教国における科学と神学との戦いの歴史』(*A History of the Warfare of*

Science with Theology in Christendom）以降、科学史の分野では、こういった「衝突説」（conflict thesis）が主流にあった。しかし、一九九〇年代から、科学と宗教の関係史の分野は大きく変わった。J・H・ブルックは『科学と宗教―いくつかの歴史的パースペクティヴ―』［Brooke 1991＝2005］で科学と宗教の関係史を根本的に再考した。ブルックによると、「科学」と「宗教」は両方とも非常に大きな領域であり、しかも時代によって変化するものであり、科学と宗教の間には一つの「関係」（例えば、衝突または共存）があるとは断言できない。場所や時代および人（科学者または宗教家）などによって、その関係は異なるので、ケースバイケースでこの関係を研究するしかないという。いわゆる「複雑説」（complexity thesis）の始まりである。進化論と宗教の関係も、必ずしも「衝突」などのような言葉で片付けることはできない。現在の科学史分野では「複雑説」の影響が強いが、ケースバイケースのアプローチだけではなく、宗教と科学との間のより多くのパターンを明確にしようとする傾向もある。

科学史の分野では、もう一つの大きな変化があった。二〇世紀の科学史は概ねヨーロッパを中心に研究されてきたが、最近は欧米以外の科学史（アラブの世界、中国など）を取り入れる傾向が強い。進化論と宗教の関係史にとって、このような動きは大きな意義がある。では、キリスト教が主流でなかった国々（インド、東アジア）では、進化論がどう受け入れられたのだろうか？　どのようなパターンが現れるのだろうか？

日本における進化論の受容

欧米とは異なり、キリスト教の影響が少ない日本では、ダーウィンの進化論が「主な争点ではなかった」、つまり難なく受け入れられてきた、とよく言われている。その上、日本近代思想史の分野では、明治時代から日本人は進化論を適切に理解できず、「弱肉強食」を強調し、進化論をいわゆる「社会進化論（Social Darwinism）」として誤解してしまった、ともよく言われる。こうした日本における進化論受容に対しての二つの通念はよく聞かれることである。その理由として、明治時代のハーバート・スペンサーの思想の受容の研究が多いのに対して、日本の宗教世界における進化論受容の研究は近年まではわずかであることが挙げられる（スペンサーは社会進化論者というイメージがあるが、英語の「Social Darwinism」と「社会進化論」という日本語は戦前ではほとんど使われていないし、科学史の分野ではスペンサーの思想が見直されている）。ただし、この二つの通念は偏っている。実際、近代日本の宗教世界において進化論は広く議論されただけではなく、進化論に基づいた新たな宗教思想が生み出されたり、宗教思想が進化論受容にも影響を与えた。また、国家イデオロギーを支えるために「社会進化論」が取りあげられることは少なく、多くの場合は逆に社会主義者及び無政府主義者によって、国家イデオロギーを批判するために進化論が使われていた。

明治時代初期から進化論受容に宗教が果たした役割は非常に大きい。動物学者のエドワード・S・モースの進化論の紹介は広く知られているが、同時期に来日したアーネスト・フェノロサ及びキリスト教の宣教師も進化論を紹介したことはあまり知られていない。モースとフェノロサも進化論を唱えながらキリスト教を激しく批判した。それに加えて、キリスト教を厳しく批判した東京大学教授の加藤弘之や若き日の生物学者・石川千代松や矢田部良吉などが、モースとフェノロサのキリスト教批判に共感し、その進化論に基づいたキリスト教批判を日本社会に広めた。一方、主に関西地方で活躍した宣教師のジョン・トーマス・ギューリックと彼の影響を受けた小崎弘道のような日本のキリスト教徒がキリスト教と進化論は矛盾しておらず、近代科学思想の歴史的・思想的な根拠はキリスト教であり、日本の近代化のために必要なのはキリスト教である、と論じていた。

　こういった議論は仏教徒にも現れ、キリスト教徒を批判した。近代仏教の先駆的思想家・井上円了は、キリスト教の創造説は進化論と矛盾しているのに対して、仏教の世界観は徹底的に進化思想に基づいているので、仏教はキリスト教より科学的であるだけではなく、キリスト教より近代化する日本にふさわしく、必要な宗教である、と論じていた。ちなみに、円了の『仏教活論序論』（一八八七年）と彼の他の著作はベストセラーになり、仏教思想をテーマにした書籍も進化論受容及びその一般社会への普及に大きな役割を果たした。おそらく、廃仏毀釈、反仏教思想の勃発の背景及びキリスト教徒との対立がなければ、井上円了のような近代仏教思想家がこれほど活発に仏教と近代科学思想との一致を論じていなかったと考えられる。つまり、明治時代における仏教とキリスト教との間の競争や、近代化における宗教と科学の役割についての論争や宗教的要因の探求は、日本の進化論受容を理解するためにとても重要である。

進化論とイデオロギー、宗教をめぐる研究

　近代日本のイデオロギーは概ね二つの柱に基づいていた。一つは、モダニゼーション（近代化、文明開化と富国強兵）であり、もう一つは国体論（万世一系の天皇制、天皇中心主義、忠誠心、神国日本思想など）である。明治時代に近代化と富国強兵を目指した日本にとって、進歩主義としての進化論の俗流

理解は近代化する国家・社会の現実と呼応する理論であった。しかし一方で、弱肉強食的で唯物論的で無神論的な進化論は国体論と衝突した。右田裕規の『天皇制と進化論』（二〇〇九年）はこの衝突について論じ、学校教育での進化論の扱いや生物学者としての昭和天皇の新聞などのメディアでの扱いなどについて論じた。右田によれば、反進化論思想が勃発したのは日本社会が大きく揺れた一九三〇年代半ばである。国民精神文化研究所（学生の左翼化対策のために文部省が設立）で活躍した紀平正美（一八七四〜一九四九）が進化論批判の代表者だった。進化論批判の主な理由は、多くの日本の左翼思想家が社会主義又は無政府主義を正当化するために進化論を使ったためだった。それだけではなく、ダーウィンの自然選択説及び弱肉強食思想は「科学的」ではなく、西洋の個人主義に基づいたイデオロギーに他ならない、と紀平が論じた。つまり、「和」に基づいた国体論と矛盾している社会主義、無政府主義、個人主義のような思想を徹底的に根絶するためには、進化論も撲滅しなければならない、という思想だった。

こうした「衝突」が起こった一方、明治期から昭和期にかけては、宗教と進化論を「調和」させようとした思想家が多かった。近代日本の進化論の宗教的な受容を総合的（衝突及び調和も）に扱った研究が、拙著『ダーウィン、ダルマ、神—近代日本における進化論と宗教—』［Godart 2017］である。明治初期の宣教師から、仏教を近代化しようとした思想家、自然そのものを神聖と考えていた南方熊楠のような生物学者から、内村鑑三や賀川豊彦のような日本独特のキリスト教思想家まで、進化論が彼らの信仰を妨げたのではなく、むしろその信仰と宗教思想を刺激し、強化したことを論じた。大正期頃にはそれ以前の文明開化・富国強兵のような近代化と異なる宗教的なユートピア思想も強くなり、進化論からの影響も強かった。未来の進化によって、人間の進化が次の段階に入る、と考えていた思想家には、法華経信者の北一輝、石原莞爾や、キリスト教徒の賀川豊彦などがいた。例えば、革命思想家であり、法華経信者の北一輝は、未来の社会主義と世界統一の「環境」の変化によって人間の進化が急速に進み、人類が「神類」に進化し、人間と神の間の段階に達成し、「仏」と「マリア」のような理想な存在になる、と信じていた。つまり、生物学的進化が宗教的な目的をもたらす、というビジョンだった。

日本の宗教世界における進化論受容にはどのようなパターンが見えるのだろうか？　一つは、日本では自然選択説を強く唱えた生物学者・思想家もいたが、明治時代から戦後の今西錦司にいたるまで、「弱肉強食」的な自然観が強く批判され、「共存共栄」的な自然・進化観を論じた傾向が強い。もう一つは、進化説そのものを批判した人は確かに少なかったが、進化論を認めながら自然界または進化に宗教的・神的な性質を論じようとするパターンもあったことである。つまり、日本では進化論の受容はアメリカと比べると比較的難なく受け入れられたが、進化論を巡る唯物論主義及び弱肉強食な自然観は強く批判されたといえる。

進化論と科学思想の受容の研究は、日本宗教史の研究にとって極めて重要である。科学思想から直接の影響がなくても、明治以後の日本宗教はグローバル規模での「思想環境」の変化の中で位置付けなければならない。

参考文献

右田裕規　二〇〇九『天皇制と進化論』青弓社

横山利明　二〇〇五〜二〇一五『日本進化思想史』全四巻、新水社

Brooke, John Headley　1991 *Science and Religion: Some Historical Perspectives*, Cambridge University Press（J・H・ブルック、田中靖夫（訳）二〇〇五『科学と宗教—合理的自然観のパラドクス—』工作舎）

Godart, G. Clinton　2017 *Darwin, Dharma, and the Divine: Evolutionary Theory and Religion in Modern Japan*, University of Hawai'i Press

John William Draper　1874 *History of the Conflict between Religion and Science*, Henry S. King

Marwa S. Elshakry　2013 *Reading Darwin in Arabic, 1860–1950*, University of Chicago Press

千年王国思想（運動）

對馬路人

千年王国思想・運動とは

千年王国思想（millenalism）とは、近未来に神と悪魔の全面的な対決が起こり、キリストが地上に再臨して、悪の勢力を一掃し、キリストが統治する理想の世界が一千年間実現するというキリスト教から生まれた思想である。歴史学、社会学、文化人類学などでは、キリスト教的文脈から切り離して、社会が深刻な悪の力に脅かされているという強い危機感を背景に、近い将来に（時期の切迫）、何らかの超自然的な力の介入により、一気に社会の中から悪が一掃され（社会の即時的、全面的変革・転換）、この世に理想の地上天国が実現する（この世における理想社会の達成）ことを期待する思想や宗教運動に対して用いられるようになっている。このように、意味が拡張されたのは、キリスト教世界の外部においても、こうした思想やそれに基づく宗教運動が広く存在してきたという認識が広まったからである。例えば大乗仏教圏では、兜率天《とそつてん》で修行している弥勒仏が、時が満ちて人々の救済のためにこの世に下り人々を救済するとする弥勒下生《みろくげしょう》信仰が、しばしばこうした千年王国的な期待の受け皿となり、民衆宗教運動、民衆反乱運動の思想的な原動力となってきた。

こうした期待は、社会の深刻な行き詰まり感、危機感の広まりや社会の根本的な転換の兆しなどを背景に広まる。しかしそれらは必ずしも明確な思想や持続的な集団行動の形をとるわけではない。それは素朴な形では、例えば幕末期の「ええじゃないか」騒動のようなオルギー的な形で噴出する。これは神札の降下をきっかけに、「世直り」の到来を予感し、「ええじゃないか」の掛け声とともに人々が日常的な規範から解放され、熱狂的な乱舞を繰り広げた現象である。こうした行動は太平・豊饒・和合を求める民衆の世直り願望の「お祭り騒ぎ」的な解放感の非日常的な爆発、発散であり、興奮状態の鎮静化と共に終息する。

こうした期待が持続的な宗教・社会運動へと展開するためには、いくつかの条件が必要であると考えられる。一つは、社会の根本的な変革や理想社会の出現の必然性について説明するような、しかも人々に権威あるものとして受け入れられる可能性の高い預言や教説である。また二つ目に、人々をその実現を目指す行動に巻き込むカリスマ的なリーダーの存在である。彼（女）らはしばしば預言者や救世主を自認し、それに帰依する人々を集め、地上天国実現のための中核集団を形成する。更に三つ目として、決定的な破局の回避、地上天国の実現に必要な人間の側の行動プログラムの提示も、それが宗教・社会運動として展開されるには必要となるだろう。宗教的な千年王国運動においては、その成就に関して究極的には神仏のような超人間的な存在の意思や介入に委ねられるとされるが、だからと言ってただそれを受動的に待望すればよいとはみなさない。むしろ破局の回避や地上天国の実現に関し人間の側の主体的な参与や責任を強く求める。こうした人間の主体的なコミットメントを引き出すために、人間の側にどのような努力が求められるかについての行動プログラムの提示が、千年王国運動の展開には必要となる。こうしたプログラムが人々の救世的使命感を高め、しばしば運動への強いコミットメントを引き出すのである。

日本の千年王国思想・運動

日本では、農耕的世界観の伝統が根強く、農耕をめぐる季節祭において毎年行われるオルギー的な乱舞に新たなる年の豊饒を求める「世直し」への期待にそれが反映されているとされる。こうした民俗的な「世直し」観はいわば受動的になんとなく改まれば良いとする受動的な心意に基づくものであり、先に挙げた「ええじゃないか」のオルギーにも通底しているという。そこには世界の破局の切迫、メシアの出現、危機の積極的打開といった観念は希薄であるとされる［宮田 一九七五］。

しかし、近世の富士講（食行身禄《じきぎょうみろく》）や幕末維新期の金光教、天理教、黒住教といった新宗教、民衆宗教の中に神意による世の根本的な転換の意識が散見される。そしてそれは明治後期以降の大本教において千年王国思想・運動としてよりくっきりとした形をとる。

大本教の開祖の出口なお（一八三六〜一九一八）は、神からの警告の形（神諭）で、当時の社会を「我よしの世」、「強いものの勝ちの世」、「獣の世」など根本的に転倒した世界、調和を失った相克的な世界として、激しく告発、糾弾するとともに、今やそうした世界が押しこめられてきた神・「艮の金神」の再出現により根本的に「立替え」られ、「立直し」される時が切迫していると繰り返し説いた。そして神による裁きを前にして、人びとの改心を強く求めた［安丸 一九七七］。

また、その娘婿の出口王仁三郎（一八七一〜一九四八）は、「艮《うしとら》の金神《こんじん》」が記紀神話の「国常立尊《みこと》」にあたるとするなど、なおの預言を記紀神話の枠に乗せて解釈し、それを権威づけするとともに、『神霊界』といった雑誌にそれを掲載し、広く社会にその「立替え立直し」の預言のメッセージをアピールした。更に、彼は「大正維新」のスローガンのもとに、金銀為本の経済の撤廃や土地の天皇への献納と農民への再配分を主張するなど、社会体制の根本的な組み換えを主張した。こうした大本の活動は強い社会的なインパクトを与えたが、それは天皇制国家の権威への挑戦と見做され、一九二一年（大正一〇）に不敬罪などの名目で王仁三郎ら幹部は検挙された（第一次大本教事件）。

しかし王仁三郎はこうした挫折にもめげず、自らを世界の「立直し」を担う救世主と位置付け、その後自ら先頭に立って次々とそのためのプロジェクトを企画、展開する。「神軍」を率いての満蒙での行軍といった突飛な行動から、エスペラントによる世界宣教や宗教協力の働きかけ、そして民族、国家、宗教の枠を超えた同胞愛に基づく人類の親睦融和の実現を目指した人類愛善会の運動、満州事変後の愛国主義的な風潮の盛り上がりを背景に、独自な挙国更生運動を展開した昭和青年会の活動、そして皇道維新の実現を目指して在野の愛国主義団体を糾合した運動団体・昭和神聖会の立ち上げなど、わずか一〇年程度の期間の内に矢継ぎ早にさまざまな宗教的、精神的、社会的運動を立ち上げ、陣頭指揮を執った。運動の高揚は政府の徹底した弾圧により断ち切られる（一九三五年（昭和一〇）、第二次大本教事件）が、これらの目まぐるしい活動の展開は、時代状況の変化の中で精一杯世の「立直し」へ近づこうとする救世主としての模索を示すものであろう。

大正の後期から昭和の十年代にかけて、大本教だけでなく、天理研究会、松緑神道大和山《しょうろくしんとうやまとやま》、神道《しんとう》天行居《てんこうきょ》、神政龍神会など神道系の新宗教の中で千年王国思想をモチーフとする宗教運動が活発化する。

これらの運動では天皇の権威や神道神話が独特に解釈され、現状打破、危機の克服の教えとして再解釈されるという点で大本教と共通する。

終戦前後に活動を始めた北村サヨ（一九〇〇〜一九六八）の天照皇大神宮教《てんしょうこうたいじんぐうきょう》や璽光尊《じこうそん》（一九〇三〜一九八四）の璽宇《じう》では、敗戦という破局をバネに、新たな天皇理念による「世直し」が構想、追求されている。前者では、戦中までの「神州不滅」のスローガンが、「神衆不滅」と読み換えられ、日本国家（国民）中心のエスノセントリズムが相対化され、一人一人の魂のあり方が問われることになる。また、皇居の奥に封じ込まれ、民衆と苦楽を共にしない天皇のあり方が糾弾され、天照皇大神を宿す宮となった北村サヨは自ら街頭に飛び出し、人々に直接語りかける説法に明け暮れる（説法は途中から歌になり、そして踊りとなったことから「踊る宗教」と呼ばれるようになる）。更に、武器による戦争が「蛆の戦争」と否定され、これから「神の国」を開くための魂と魂の本当の戦いが始まると、「聖戦」の使命感の再定義を行った。

近代日本の仏教系の千年王国思想としては、日本とアメリカによる「世界最終戦争」により究極的世界平和が実現すると主張し、その準備として満州事変を起こした陸軍軍人の石原莞爾（一八八九〜一九四九）のそれを挙げることができる。彼は日蓮主義団体の国柱会の信者であり、彼のそうした構想や行動の背後には、「前代未聞の大闘諍」→「賢王」（＝天皇）の活躍→「一天四海皆帰妙法」（世界全体が法華経に帰依する）の実現という日蓮の預言への（国柱会的）信仰や、その成就が間近に迫っているとの、彼独自の時期算定に基づく信念があったとされる（西山 二〇一六）。

千年王国思想と言えば、キリスト教が本家であるが、近代日本のキリスト教の一部においても、千年王国の実現に先立って救世主・キリストの地上への再臨が起こるとする「前千年王国説」を踏まえた再臨信仰（再臨が間近いという信仰）の高揚が見られた。大正中期には、無教会派の内村鑑三やホーリネスの中田重治（一八七〇～一九三九）らを中心に、「再臨運動」と呼ばれるリバイバル（信仰覚醒）の盛り上がりが見られた。中田はその後も再臨の切迫感を高めるとともに、満州事変以降、日本民族の選民性を強調する独自の「日猶同祖論」（日本人とユダヤ人は先祖を共にするという説）を展開し、日本人がユダヤ人と共働し、千年王国実現のためのハルマゲドンの戦い（＝当時の世界の動乱）を乗りきると主張した［池上　二〇〇六］。

ここまで主に戦前期の千年王国思想、運動に触れたが、国内的、対外的な緊張、相克、闘争の状況への強い危機感を背景として高揚し、理念化された日本や理念化された天皇への期待といったナショナリスティックな志向が強いが、それを満たさない実際の日本社会や天皇制は克服の対象となるといった両義的な性格が窺われる。

戦後は、神国論的ナショナリズムへの反省や第三世界各地における社会主義革命の成功などを背景に、宗教的「世直し」でなく、世俗主義的でインターナショナルな志向性を持つマルクス主義が「世直し」の思想や運動の主流になった。しかし社会主義国家の行きづまりや崩壊の中で、また国内における豊かな消費社会の出現やアメリカの戦力に守られた平和の下で、それらの思想や運動も次第に退潮を余儀なくされた。そうしたなか、一九八〇年代の後半から、物質文明の崩壊の切迫と霊的文明への転換を過激に主張するオウム真理教が台頭した。しかしその千年王国運動は、地下鉄サリン事件など、ハルマゲドンの破局を自作自演する暴力的な破壊行動へと突き進んでいった。

参考文献

池上良正　二〇〇六『近代日本の民衆キリスト教―初期ホーリネスの宗教学的研究―』東北大学出版会
川村邦光　二〇一七『出口なお・王仁三郎』ミネルヴァ書房
西山茂　二〇一六『近現代日本の法華運動』春秋社
宮田登　一九七五『ミロク信仰の研究　新訂版』未來社
安丸良夫　一九七四『日本の近代化と民衆思想』青木書店
安丸良夫　一九七七『出口なお』朝日新聞社
リフトン、ロバート・J　二〇〇〇『終末と救済の幻想―オウム真理教とは何か―』岩波書店

「伝統仏教」——近世から近代への展開——

松金直美

「伝統宗学」と「近代教学」

近世から近代へかけて、「伝統仏教」がどのような系譜をもって展開したのかについて、これまで「近代仏教」を代表するものとして取り扱われてきた真宗の東本願寺教団（大谷派）を対象として再考することが本項の目的である。

近代仏教研究において、前近代から存在し近代に何らかのかたちで把持・継続あるいは再編成されてきた対象を「伝統」あるいは〈前近代的なるもの〉ととらえ、ある「伝統」が近代においていかに展開していったのかを、その性質の変容も含めて追求していく必要性が指摘されている。それはこれまで、〈近代的なるもの〉の起点や影響を探る研究に傾斜していたことに対する問題提起でもある。そして、〈近代的なるもの〉と〈前近代的なるもの〉の重層的な関係性の分析によって、「仏教の近代化」をめぐる考察の深化が目指されている［大谷 二〇一二、碧海 二〇一四］。ここでは、清沢《きよざわ》満之《まんし》（一八六三〜一九〇三）らの精神主義運動などの改革運動を到達点とする「近代仏教」に対置されるものとして語られてきた対象を「伝統仏教」とする。

「伝統仏教」「近代仏教」は、大谷派宗門内における「教学」をめぐる課題に特化した場合、「伝統宗学」「近代教学」と呼称されているものに相当する。近世における僧侶養成機関たる高倉学寮の伝統を重んじる流れを、近代に「伝統宗学」と称する場合、固定的になってしまった学系の学問であるとの批判的な評価により、「封建教学」や「訓詁註釈学」であるとして、語句の解釈を重んじて主体的な思想課題を有しないとする認識が根強い。一方で「近代教学」は、清沢満之らの精神主義運動を淵源に位置づけ、各個人が内面における信仰を確立したものとして高く評価されてきた。本項は、「伝統宗学」「近代教学」として語られてきた歴史観が構築される背景を追うことで、それらを包括する総体として「伝統仏教」を想定し、その展開をとらえる試みである。

「伝統宗学」史観

近世において、学寮講者による講義は、その〈語り〉を筆録した「講録」と称される書物として書き留められた。それは写本として、様々な地域、そして僧侶のみならず道場主や門徒へも流布していった。それによって、いわゆる「正統教学」が広く浸透した一方、僧侶が寺院のみならず在家などでも教化活動することや、俗人教化者による活動というように、教団上層の把握しきれない状況を生み出すことにもなっていった。そして教学理解が問題とされることで異安心事件も続発した。

近代になると、それらの講録が刊本として出版されていく。学寮の第五代講師である香月院深励《こうがついんじんれい》（一七四九～一八一七）の講録は、明治一〇年代以降、集中的に刊行されている。また香月院の門弟の一人で、第一〇代講師である香樹院徳龍《こうじゅいんとくりゅう》（一七七二～一八五八）の法話録も、近代に数多く刊行された。つまり近代において、商業出版として成り立つだけの需要が、近世学寮講者の講録にあったことが分かる。

また学寮講者の語録をまとめた刊本も出版されていく。このような語録本は、学寮講者の著書・講録・法話録などのなかから、近代の編者が有益であると感じた言葉を選び出して編纂したものである。このように、近代に刊行された近世学寮講者の語録には、南條文雄《なんじょうぶんゆう》（一八四九〜一九二七）や暁烏敏《あけがらすはや》（一八七七〜一九五四）といった、近代仏教学あるいは「近代教学」の担い手とされる人々が中心となって編纂されたものもみられた。それらの編纂意図からは、当該期に拠り所としていくべき言葉として評価し、その語録を残そうとする積極的意図が読み取れる。

明治期後半に、学寮講者の講録や語録が盛んに京都や東京の出版社から刊行されたのだが、大正期になると大谷派宗門の要人が主導して、近世学寮講者を顕彰していく動きが顕著となる。一九一六年（大正五）一一月から、宗門における大事業として、講録類を掲載した叢書である『真宗大系』の刊行が始まった。全三六巻と総目録一巻にわたり、一九二五年（大正一四）一月にようやく完結した。

近世における大谷派講者の講述書目を掲載した『真宗大系』の編纂者らは、近世の学事を隆盛していたととらえ、それを担った学寮講者らについても、魂を躍らせて宗意安心に向き合っていたと評価した。『真宗大系』刊行は、学寮講者の講録を必死に探索し、それをもとに良質な史料を後世に伝えようと苦心しながら取り組まれた一大事業であった。

『真宗大系』の最終刊にあたる一九二五年一月に刊行された総目録一巻に、真宗大谷大学教授であった住田智見《すみたちけん》（一八六八〜一九三八）による「大谷派先輩学系略」が掲載されている。一九〇四年（明治三七）に雑誌掲載されたものの再録で、高倉の学寮講者である先輩の業績と系譜を紹介している。そして学寮の歴史について、学事が全盛したことで学系の固執を生じ、学説が固定してしまったことを問題と受けとめつつ、執筆した一九〇四年当時もなお、近世以来の学寮における学問の系譜上にいるとの住田の認識を確認することができる。このような住田の「伝統宗学」史観は、その後も継承され補強されていく。少なくとも戦前まで、学寮以来の学系は、近代大谷派における教学の淵源にあたる重要な歴史として語られていた。

戦後になると、これまでと異なる「伝統宗学」史観がみられるようにもなっていく。代表的なものとして一九五六年（昭和三一）の宗門機関誌『真宗』四月号に掲載された宗務総長・宮谷法含による「宗門各位に告ぐ（宗門白書）」がある。混迷する「宗門の実情」を問題視し、「教学について」明治に登場した清沢満之の「偉大な業績」によって、「大谷派が徳川封建教学の桎梏から脱皮し」た、という歴史観が示されている。その後の「伝統宗学」史観に大きく影響を与えたとみられるが、戦前の「伝統宗学」史観とは異質性を感じる。

一方で「近代教学」の淵源と位置づけられる清沢満之について、宗門内における評価に変遷がみられると指摘されている。昭和初期頃から元弟子の多田鼎《ただかなえ》（一八七五～一九三七）は、清沢を伝統からの逸脱者として批判している。しかし戦後になると清沢は、前掲の「宗門白書」にもみられるように、宗門における「伝統」の起源として語られた。このように戦前までとは、評価の仕方に大きな断絶があるという。はじめは宗門における「異端」であった清沢は、宗門へ「近代」をもたらした「伝統」の起源として語られるようになっていったのだ（碧海　二〇一四）。戦前・戦後での「近代教学」に対する語られ方の変遷は、前掲した「伝統宗学」の場合と付合すると言えよう。

このような近現代における「伝統宗学」史観と類する歴史観として、辻善之助に代表される近世仏教に対する堕落史観がある。それは、明治初期の廃仏毀釈を経験した仏教教団が近代仏教として再出発するために必要な語り方として生み出され、辻は近代日本において仏教が果たすべき役割を規定するために、近世仏教の「衰微」という〈語り〉を必要とした、と指摘されている［クラウタウ 二〇一二］。

乗り越えるべき学問系譜として近世以来の「伝統宗学」に対する問題性を指摘することは、近現代に直面した宗門の課題へ取り組んでいくうえで必要とされた言説であった。ただし決して「伝統宗学」と決別したうえで、新たな教学を確立しようとした訳ではなかった。緻密な学問姿勢を継承しつつ、乗り越えるべき成果として、「近代教学」の担い手らも真摯に向き合っていたのである。これまでは二項対立的に語られることも多かったが、むしろ「近代教学」は、「伝統宗学」からの系譜の延長上に構築された歴史として、長く語られてきた。

「尾張教学」としての伝統

「近代教学」への対抗のなかで、近代に生み出されてきた概念として「尾張教学」がある。尾張における近代的宗門教育機関は、一九二一年（大正一〇）六月十三日に文部省から認可をうけて、名古屋別院境内へ設置された「私立真宗専門学校」にはじまる。同朋学園の前身にあたる。その設立は、住田智見や一柳《いちりゅう》知成《ちじょう》（一八七五〜一九三八）の尽力によるところが大きい。一柳は真宗専門学校の初代学校長に就任しており、一方の住田は学校長の職には就いていないものの、設立に果たした功績から、学祖と位置づけられている。両者とも京都の真宗大学で学び、その後に尾張の地で、真宗教学の研究に必要な内容を教え、宗門に有用な人材を養成しようと、学校を設立するに至った。

清沢満之と同郷でもある住田は、その生涯で清沢と何度か出遇い、影響を受けている。清沢の入寺した西方寺（愛知県碧南市）へは、一九〇一年（明治三四）一一月と翌年一一月の少なくとも二度、訪ねている。また一九一六年（大正五）にはじまった『真宗大系』の刊行事業には、編集顧問として、当時、真宗大谷大学教授であった住田も携わっている。その刊行会の構成メンバーには、清沢の同志であった関根仁応《せきねじんのう》（一八六八～一九四三）や月見覚了《つきみかくりょう》（一八六四～一九二三）もいる。住田は、清沢やその同志と異なる学風のように、のちに語られる場合もあるが、時に切磋琢磨し合いながらも、ともに宗学の発展に寄与し、同時代を生きた人物であった。

住田の一周忌法要後、住田の遺稿集全四巻を出版しようと刊行会が組織された。その遺稿集の校正・編集には、住田の門弟らが関わった。特に中心となったのが、のちに同朋大学五代学長も務めた寺倉襄《てらくらのぼる》（一九一二～二〇〇九）である。

住田の薫陶を受けた人物には、その他に諏訪義譲《すわぎじょう》（一九〇三～七八）もいる。一九七四年（昭和四九）に諏訪は、尾張出身者による学事などに関する論考を『尾張教学先覚伝考』と題する一書にまとめている。「尾張教学」という語句の初見とみられる。また一九九〇年（平成二）に刊行された『名古屋別院史』通史編で寺倉は、住田の登場した時代を全盛期として「尾張教学略史」を記述した。その末尾には、明治末年までに出生した尾張出身で擬講以上の故人を列記した「尾張先学一覧表」が掲載され、近世以来の「尾張教学」の系譜が語られた。

「尾張教学」大成者としての住田の学問は、近世からの「伝統宗学」を継承しつつも、近代的な書誌学・歴史学も加味して新たな宗学を構築したと評価されている。このように尾張の地で、京都とは異なる、もう一つの近代における教学の伝統が「尾張教学」の名の下に構築されていった。それは戦後に、清沢満之にはじまる「近代教学」という学問の流れが、京都を中心に意識化されていくことと同時代の動向でもあった。

以上のように、「近代仏教」をも包摂するものとして「伝統仏教」はとらえられ、その近世から近代へかけての展開は、近現代における様々な課題に向き合うことを通して、語り直され続けてきたものであった。

参考文献

大谷栄一　二〇一二『近代仏教という視座―戦争・アジア・社会主義―』ぺりかん社

オリオン・クラウタウ　二〇一二『近代日本思想としての仏教史学』法藏館

碧海寿広　二〇一四『近代仏教のなかの真宗―近角常観と求道者たち―』法藏館

教学研究所編　二〇一七「特集「近代教学」再考（上）―その淵源と変遷」『教化研究』第一六一号　真宗大谷派宗務所

真宗中心史観（近代仏教）

碧海寿広

近代仏教史における真宗

日本宗教史の一脈として、前世紀の末頃から、近代仏教に関する研究が盛んになっている。近代仏教の歴史は、真宗を中心とした視点から描かれてきた、と指摘されることがしばしばある。実際、日本近代仏教史の登場人物のうち、真宗の僧侶や関係者が占める割合はかなり多い。教団レベルでも、東西本願寺（大谷派、本願寺派）の動向に、著しく注目が集まってきた。真宗の開祖である親鸞に対する言及も、他宗派の開祖に比べると非常に多い。親鸞の言行録である『歎異抄』が、近代で最も影響力のある仏教書の一つとして扱われ、親鸞を題材とした倉田百三の戯曲『出家とその弟子』は、近代文学と仏教の関係を語る際、まずもって取り上げるべき作品とされてきた。

近代仏教史における真宗への傾斜の背景としては、単に事実として近代における真宗の役割が大きかった、という面も確実にあるだろう。一方で、真宗の持つ特質が、近代仏教の研究者たちの「仏教」観や「宗教」観ときわめて相性が良かった、という面もあったと思われる。近代仏教の「真宗中心史観」について考える際、この二つの面からその史観の問題を検討していく必要がある。

そして、この両面について同時に検討する際、西本願寺（本願寺派）の島地黙雷《しまじもくらい》（一八三八〜一九一一）と、東本願寺（大谷派）の清沢満之《きよざわまんし》（一八六三〜一九〇三）が、それぞれ重要人物として浮上する。

島地黙雷と「宗教」

島地は、日本に政教分離の理念や、近代的な「宗教」概念を持ち込んだ人物として知られる。明治の維新政府が当初、神道を国教とする政教一致国家を目指したのに対し、島地は、「宗教」とは個々人の心の問題であって、国家権力によって左右されるべき何かではない、と論じた。また、その「宗教」にあたるものは、日本には「仏教」しか存在しておらず、西洋から進出し始めたキリスト教に対抗しうる唯一の「宗教」として、彼は「仏教」をとらえた。

仏教界のみならず維新政府にも大きな影響力のあった島地の議論は、近代日本の「宗教」概念を構築していく上で、決定的な役割を果たした。そして、島地による「宗教」概念は、彼が奉じた真宗のイメージに、大きく規定されていた。彼は、西洋視察の最中に、現地でキリスト教をモデルとした「宗教」概念を学んだが、その際、現地の「宗教」概念に、キリスト教と近似したところの少なくない真宗のイメージを重ね合わせた。彼が近代日本に導入した「宗教」概念は、したがって、真宗の教義や活動のあり方とも、いわば必然的に適合的なものとなったのだ。

このように、近代日本における「宗教」概念の形成や、そこでの「仏教」の位置づけは、真宗僧侶である島地の思想と運動によって、その方向性をかなりの部分、定められていた。よって、日本の近代「仏教」史が、真宗を中心に描かれるのも、ほとんど自然な成り行きであった。近代日本における

「仏教」なるものは、そもそも島地のような真宗僧侶が中心となり定義されていたのである。

清沢満之と「信仰」

一方、清沢満之は、近代的な仏教思想の確立者の一人として知られる。日清戦争後の、近代仏教の思想が多面的に開花した時代において、内面的な「信仰」としての「仏教」というイメージを確定した。「宗教」を心の問題として扱う言説であれば、既に島地によって明示されていた。だが、ここで重要なのは、清沢が「宗教」を語るに際し、「信仰」を特権的に位置づけたという事実である。「宗教」と言えば「信仰」という連想は、今日の私たちにとっては馴染みの観念だろう。だが、清沢やその同時代の宗教者たちが活躍する時代まで、この連想は、それほど自明ではなかった。

「宗教」は「文明」の形成に役立つ、あるいは、「宗教」は「学問」とも調和的なものである、という言説こそが、明治の二〇年代頃までは盛んであった。「信仰」は、むしろ時代遅れなものと理解されていた。ところが、清沢が大活躍した明治三〇年代には、「宗教」を「信仰」として語ることが、大きなトレンドとなる。

「信仰」としての「宗教」というイメージは、清沢の影響下にあった近角常観《ちかずみじょうかん》や暁烏敏《あけがらすはや》をはじめとする真宗僧侶たちの説教や著作などによって、社会の広範囲に普及していった。さらに、同様の語り口で「宗教」を語るキリスト教界の内村鑑三らによる言説の影響力も相俟って、近代日本における「宗教」のイメージを固定化し、上記の連想を動かし難いものにする。

かくして、後世の者が「宗教」の一部としての「仏教」の歴史を記述する際、そこで「信仰」にやたらと注目が集まる習慣ができあがった。そして、「信仰」について考えていく上では、「信仰」について熱弁した清沢らの存在が大事になり、結果として、真宗の関係者に注目が集まりやすくなったのである。

すなわち、日本の近代仏教史における「真宗中心史観」は、真宗関係者がつくった「宗教」や「仏教」の枠組みを、後世の研究者たちが無意識のうちに踏襲し、その枠組みのもと、彼らが真宗を主たる研究対象として取り上げることで、次第に強固になったのである。

吉田久一と柏原祐泉

そうした後世の研究者を代表するのが、吉田久一《きゅういち》（一九一五〜二〇〇五）と柏原祐泉《かしわはらゆうせん》（一九一六〜二〇〇二）であろう。戦後における近代仏教史研究の基盤を作り上げた両者は、方や熱心な親鸞信者の母のもとで育ち、方や大谷派寺院の出身者かつ高名な真宗学者を父（柏原祐義《ゆうぎ》）に持ち、そして、どちらも清沢満之を非常に高く評価した。近代仏教の「真宗中心史観」は、まずもって彼らによって導かれたとみて間違いなさそうである。

吉田が、「精神主義」に極まる清沢の思想に、近代仏教の一つの頂点的な成果を認めていたのは、よく知られる。清沢は、資本主義や帝国主義の影響が日本社会を覆うようになった明治後期の時代状況下、そうした社会に押しつぶされそうになる人々の「内面」を、宗教的な次元から救い出すための思想を築き上げた。その思想の届く先は、都市のインテリ層や、宗派の一部の人間に限られていたという難点を認めながらも、吉田が清沢に対し強い共感の念を抱いていたのは確かである。それは吉田による清沢の評伝の記述からも明らかだ（吉田久一『清沢満之』一九六一年）。

吉田がこの評伝を執筆する際、先行する著作として特に参考にしていたのは、西村見暁《けんぎょう》の『清沢満之先生』（一九五一年）であった。同書は、清沢の弟子の暁烏敏の弟子である西村が、仏教史を「完結」させた偉人として清沢を称え、その生涯を綴った作品である。吉田の評伝においては、さすがにそこまで過剰な清沢礼賛は行われていない。しかし、清沢を仏教史上における最重要人物の一人として理解する姿勢は、吉田も共有しており、彼の近代仏教史像もまた、そうした価値観に少なからず規定されていた。

一方、柏原の描く仏教史でもまた、清沢は中心的な人物の一人として扱われている。おおむね近代を専門とした吉田とは異なり、柏原の場合、研究対象が近世と近代の双方にまたがり、また中世の親鸞についても独自の検討をしていた。その研究では、過去の歴史に「仏教の本来性」を探究することが目指されており、特に「宗教」や「信仰」の「自律性」を達成した仏教の事績を掘り起こすことが、柏原の念願であった。

そして、柏原にとって清沢は、近代における「仏教の本来性」の体現者にほかならなかった。柏原の近代仏教史研究においては、釈雲照《しゃくうんしょう》らの戒律復興運動などにも、一定の評価が与えられている。だが、それはあくまでも「近代仏教形成の前駆的性格」に過ぎず、清沢の「精神主義」が出現する以前の準備段階として位置づけられる。近代における「信仰の自律性」の確立は、清沢において初めて実現したのである、と。

以上のように、吉田も柏原も、清沢満之とその思想にこそ仏教史上の一大傑作を見て取り、そうした観点から彼らの近代仏教史を構築した。彼らが清沢を高く評価したのは、明らかに自覚的なことであった。だが、清沢を評価するなかで彼らの歴史観を型にはめていった、真宗の教義や実践と相性のよい「仏教」の枠組みや、「信仰」を過度に重視する傾向性について、彼らはおおよそ無自覚であったように思える。

近代仏教史像の再構築

本項では、近代仏教における「真宗中心史観」の背景を論じてきた。こうした歴史観の反省が、なぜ可能なのかと言えば、それは、この史観の相対化が生じているからである。

昨今の近代仏教史研究も、相変わらず真宗関係者を扱ったものが少なくない。清沢満之の研究も依然として盛んである。だが、一方で真宗とは関係のない事例を扱った研究も数多く出ており、これらは実証のレベルで「真宗中心」でない状況を作り出している。また、近代仏教の学説史に関する批判的な検討が進められてきたことで、研究者が依拠している「宗教」観や「仏教」観に対して意識的になり、ときにその観念を相対化しながら研究を行える知的環境も整ってきた。

こうした状況下で再構築される近代仏教史において、真宗はその中心的な役割を終えていくのだろうか。おそらく、そうではないと思われる。日本の近代仏教において真宗関係者が果たした中心的な役割そのものは、今後も事実として否定するのが難しいと考えられるからである。

ただし、そこでの真宗のとらえ方については、史観の転換を受けて、大きく変わっていくだろう。従来の歴史像を乗り越えながら、真宗を中心として展開した近代仏教の全体像を、どう描き直していくか。そして、近代仏教の歴史像の再編を、より広く日本宗教史像の再構築の営みへと、いかに接続していくか。古代から日本宗教史の中核にあり続けた仏教の、その近過去における変遷の過程を描き直すことは、日本宗教の歴史と現在の双方を、新たな視点から再認識する作業となるはずだ。

参考文献

オリオン・クラウタウ編　二〇一六『戦後歴史学と日本仏教』法藏館
星野靖二　二〇一二『近代日本の宗教概念―宗教者の言葉と近代―』有志舎
山口輝臣　二〇一三『島地黙雷―「政教分離」をもたらした僧侶―』吉川弘文館
山本伸裕、碧海寿広編　二〇一六『清沢満之と近代日本』法藏館
Krämer, Hans　2015 Martin. *Shimaji Mokurai and Reconception of Religion and The Secular in Modern Japan*, University of Hawai'i Press

精神主義

福島栄寿

近代仏教史研究の代表的テーマとしての「精神主義」

「精神主義」とは、明治三十年代に宗教哲学者の真宗僧清沢満之《きよざわまんし》（一八六三～一九〇三）を中心とする浩々洞《こうこうどう》同人たちが機関誌『精神界』で提唱した、「宗教的信念をモットーとする」「実際的な処世法」［安冨　二〇一二］を表現した言葉であり、近代仏教史研究では、清沢研究を象徴する言葉ともなっている。『精神界』創刊号の巻頭論文「精神主義」の冒頭には、「吾人《ごじん》の世にあるや、必ず一の完全なる立脚地なかるへからす。……吾人は如何にして処世の完全なる立脚地を獲得すべきや、蓋《けだ》し絶対無限者によるの外ある能《あた》はさるべし。……此の如き立脚地を得たる精神の発達する条路、之を名《なづ》けて精神主義と云ふ。」と、そのモットーが述べられている。自己は、絶対無限者（如来）に自己の処世の立脚地を求め、またその掌中にあるという内省を通して、万物一体の信念にすすみ、自我中心的な自力主義・競争主義を捨て、協同和合の生き方に導かれるというのである［安冨　二〇一二］。ただ、その第一義は十分の満足を「自家の精神内に充足を求むるもの」（「精神主義」）というものであったから、その内省的態度に対して、「羸弱《るいじゃく》思想《しそう》」（『新仏教』）という批判もなされた。こうした「精神主義」を巡る論争は、平行線のまま大正期を迎え、金子大栄（一八八一～一九七六）や曽我量深《そがりょうじん》（一八七五～一九七一）等、浩々洞の流れを汲む真宗教学者たちに、その精神は受け継がれていく。

さて、初めて近代仏教史を本格的に概観した研究は、一九二一年（大正一〇）に『解放』に発表された島地大等の「明治宗教史」と言ってよいが、そのなかで島地が「自我覚醒に立脚し、その真実相を開顕せんと努力した」と、高く評価したのが、清沢満之と日蓮主義を唱えた高山樗牛であった。そして昭和に入り、国民精神総動員運動の下、戦争遂行する国家体制のなかで、仏教教団はもちろん、浩々洞の流れを汲む真宗教学者もまた、戦時説教を行うなどして、戦争に協力していったのである。

以上のラフスケッチを見てもわかるように、「精神主義」は、明治以降から昭和期の近代仏教史を描くには必須テーマであり、「精神主義」への研究関心は高く、近代仏教史研究上その研究蓄積は最たるものである。「精神主義」を主唱した清沢の人となりや思想への内在的理解に基づく研究の他、「精神主義」思想の宗教学・哲学・真宗教学などの諸分野からの研究に加え、言説分析研究など様々な関心から取り組まれてきたのである。また「精神主義」や清沢満之への関心そのものをメタレベルで歴史化し、検証する研究もなされてきた［福島 二〇一六］。その意味では、「精神主義」研究の歴史を知ることは、近代仏教史研究の研究史を知ることに通じているのみならず、その研究の蓄積は、バラエティーに富んだ人文学の研究方法のオンパレードであると言っても過言ではない。

仏教近代化論というナラティブと「精神主義」

本格的な近代仏教史研究は、戦後に始まった。特に、戦後の日本思想史研究を牽引した丸山真男《まるやままさお》

（一九一四～一九九六）が、戦前のファシズムを批判し、近代化を志向しながら日本思想の可能性を探ろうとしたように、戦後の近代仏教史研究は、戦前の仏教への反省を梃子に、その可能性を探るところから出発した。端的に言えば、仏教教団や仏教者は、戦前の天皇制下の宗教体制に従属したゆえに、戦後は明治以降の仏教を再評価し、その可能性の芽を探るという関心から研究がなされたのである。

その具体的端緒は、近代仏教史研究の巨人の一人柏原祐泉（一九一六～二〇〇二）が、一九四六年（昭和二六）に、「近代仏教の思想的系譜」（『仏教史学』）で「近代仏教」の指標を提示したことにあると言ってよい。柏原はそのなかで、近代仏教史について、明治維新期の近代科学を志向する仏教の胎動期から明治一〇年代から二〇年代の哲学仏教の形成期を経て、明治三〇年代の清沢満之、姉崎正治《あねざきまさはる》、高山樗牛に至り、「日本仏教は始めて近代に自らによつて安立することを得たのであり、換言すれば近代化を全うし得た」と主張した。清沢満之等を頂点とする仏教近代化論のナラティブとしての近代仏教史の原型が、ここに示されたのである。さらに近代仏教史研究のもう一人の巨人吉田久一（一九一五～二〇〇五）もまた、「清沢満之には前後三回に達する『全集』の編纂があるのは、清沢を待って初めて仏教が近代的信仰の確立となったからであろう」（「仏教史」『明治維新史研究講座』四巻　一九五八年）と評価したように、清沢を頂点とする仏教近代化論のナラティブは、吉田にも共有され、その影響力は長く及ぶことになるのである。事実、柏原が、自らの近代仏教史の枠組みに基づいて『日本仏教史　近代』を著したのは一九九〇年であったから、その仏教近代化論のナラティブは、戦後、相当の期間、近代仏教史の自明な大きな物語として、学界に共有されていくのである。

仏教近代化論の揺らぎと「精神主義」

一九九〇年、東西ドイツが統一し、翌年ソビエト連邦が解体した。社会主義諸国の解体は、時代の転換点を象徴する出来事であった。一方、日本の歴史学界では、一九八〇年代のバブル期に流行したポスト構造主義の影響のもと、国民国家論、ポストコロニアル論、ジェンダー論が急速に歴史認識の方法として注目されはじめていた［安田 二〇〇〇］。この時代の転換点にあって、日本思想史研究の方法の問い直し作業を実践したのが、子安宣邦であった［子安 一九九五〜一九九九］。子安は、丸山以降の日本思想史研究のパラダイムを問い直したのであった。手前味噌だが、そうした研究動向に示唆を得て、「精神主義」研究の方法に関する自覚的な問い直しを試みたのが、福島［福島 一九九五］である。そして近代仏教史研究でも、末木文美士が『思想』九四三号（二〇〇二年）に「特集 近代／仏教／アジア」を編み、さらに『近代日本の思想・再考Ⅰ』（二〇〇四年）を著し、その「序章 近代思想を見直す―明治の思想と仏教―」で、丸山を筆頭として取り組まれてきた政治思想中心の近代思想史においては仏教が無視されてきたと批判し、仏教を切り口に見直すことを提唱したのである。

末木の研究は、若干の近代仏教史研究者を勇気づけた。第一九回国際宗教学宗教史会議世界大会（二〇〇五年）のパネル「一九世紀日本における仏教と近代性」（岡田正彦・谷川穣他）で、福島は、「満之の信念獲得の物語」が、「仏教近代化論」のナラティブとして援用されていることを指摘し、「近代仏教史研究が、こうした清沢満之のナラティブから解き放たれる必要に迫られている」ことを強調した。これは戦後の近代仏教史研究に大きな影響力を与え続け、共有されてきた仏教近代化論のパラダイムの正体を、いわば「清沢中心史観」として客観化し、その呪縛からの解放の必要を、学界のタブーを破って主張したものであった。

この時期を境に、近代仏教史研究の意識的な脱構築が、積極的に試みられていく。大谷栄一は、学問の領域横断的なアプローチによる近代仏教研究の刷新を提唱し、林淳と共に『季刊日本思想史』第七五号に「特集　近代仏教」（二〇〇九年）を編んだ。日本思想史研究の論壇である同誌に「近代仏教」が特集されたことは、日本思想史研究の分野の一つとして「近代仏教」が市民権を獲得したことを意味したであろう。このように、「精神主義」は、近代仏教史研究を牽引してきたトピックであり、それゆえに、近代仏教史研究の方法やパラダイムの変遷と密接に関わってきたのである。

「精神主義」研究の現在

二〇〇二～三年にかけて、岩波書店から『清沢満之全集』（全九巻）が刊行され、清沢満之は、宗門内外から多様な研究関心を寄せられていく。山本伸裕は『「精神主義」は誰の思想か』（二〇一一年）で、思想解釈の前提となるテキストの成文段階に着目する必要を提唱し、『精神界』に掲載された「清沢満之」名の文章には、弟子たちが成文に関わったものが含まれることを指摘した。「精神主義」研究は、清沢だけではなく、編集に関わった彼の弟子たちの動きをも視野に入れる必要が認識されるようになったのである。二〇一六年には、森岡清美『真宗大谷派の革新運動』が、清沢とともに教界時言社のメンバーであった井上豊忠《いのうえぶんちゅう》（一八六三～一九二三）の日誌・遺文を用いて、井上の視点から教団革新運動を再構成し、清沢を中心に描かれてきた運動像に大幅な見直しを迫った。また同書では、従来、清沢筆として扱われてきた『教界時言』の無記名論説について、井上筆の可能性が指摘され、『教界時言』にもテキストの成文段階の問題が浮上している。さらには、士族出身の清沢の素養であった儒学思想を視座として「精神主義」を読み直すという新たな研究の試みも、子安宣邦『歎異抄の近代』（二〇一四年）・脇崇晴『清沢満之の浄土思想――「他力門哲学」を基軸として――』（二〇一七年）によって始まっている。このように、「精神主義」研究は、現在進行形で近代仏教史研究の領域のみに収まらないような、新たな展開を見せているのである。

おわりに

「精神主義」研究の蓄積には、近代仏教史研究のみならず戦後思想史の変遷と葛藤の跡が刻まれている。さらに、学界に加えて仏教教団からも注目されながら、多くの研究蓄積が生み出されることで、いわば鍛えられてきたテーマが「精神主義」研究であると言ってもいいだろう。新たな研究によって、立ち止まらず、更新されることを止めない「精神主義」研究は、近代仏教史研究をこれからも牽引するテーマであり続けるであろう。

参考文献

子安宣邦編　一九九五〜一九九九『江戸の思想』全一〇巻　ぺりかん社
福島栄寿　一九九五「思想史の方法についての覚書――清沢満之批判論をめぐって――」『大谷大学大学院研究紀要』第一〇号
福島栄寿　二〇一六「甦る清沢満之」山本伸裕・碧海寿広編『清沢満之と近代日本』法藏館

――安冨信哉　二〇一二「解説」『清沢満之集』岩波文庫
安田常雄　二〇〇〇「方法についての断章――序にかえて――」『戦後歴史学再考』青木書店

京都学派と親鸞思想

名和達宣

『教行信証』の近代

日本仏教の宗祖のなかで、親鸞（一一七三～一二六二）ほどに、その思想が教団の枠を越えて伝播している人物はいないだろう。「日本の近代思想史には「親鸞問題」がある」と喝破したのは子安宣邦であるが、近代日本の多くの知識人たちが、自らの宗教問題に直面した時、その問いを親鸞に向かって投げかけ、親鸞を介して深めてきた（子安 二〇一四）。

西田幾多郎（一八七〇～一九四五）、田辺元（一八八五～一九六二）をはじめとする京都学派の哲学者たちもまた、この「親鸞問題」に衝突した代表例である。ただし、子安の著書名『歎異抄の近代』に象徴されるように、従来、近代日本における親鸞思想の受容と展開が追跡される際、焦点が当てられてきたのはもっぱら『歎異抄』であった。

『歎異抄』とは、親鸞の弟子・唯円によって編まれた語録であるが、西田や田辺が積極的に受容したのは、親鸞の主著『教行信証』（正式名『顕浄土真実教行証文類』）である。それゆえ、京都学派における親鸞思想の受容と展開を探究することは、単に本人たちの思想を解明するにとどまらず、いまだ地中に埋もれている「『教行信証』の近代」を掘り起こすための重要な手がかりとなるだろう。

そもそも、近代日本に親鸞思想が広まる転機となったのは、一九一一年に迎えた親鸞六百五十回御《ご》遠忌《えんき》であり、特に大きな貢献を果たしたのは真宗大谷派（東本願寺）である。この御遠忌の記念出版として、暁烏敏《あけがらすはや》『歎異抄講話』が刊行された。出版元は無我山房。大谷派の僧侶で、明治期を代表する哲学者でもあった清沢満之（一八六三〜一九〇三）を中心に結ばれた私塾・浩々洞《こうこうどう》の出版社である。この書の影響下から、倉田百三『出家とその弟子』（一九一七年）などの作品が派生し、やがては爆発的な親鸞ブームへと進展したことはよく知られるところである。

しかしこの時、御遠忌記念として無我山房から刊行されたのは、『歎異抄講話』だけではなかった。他にも佐々木月樵『親鸞聖人伝』や『真宗聖典』（浩々洞編）なども出されており、いずれも一般大衆に親鸞の思想や生涯を簡明に伝えることを目的としたものである。この無我山房による出版ムーブメントは、御遠忌の翌年以降も継続され、そのなかから柏原祐義『浄土三部経講義』（一九一二年）や、山辺習学・赤沼智善『教行信証講義』（全三巻、一九一三〜一九一六年、以下『講義』）といった解説書が世に出されている。

このうち『講義』は、近世以前はひたすら仰ぐべき聖典として扱われていた『教行信証』を、各人の内面的信仰をもって読むべきことを明示した画期的な書である。それ以降の『教行信証』研究の礎にもなっており、初版の刊行より百年以上を過ぎた現代もなお読み継がれている。そして教団内の研究者のみならず、京都学派から生まれた真宗論の多くがこの書に依拠しており、言わば「『教行信証』の近代」を開く鍵となった。以下、京都学派の二大巨頭たる西田と田辺を中心にたずねていきたい。

最後の西田幾多郎

京都学派の元祖・西田幾多郎は、石川県の真宗門徒の家に生まれ育ったが、青年時代には熱烈な打坐参禅に励んだ。そのイメージが強いためか――はたまた弟子筋に禅を立場とする人物が多いためか――、後世に宗教との関係について論じられる際には、禅思想に重点が置かれることが多かった。しかし、坐禅に励んでいた時代も、明治の哲学界で最も尊敬すべき人物として清沢の名前を掲げたと伝わるほか、当時の日記や書簡を見れば、浩々洞の暁烏・佐々木をはじめとする真宗僧侶たちとの間で交流を重ねていたことがわかる。また、一九一一年の親鸞六百五十回忌の折には、大谷学士会発行の『宗祖観』に「愚禿親鸞」と題した随想を寄稿するとともに、同年刊行の代表作『善の研究』においても、いくつか『歎異抄』の引用を確認することができる。

ただし、『教行信証』をめぐっては、論文中に目立った引用がないために、直接的には読んでいないと見なされるのが大勢であった。ところが、西田は最晩年、同郷の親友・鈴木大拙（一八七〇～一九六六）の『浄土系思想論』（一九四二年）を通じて『講義』の存在を知り、この書を手引きとして『教行信証』の思索世界をたずねている。西田が晩年の執筆活動に取り組んだ鎌倉の別邸（通称「寸心荘」、現在は学習院が管理）には、『聖典 浄土真宗』（明治書院、島地大等編）が所蔵されており、そこには『講義』の解説をもとに記した多数のメモ（図1参照）が残されている（名和 二〇一九）。そして、そのような思索を経由して、太平洋戦争の敗戦間近に「浄土真宗の世界観といふものを書いて見たい」（弟子宛の書簡）と思案するなかから著されたのが、最後の完成論文「場所的論理と宗教的世界

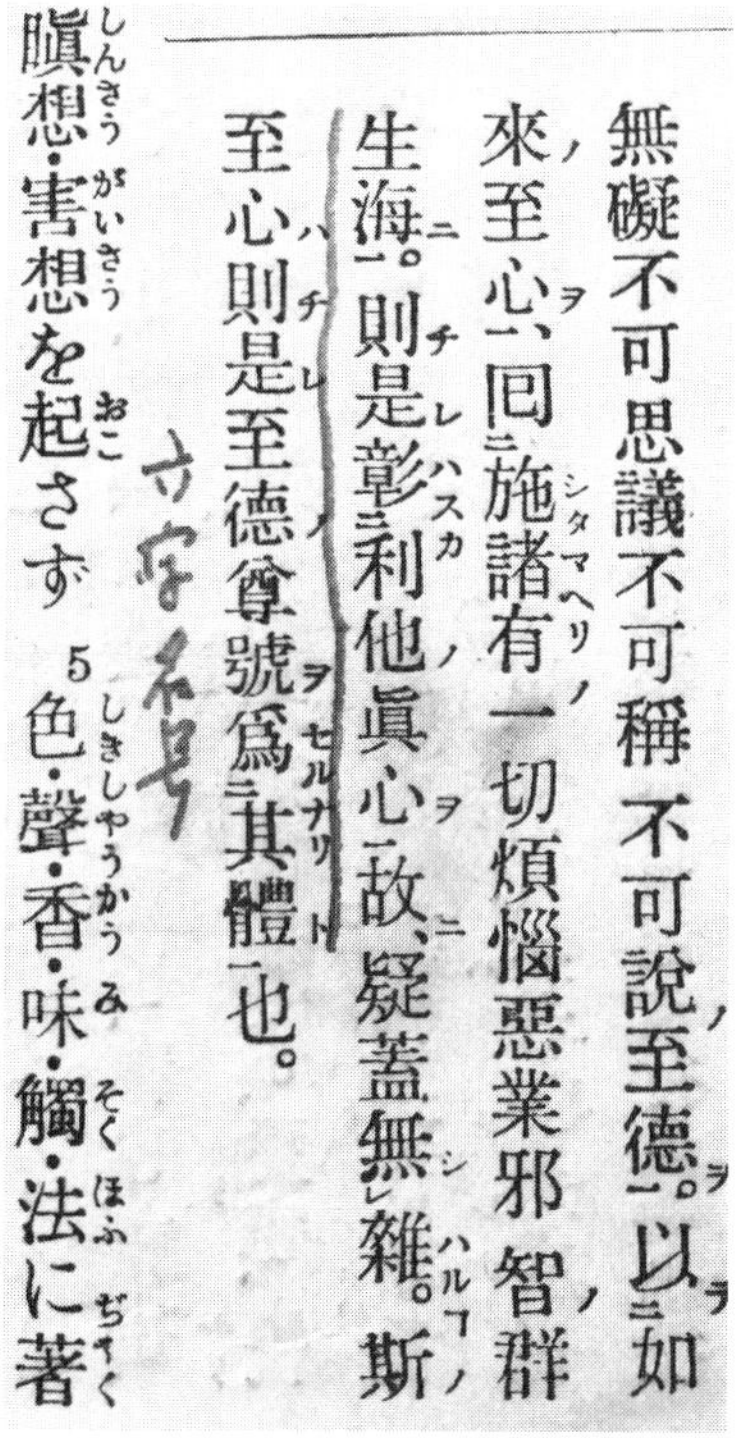
無礙不可思議不可稱不可說至德。以如
來至心回施諸有一切煩惱惡業邪智群
生海。則是彰利他眞心故疑蓋無雜。斯
至心則是至德尊號爲其體也。
瞋想《しんさう》・害想《がいさう》を起《おこ》さず　5　色《しき》・聲《しやう》・香《かう》・味《み》・觸《そく》・法《ほふ》に著《ぢやく》

図１　西田が『教行信証』に記したメモ（筆者撮影）

観」（一九四五年）である。この論文の中心概念である「逆対応」は、親鸞思想との共鳴を通じて生み出されたものであり、罪悪深重なる人間にまで下りてくる絶対者の自己否定を強調しつつ、最終的には名号や悲願といった真宗の根本的な教義に帰着している。

田辺元の「懺悔道」

田辺元の場合は、西田に比して、より直接的に『教行信証』を論じている。田辺は戦時下での行き詰まりと絶望、すなわち現実の国家をそのまま肯定するような論と自己自身との分裂・矛盾によって挫折し、一九四一年秋から数年間、筆を断って沈黙する。その田辺が、沈黙を破り、挫折の告白とともに語り出した新生の哲学が「懺悔道」である。一九四四年に行われた京都大学での講義や公開講演で話されていた視座が、戦後になって『懺悔道としての哲学』（一九四六年）としてまとめ直された。

この書で田辺は、徹底的に否定された自己が、「他力の行」たる懺悔によって転換復活させられると述べ、親鸞の『教行信証』を指標に自らの哲学を再構築していく。加えて注目すべきは、田辺は『教行信証』を読解するに当たり、もちろん山辺・赤沼の『講義』を参照してはいるが、それよりも多大な啓発を受けたのは、浩々洞の門下で近代真宗教学を代表する人物である曽我量深（一八七五～一九七一）であったと明言している点である。同書の本論では、曽我の解釈を手引きとしつつも、『教行信証』「化身土巻」の「三願転入」や、真宗教学の中枢概念である「還相回向」について独自の論を展開させている。また後年、田辺は曽我の『神を開く』（一九五八年）出版に寄せた随想のなかで、若き日に曽我の論集『救済と自証』（一九二二年）を読んで大きな感激を覚えたことや、それ以来、出された著書をほとんど余すことなく読んできたことなどを述懐している（田辺に曽我の書を紹介したのは西谷啓治）。現に、群馬大学附属図書館蔵の「田辺文庫」には、曽我の著書が群を抜いて多数収められている。ただし、最後の仕事として「浄土真宗の世界観」を論じた西田に対し、田辺はその後、キリスト教や禅思想の方へと志向を移している。

京都学派の可能性

最後に、京都学派における親鸞思想の受容と展開を研究することのさらなる意義と可能性を提示したい。

西田と田辺は、生前より互いの論を批判し合い、それによって京都学派の思想は学問として発展し、現代にまでその波紋を広げている。親鸞思想をめぐっても、西田は田辺の「懺悔道」の講義内容を弟子の務台理作（一八九〇〜一九七四）から伝え聞き、それに対して強い反感を示している。両者ともに、親鸞における罪悪観や懺悔、名号の視座に共鳴を示しつつ、独自の論を展開させているが、そのような親鸞思想の基本的な概念や、『教行信証』をいかに読んだかといった視点を通して、二人の立場の相違を確かめることができるだろう。

それに加え、両者とも敗戦間近の時期に、初めて本格的に親鸞を論じるに至ったという共通の時代背景や課題意識も看過できない。つまり「親鸞問題」と衝突したのは戦時下という危機的状況においてであり、それは一九四五年三月の検挙・獄死直前まで親鸞思想に関する断想（遺稿「親鸞」）を書き続けた三木清（一八九七〜一九四五）、あるいはその三木や田辺にも影響を与えた『教行信証の哲学』（一九四一年）の著者・武内義範（一九一三〜二〇〇二）といった弟子世代にも共通する。また、三木・武内の場合は（他に務台理作なども）、ともに一高時代に真宗僧侶の近角常観（一八七〇〜一九四一）の講話を聞いたという原体験が重要な要因となっている［岩田 二〇一四］。

そしてこの研究は、上記のような豊かな思想史の発掘に資するとともに、近年、真宗の近代教学に対して投げかけられている種々の批判を検証するための糸口にもなると考える。例えば、小谷信千代は、近代になって新たに生まれた教学上の解釈に対し、時には京都学派の思想の影響を指摘しながらその問題性を指摘している［小谷 二〇一五、二〇一七］。また、中島岳志は、親鸞思想には全体主義的な日本主義と結びつきやすい危険性があると問題提起しているが［中島 二〇一七］、そこで挙げられている事例のほとんどが、「『歎異抄』の近代」の範疇にとどまるように映るため、今後この課題は、京都学派をはじめとする「『教行信証』の近代」へと射程を広げていく必要があるだろう。

参考文献

岩田文昭 二〇一四『近代仏教と青年―近角常観とその時代―』岩波書店
小谷信千代 二〇一五『真宗の往生論―親鸞は「現世往生」を説いたか―』法蔵館
小谷信千代 二〇一七『親鸞の還相回向論』法蔵館
子安宣邦 二〇一四『歎異抄の近代』白澤社
中島岳志 二〇一七『親鸞と日本主義』新潮社
名和達宣 二〇一五「西田幾多郎と『教行信証』―最後の完成論文「場所的論理と宗教的世界観」執筆の背景―」『現代と親鸞』第三一号、親鸞仏教センター

日蓮主義

ユリア・ブレニナ

日蓮主義の流行とその終局

明治時代後期から大正時代にかけて、「日蓮主義」という言葉が一世を風靡し、全国各地で日蓮主義研究のサークルが結成された。知識人をはじめ多くの人々が日蓮主義の講演会に足を運び、熱心に日蓮を研究した〔大谷 二〇〇二〕。その社会的な広まりの下地を作ったのが、人気の文芸評論家だった高山樗牛《たかやまちょぎゅう》（一八七一〜一九〇二）と彼の親友で東京帝国大学教授を務めた日本の宗教学の創始者である姉崎正治《あねさきまさはる》（一八七三〜一九四九）である〔大谷・吉永・近藤編 二〇一六〕。また、作家の宮沢賢治（一八九六〜一九三三）や軍人の石原莞爾《いしわらかんじ》（一八八九〜一九四九）も強く日蓮主義の影響を受けている。

こうした日蓮信奉者が次々と現れた背景には、ある人物の絶え間ない布教活動がある。伝統的な日蓮の教えを近代的に再解釈し、独自にあみなおしたその思想体系を「日蓮主義」と命名した田中智学（一八六一〜一九三九）である。智学は、一八六一年に江戸日本橋に、熱心な法華信者の家に三男として生まれた（本名は巴之助《とものすけ》）。幼いころに相次いで両親を亡くし、一〇歳の時に日蓮宗寺院の妙覚寺で得度した。しばらく宗門の教育機関で学んだが、次第にその教育に不満を覚え、ついに一九歳で還俗《げんぞく》。

以後、一八八〇年創設の蓮華会という日蓮仏教の研究会にはじまり、立正安国会《りっしょうあんこくかい》（一八八四年）、国柱会《ちゅうかい》（一九一四年）とその名称を変えながら、在家信者を担い手とする在家仏教教団の活動を通して日蓮主義の普及に取り組んだ。

また、智学とならんで日蓮主義の普及に力を発揮したもう一人の人物がいる。日蓮を信奉する知識人たちのネットワークを作り上げた本多日生《ほんだにっしょう》（一八六七〜一九三一）である。在家主義を貫いた智学と違って、日生は日蓮宗門内において顕本法華宗《けんぽんほっけしゅう》の管長の立場で日蓮主義の教化活動を推し進めた。日生は、一八六七年に姫路藩士の熱心な日蓮信者の家に生まれ、幼いころから宗門の教育を受け、小学校卒業後、得度した。その後、一九歳の時に東京に出て井上円了（一八五八〜一九一九）によって創設されたばかりの哲学館（現在の東洋大学）に入学し、西洋哲学や心理学などの新しい学問を学んだ。以後、こうした教育を生かし、東京を拠点として活動し、とくに一九〇九年に結成した天晴会《てんせいかい》では、僧侶以外にも各界の人々が集まり、日蓮の人格と主義を研究した。そして、その会員は日蓮主義の考え方を世間に広めていった。

しかし、一九一〇〜二〇年代初頭の日本社会で流行していた日蓮主義は、やがて日本の敗戦という厳しい現実と運命を共にし、表舞台から姿を消していく。それは、提唱された当初は日蓮仏教の近代的な捉え直しをめざした日蓮主義だったとはいえ、日露戦争と大逆事件を契機として天皇の権威を軸とした国体神話と交渉しながら次第に宗教的なナショナリズムの主張を強めていき、昭和期の超国家主義の動向と結びついたからである。こうして戦後の研究においては、石原莞爾や北一輝（一八八三〜一九三七）、井上日召（一八八六〜一九六七）など多くの軍人や右翼活動家を感化した日蓮主義が戦争責任やファシズムへの加担、ナショナリズムとの関係といった観点から取り上げられることになる。

確かに日蓮主義者の中で革命やテロ、軍事的陰謀などによって社会を根本的に改造し、理想的な世界を自らの手で構築することができるという確信を持つ強烈な「設計主義者」がいたのは事実であるが、同時期に親鸞の思想も国家主義や日本主義に取り込まれ、国体を正当化する理論として右翼や国粋主義者に使われたことも最新の研究によって明らかとなってきている［中島 二〇一七］。また、禅仏教も戦争推進の大きな勢力として機能したことも指摘されている［ヴィクトリア 二〇〇一］。つまり、近代日本におけるこうした仏教とナショナリズムとの結託は、日蓮主義者に限らず、当時の仏教者らのいわば当たり前の思想と行動のパターンの一つである［大谷・吉永・近藤編 二〇一六］。むしろ、国家主義の論理を可能にしたそれぞれの仏教思想の再解釈にその独自性と特徴があることを考慮した上で、その思想の意義を見極めることが重要であろう。例えば、日蓮主義の場合は、どういったところが多くの人々を魅了し、知識人などの共鳴者を得たのか、そして、いかなる考えや主張が日蓮主義の思想的な基盤となったのかなどの観点から十分に検討されているとは言えない。近代における仏教思想の展開という文脈を置いて、まずその提唱者である田中智学の思想の問い直しが求められている。

智学の日蓮主義の思想的基盤と特徴

「日蓮主義」は一九〇一年に智学によって造語された言葉である。その後、流行語となって多義的に使われるようになる。当時は、福地源一郎（一八四一～一九〇六）による英語の principle の翻訳語として「主義」が定着を見た。また、特定の教義・制度・体制・態度、つまり -ism の訳語としても用いられるようになり、すでに日本主義、国家主義、社会主義という何々主義などの語が流行しつつあった〔市之瀬 二〇一三〕。そこで、日蓮とその教えを宗門の中に閉じ込めるべきではないと考えた智学は、社会生活の上に広く活動する原理として日蓮主義を提唱した。

実は、智学がこれを造語するにあたって、当時ウィリアム・シェイクスピアなどの翻訳家として活躍していた坪内逍遥《つぼうちしょうよう》（一八五九〜一九三五）に手紙で「イズム」について英語の専門家としての考えを問うている。それに対し、坪内は「イズム」の語義が「特質」より来ているものではなかろうかと答えている。この「特質」という意味が智学にとって非常に重要であった。なぜならば、当時の仏教界においては、一宗派に偏らず仏教全般に共通する教理を模索する、いわゆる「通仏教」的な動きがあったが、智学はこれに対して日蓮仏教の特殊性を強調する戦略を取ったからである。近代においては、仏教の「一般化」よりも、末法《まっぽう》に合った「特殊なる教義」の日蓮仏教こそが必要であると主張し、その主張の根幹をなしたのが末法思想の独自の解釈である。

末法思想とは、中国から伝わった仏教史観であり、そこでは、釈迦の滅後二千年を経ると、その教えだけが残り、正しい修行も行われず悟りを得る者がいなくなる末法の時代に入るといわれる。この仏教史観からすれば、一切の生きとし生けるもの（衆生《しゅじょう》）の歴史は進化というよりもむしろ退化と捉えられることになる。日本では、一〇五二年が末法の第一年であると信じられ、末法を乗り越える方策が法然や親鸞、日蓮などによって提唱された。そのなかで日蓮の立場は末法という混乱した時代にあっても釈尊の慈悲によって救われるべきであり、それが『法華経《ほけきょう》』の教えによってのみ可能であるとした。

さて、一万年続くとされる末法史観から見れば、日蓮主義が創唱された明治時代もまぎれもなく末法の時代である。智学は近代が末法の時代であると見て、まずは、在家仏教の理論化を図る。「仏教夫婦論」（一八八七年）と「仏教僧侶肉妻論」（一八八九年）を発表し、そこで仏教における肉食妻帯を肯定し、在家の信者こそが現在の僧侶であると強調する。そして、末法の時代においては戒律が効力を失うので、信仰こそが末法時代の戒律であると捉える。また、葬式のみを行う伝統仏教のあり方、いわゆる「葬式仏教」に対して、仏教風の幼児洗礼式や仏前結婚式を作り出し、仏教は死人ではなく、生きた人を相手にすべきだと批判し、生に根ざした日蓮仏教の一般社会での適用をめざすことになる。こうして独自の在家仏教論が社会志向的な日蓮主義の土台となっている。

また、『本化《ほんげ》摂折論《しょうしゃくろん》』（一九〇二年）と『本化《ほんげ》妙宗式目講義録《みょうしゅうしきもくこうぎろく》』（一九〇四年～一九一三年、後に『日蓮主義教学大観』と改題）においては、日蓮の出現および立教から始めて末法の時代を三期にわけ、教法の発達史という新しい解釈を生み出し、独自の進化的（進歩的）で肯定的な末法史観を示す。つまり、末法の時代は、日蓮在世の「建立時代」から日蓮滅後の「広布時代」を経て、最期の「統一時代」へ進み、世界統一が実現され、理想的な世界が達成されると説いたのである。そこで世界統一という重要な役割を担うのは日蓮が出現した国、すなわち日本である。日本中心の世界統一の構想において、末法・日蓮・日本という三つの要素が思想の基盤となり、やがては日本国体（日本天皇）と結びつく。このようにして日本を強烈に意識した国家主義的性格をもつ日蓮主義が提唱されるのである。

ともあれ、末法・日蓮・日本を結びつけた智学の日蓮主義の国家主義的性格がこれまでの研究において考察されるなか、ある重要な思想的な特徴が十分に注目されてこなかった。すなわち、日蓮の位置づけである。末法の時代は釈迦の教えだけが残り、誰が衆生の心に成仏の種を下すか、いわゆる「末法下種《まっぽうげしゅ》」の問題が起きるが、智学はそれが日蓮の役目であるとする。日蓮こそが末法の時代における唯一の救済者であるということになる。しかし、釈迦と同様に日蓮もすでに滅しているので、「末法下種」が不可能ではないかという疑問に対して、智学は日蓮が一三世紀に生きた一人の僧侶ではなく、宇宙生命を貫く「霊」であり、人間を含めて一切のものの根底にある原理であるという考えを打ち出す。日蓮自体がすべての「主義《プリンシプル》」になるので、まさしく「日蓮主義」という言葉でしか表せない思想である。こういった智学の宇宙観や生命観は、例えば、後に大正時代に流行した生命主義を考察する上で示唆的であるだけでなく、国柱会の信行員であった一人、宮沢賢治の霊的宇宙観や石原莞爾などの「霊的日蓮主義」を捉える上で一つの手がかりとなる。智学の日蓮主義はまさに末法の救済者としての日蓮を、すべての原理にまでその意味（意義）を拡げるところにその特徴があるが、宗教がどのように社会や政治、そして国家と関わろうとしてきたかという文脈の中だけで日蓮主義を語る場合は、こうした特徴が見えにくい。日蓮主義に限らず、近代日本のあらゆる宗教思想に関しても、それぞれを特徴づける思想的基盤の考察と捉え直しを視野に入れた今後の研究が待たれる。

参考文献

市之瀬敦　二〇一三「主義」石塚正英・柴田隆行監修『哲学・思想翻訳語事典』論創社

大谷栄一　二〇〇一『近代日本の日蓮主義運動』法藏館

大谷栄一・吉永進一・近藤俊太郎編　二〇一六『近代仏教スタディーズ―仏教からみたもうひとつの近代―』法藏館

中島岳志　二〇一七『親鸞と日本主義』新潮社
ヴィクトリア、ブライアン（エイミー・ツジモト訳）　二〇〇一『禅と戦争―禅仏教は戦争に協力したか―』、光文社、原著一九九七年

マルクス主義と反宗教運動

近藤俊太郎

宗教＝阿片論

マルクス主義の宗教論といえば、とにかく宗教＝阿片論が有名である。宗教について、阿片だから廃絶せよ、とだけカール・マルクス（Karl Marx, 1818–1883）が主張したわけではないのだが、宗教＝阿片論が日本のマルクス主義者にとって宗教に向き合う際の指針の一つとなっていたことは確かであろう。

とはいえ、マルクス主義と宗教との関係は、実際にはもう少し複雑で、多様な側面にかかわり、日本の宗教史および宗教史研究に様々な形で影を落としてきた。ここでは、日本宗教史にマルクス主義の衝撃が到来する一九三〇年代以降の諸局面を取り上げ、その関係について考えてみよう。

宗教批判の輸入

一九一〇年（明治四三）の大逆事件後、「冬の時代」に突入していた社会主義は、大正デモクラシーとロシア革命の影響によって、徐々に勢いを取り戻していった。特にロシア革命は、日本におけるマルクス＝レーニン主義の積極的受容の契機となった点で重要である。マルクス主義者は、ロシア革命を資本主義に対する決定的な突破口の発見として認識し、それを防御しながら日本において革命を遂行する方途を模索していった。

一九二〇年代後半になると、マルクス＝レーニン主義に立った宗教批判理論の輸入が本格化した。その先頭に立ったのが佐野学（一八九二～一九五三）である。佐野は、宗教批判の著作を矢継ぎ早に刊行し、マルクス主義が宗教をどう捉えるのかを次のように定式化した。宗教は、現実の苦痛や不平を観念的に解消することで階級闘争を抑圧する社会的機能を持つため、支配階級の要具にほかならない、と。

佐野の宗教論は、宗教＝阿片論を軸に構築されたもので、宗教を制度として捉える点に特徴を持っていた。佐野の宗教論では、個々の宗教における信仰者と絶対者の関係や教義の内容などは問題にならない。問題はどこまでも制度としての宗教であり、その社会的機能なのである。

「マルクス主義と宗教」論争

宗教批判の受容が進むなか、宗教系新聞『中外日報』一九三〇年（昭和五）一月一日号に掲載された三木清（一八九七～一九四五）の論文「文芸と宗教とプロレタリア運動」が大きな反響を呼んだ。というのも、三木がこの論文でプロレタリア運動と宗教の結合を提案したからである。三木はまた、どれだけ社会が発展しようとも宗教はなくならないと主張し、フリードリヒ・エンゲルス（Friedrich Engels, 1820–1895）のいう宗教の自然的死滅論（宗教を経済構造の矛盾の反映と捉え、社会が発展して搾取のない社会主義社会が成立すれば宗教は自然に死滅するという理解）にも修正を迫った。

この三木論文を契機として「マルクス主義と宗教」論争が起こった。三木の論文を掲載した『中外日報』では、マルクス主義と宗教との関係をめぐって座談会が企画され、宗教者・宗教学者とマルクス主義者との間で論争が交わされた。また、三木清の提起した問題に対して、マルクス主義陣営から服部之總《はっとりしそう》（一九〇一～一九五六）らが厳しい批判を寄せ、三木の積極的な提言をマルクス主義の原則から否定した。ただし、当時、マルクス主義陣営内でヘゲモニーを握りつつあった川内唯彦（一八九九～一九八八）が、三木と服部がマルクス主義者と宗教者との連帯可能性を当面の実践的課題として承認する点で一致したことを摑まえて、三木・服部のいずれもがマルクス＝レーニン主義からの逸脱だと論断し、論争に終止符を打った［林 二〇〇八］。

反宗教運動

一九三一年四月七日、川内唯彦を中心に反宗教闘争同盟準備会（以下、準備会）が発足し、五月二三日にはその旗揚げ公演会として、宗教打倒演説会が東京の上野自治会館で開催された。『中外日報』では、入場者一二〇〇名、入場不能者一五〇〇名という盛況ぶりを伝え、また『東京朝日新聞』では会場の内外に数十名の警官が警戒体制を敷き、開会前から検束者が出たと報じた。準備会は近代日本の反宗教運動を代表する組織であり、その出発は、宗教界をはじめ日本社会に大きな衝撃を与えた。

近代日本の反宗教運動は、ソヴィエトの戦闘的無神論とその運動をモデルにして進められた。つまり、積極的な闘争による宗教の抹殺を、経済的矛盾の解決と結びつけることを目指したのである。

六月、準備会は機関誌『反宗教闘争』を創刊した。この創刊号は三〇〇〇部を刷ったという。同誌はその後、第一巻第三号まで刊行されたが、すべて発売禁止(発禁)となった。準備会はこの機関誌や七月に刊行した『反宗教闘争の旗の下に』で、階級闘争を担う戦士へと大衆を変容させるために反宗教運動を推進すると繰り返し主張し、日常生活のなかで宗教がどれだけ階級闘争を阻害しているのかを批判することに注力した。そのため、希望社、更生会などの宗教的教化団体や既成宗教教団による農村布教・工場布教を標的とした一方で、天皇制国家の宗教性を批判的に捉える視点を欠くこととなったのである。

準備会のメンバーは、機関誌・論集の刊行だけでなく、講演会、ピクニックの開催やビラ撒きなどにも積極的であった。ただ、これらの活動、特に国際反戦デーでのビラ撒きが官憲を刺激したようだ。準備会は八月一三日に本部の事務所で同志五名の検挙、二四日にアジト急襲と五名の検挙、九月二日に不審尋問で機関誌の原稿押収といった弾圧にあった。

一九三一年九月二一日、準備会は日本戦闘的無神論者同盟と改称してその結成大会を開いた。反宗教運動の勢いは、このときちょうど頂点を迎えていたが、同月一八日に状況は一変した。満州事変が勃発したのである。それまで日本社会を騒がしていた反宗教運動は新聞・雑誌から消え、代わって、民族的公憤や祖国愛といった精神的雰囲気が日本社会を覆った。宗教界の戦時体制への再編も一挙に進められた。

まるで行方不明になったかのような反宗教運動であったが、それでも非合法的活動を一九三四年五月まで続けた。反宗教運動の嵐は、こうして忽然と姿を消した[近藤 二〇一五・二〇一六]。

刑務所のなかで

満州事変以降、反宗教運動のみならず、マルクス主義者による運動体は孤立し、その多くは地下に活動の場を移すこととなった。思想犯として服役したマルクス主義者も多く、そのなかには宗教を介して転向したものも少なくなかった。そもそも、宗教を介した転向は、司法省行刑局の主導により推進されたイデオロギー政策で、教誨事業を独占していた真宗教団を通して推進されたものである。思想犯は刑務所での読み書きを通して転向するに至った（佐々木 二〇一七）。

宗教的転向の多くは、真宗関係の図書と接する機会が多かったこともあり、真宗信仰を思想の転回軸としたようである。特に、思想犯の内面に食い込んだのが、親鸞の悪人正機説であった。一九三三年六月に鍋山貞親（一九〇一～一九七九）とともに転向声明書を発表した佐野学もまた、刑務所で親鸞の著述を心読し、多くの心の悩みを解決したという。佐野は、罪業、煩悩の凝視から自己否定をくぐって自己肯定へと至る道筋を刑務所での読書によって論理化し、マルクス主義を否定して主体的に天皇制国家を肯定できる思想的立場を構築した。

こうしてマルクス主義と宗教は、論壇において衝突し、地下活動と地上での戦争協力に分岐した後、刑務所で合流することとなったのである。

学知のなかで

敗戦を迎えて大日本帝国が崩壊したとき、マルクス主義は、戦後の新たな社会構想にとって、さらには学知にとって有力な理論的枠組みとなった。特に戦後歴史学の領域では、講座派マルクス主義が圧倒的な影響力を持ち、さまざまな宗教史研究の推進力として、あるいは制約として機能した。戦前にも、永田廣志『日本封建制イデオロギー』（一九三八年）のように、マルクス主義を踏まえた思想史研究とその体系化を進める試みが見られた［赤澤　二〇〇八］。とはいえ、そうした試みが全面展開し、多様な文脈に接続されていくのは、やはり歴史的条件が大きく変化した戦後を俟たねばならなかった。

戦後の宗教史研究でマルクス主義との関係から注目すべきは、『親鸞ノート』（一九四八年）をはじめとする服部之總の一連の仕事である。服部は、戦時下で親鸞の消息を護国思想的に解釈してきた研究史全体を批判的に総括し、同じ消息を反語であると論じて、護国思想的親鸞像を反転させた［近藤　二〇一四］。また、戦後歴史学では一向一揆を階級闘争的視点から読み直す作業も進展した。ただし、こうした一向一揆論にしても、多くがエンゲルス『ドイツ農民戦争』（一八五〇年）を範型としてその対応物を求める議論にとどまり、マルクス主義の理論的枠組みを不動の前提とする硬直性を免れなかった。

マルクス主義は、戦後歴史学を媒介として、近代以前の日本宗教史にも決定的な方向付けを与えた。その後、マルクス主義は、冷戦構造の崩壊により政治的・学問的に失効を突きつけられたが、このことは近代の宗教史がマルクス主義によってどう制約されてきたのかを反省的に解明する本格的な出発点を用意したのである。

いまだマルクス主義に代わる理論的枠組みは提示されていないし、研究の現状は、依拠しうる理論的枠組み自体を必要としなくなったようにさえ映じる。マルクス主義は、個別の事象を歴史の全体性から捉え直して意味づけ、さらに歴史家の生さえをも意味づけてきた大きな物語であった」とするなら、日本宗教史におけるマルクス主義の問い直しは、私たちの生の意味の問い直しへと跳ね返ってくる、そのような実践的課題にもなるはずである。

参考文献

赤澤史朗　二〇〇八「マルクス主義と日本思想史研究―『歴史科学』『唯物論研究』を中心に―」磯前順一、ハリー・D・ハルトゥーニアン編『マルクス主義という経験―一九三〇―四〇年代日本の歴史学―』青木書店

近藤俊太郎　二〇一四「戦後親鸞論への道程―マルクス主義という経験を中心に―」『仏教文化研究所紀要』第五二集、龍谷大学仏教文化研究所

近藤俊太郎　二〇一五・二〇一六「近代日本のマルクス主義と仏教―Ⅰ・Ⅱ―反宗教運動をめぐって―」『仏教史研究』第五三・五四号、龍谷大学仏教史研究会

佐々木政文　二〇一七「昭和初期司法省の転向誘発政策と知的情報統制―司法権力による「読み」・「書き」の掌握過程―」『歴史学研究』第九六五号、歴史学研究会

林淳　二〇〇八「マルクス主義と宗教起源論」磯前順一、ハリー・D・ハルトゥーニアン編『マルクス主義という経験―一九三〇―四〇年代日本の歴史学―』青木書店

戦後宗教の右派性

塚田穂高

「日本会議情報ブーム」のなかで

二〇一六年春以降、『日本会議の研究』〔菅野 二〇一六〕を皮切りに、国内最大と目される右派・保守合同運動である日本会議についての書籍が相次ぎ刊行されるなど、「日本会議情報ブーム」が起こった。だが、それらはいずれもジャーナリスト・記者、運動家などによるものであり、前後しての宗教研究者による発信はごく限られていた〔塚田 二〇一五、寺田 二〇一七、塚田編著 二〇一七ほか〕。

日本会議自体は宗教団体ではないし、どちらかといえば政治的な問題としての注目であったことは確かである。しかしそれでも、神社界や新宗教など多くの宗教団体が協働して参画していること、その淵源に新宗教・生長の家の（かつての）ナショナリズムと政治活動の刻印が色濃くあること、皇室崇敬や靖国問題など広義の宗教的な問題に関わっていることなどを併せて考えると、こうした動向について長期にわたり調査研究をしていた宗教研究者がおらず、宗教研究がまとまったかたちでそれらの思想・実践・歴史を描ける状況になかった（少なくともそう見えた）ことの意味は重い。

なぜそうなったのか。その現状認識と要因把握の先に、戦後日本宗教史像を再構築するための一つのヒントがあるのではないだろうか。

戦後日本宗教研究の基本的視座は

研究という営為のあり方は、自らとその対象とが置かれた時代・社会状況によっても当然左右されるだろう。

抑圧的な「国家神道」体制は悲惨な敗戦によって終焉を迎え、戦後日本社会は新たなスタートを切った。日本国憲法により、信教の自由は無条件で保証され、そのための「政教分離」が規定された。国家と神社——宗教ではないとされた——との特別な関係は断ち切られ、神道・仏教・キリスト教・新宗教などは横並びで「宗教」として再スタートを切った。新制の宗教法人法は、条件付の認証制ではあるものの、戦前の厳しい宗教統制とは雲泥の差であった。こうした体制下で、諸宗教は自由な活動の展開を始めた。その前提を、一応はこのようにまとめることができる。

戦後に大きく展開した新宗教に注目してみよう。戦後、「神々のラッシュアワー」と評されるように次々と産声を上げ、あるいは戦前からの仕切りなおしをし、高度経済成長期にかけて大発展を遂げ、数十万~数百万の信者を擁する教団がいくつもできた。そこでは、個別の問題状況にある人々が、入信・教化により信仰者として生まれ変わり、日常生活のなかで活き活きと信仰を実践し、それが「世界平和」「人類救済」といった教団の究極的目標へ一丸となって向かう組織力を形成していた。

それに対しては、妄信やカリスマへの従属、布教の激しさや献金額などをめぐっての社会的問題視・白眼視ももちろん根強くあった。だが、宗教研究はそれらとも距離を置きながら、眼前でダイナミックに展開する近代的宗教としての新宗教の思想・運動・実践の論理構造や特性、換言すればその活力を客観的ないし内在的に解明することに主眼があったと言えるだろう。

戦後日本宗教を取り巻く大きな変化のもう一つは、「戦前」という参照軸が加わったことにある。戦前体制の批判と戦争協力の反省は、仏教界・キリスト教界などを中心に徐々に進んだ。また、それとつながるかたちで、宗教者・宗教団体による反戦・反核や平和活動も展開していった。そこには組織力を持った新宗教も少なからず加わり、宗教間対話・連合的な運動も著しく進展した。

それにともない宗教研究においても、戦前の抑圧的な「国家神道」に対抗する「民衆宗教」（これ自体、問い直されるべき構図だ）の研究が進み、翻って戦後の民主的かつ平和を希求するような活動の展開が、随走的に記述されていった。言うなれば、そこでは戦後日本宗教は、「前進する主体」としての宗教（者）観に裏打ちされ、問題解決を行い、人々のニーズに答え、協力して平和活動に邁進するような「明るい」イメージで繰り返し描かれてきたと言っても過言ではないだろう。

「戦後宗教の右派性」を問うてきたのはだれか

このような戦後日本宗教の「明るい」面も、またそれを描く宗教研究のこれまでの蓄積と存在意義も否定するつもりはない。指摘したいのは、そうした見方に立つと、たとえば前提としての戦後体制や日本国憲法を突き崩すような、戦前を憧憬し国家統制の強化を望むような、あるいは他者・他国・他宗教を排撃するような宗教の動きを捉えそこなうのではないか、ということだ。これが本項冒頭の問題意識につながるわけである。あらためて、宗教研究はそれらをしっかりと見てきたのだろうか。

実は、その側面に真正面からクリティカルに向き合い、その問題性について継続的に発信してきた人々がいる。端的に言ってしまえば、それは共産党系・左派系の人々であり、佐木秋夫（一九〇六〜一九八八）、村上重良（一九二八〜一九九一）、日隈威徳（一九三六〜）などの名を挙げることができる（もう一つ、堀幸雄『増補　戦後の右翼勢力』（一九九三年）や猪野健治の諸論考のように、右翼運動史のなかの宗教右翼という観点から同様の対象を焦点化した流れも重要である）。

佐木は、東大の宗教学科を出て、日本戦闘的無神論者同盟の運動で特高の拷問を受け、戦後はマルクス主義の立場から在野で宗教研究を続けた。新（興）宗教ないし創価学会―公明党についての評論に加え、『宗教と政治反動』（一九八〇年）・『宗教と時代』（一九八一年）などでは、「反動」的な動きや政教分離問題、天皇制などの問題に冷徹な眼で分析を重ねてきた。

村上も、東大の宗教学宗教史学科を出て、マルクス主義の立場から宗教研究を行ってきた。多くの著作があるが、『国家神道』（一九七〇年）・『慰霊と招魂』（一九七四年）・『天皇の祭祀』（一九七七年）の三冊は（現在の研究水準からはさまざまな再検討が迫られていようが）特別な存在感を放っている。また、新宗教ないし創価学会―公明党研究とともに、『現代宗教と政治』（一九七八年）・『現代日本の宗教問題』（一九七九年）などではやはり「反動」的な動向や政教分離問題について鋭く論じてきている。

日隈は、東大の印度哲学梵文学科を出て、日本共産党中央委員会の宗教委員会に長く勤めてきた。『現代宗教論』（一九八二年）・『宗教と共産主義』（一九八五年）・『宗教とは何か』（二〇〇〇年）などの著作のなかで、創価学会―公明党、統一教会、神社界、生長の家、日本会議（とその前身）などの動きを継続的に追い、注意を喚起してきていた。

彼らの成果の詳細をここで検討することはできないが、重要なのはそれらの蓄積が今日——たとえば「日本会議情報ブーム」のなかでも——、ほとんど省みられていないことだ。また、宗教研究においても、それらが踏まえるべき先行研究として位置づけられ、乗り越えられるべき対象とされているかというと——村上の国家神道論が島薗進によって再検討の俎上に乗せられていることを除けば——、それもほとんどない。それは、——単なる文献のリサーチ不足のためでないならば——彼らの議論の「古さ」や「誤り」というよりは、その属性・背景に因る面が大きいだろう。すなわち、彼らはそうした立場にあるから、結論ありきで議論を構築し、一方的な批判を展開しているのではないか、と。

戦後日本の「宗教と政治」研究を仕切り直す

彼らを「共産党」「サヨク」だからだとして切り捨ててしまえば、彼らが長きにわたって追究してきた対象への鋭い問題意識や有益な記載事実もまた打ち棄てられてしまう。もちろん、彼らの属性や背景をそのまま継げというのではない。では、彼らとその蓄積を踏まえて、どういった新たな展開が可能だろうか。

一つは、立場性・問題意識に裏打ちされた研究の展開の可能性である。オウム真理教事件を経て、カルト問題研究や宗教の「社会貢献」研究など立場性や問題意識を明確にした研究の進展が見られた。もちろん、「宗教と政治」の研究をする際には必ず自らの「陣営」を明示しなければならないなどということではない。だが、佐木・村上・日隈らの蓄積を正当に評価して踏まえ、かつ「戦後宗教の右派性」を批判的かつ問題提起的に捉えたからといって、その研究（者）に対して「サヨク」「左派」

などとレッテル貼りをし、切断・分断をはかるような研究状況・社会状況では不毛だ。こうした研究を進めるには、ジェンダー・教育・労働・差別などの社会問題を扱った社会学的な研究の手法などが参考になるだろう。さまざまな分野の研究者との連携も必要になってくる。

もう一つは、教団研究の強みや蓄積を活かしつつ、それまでの壁の乗り越えをはかることである。従来の教団研究とりわけ新宗教研究が行ってきたような文献研究・調査研究の手法——指導者の著作や教団機関誌紙の網羅的な収集・読み込み、参与観察やインタビューなど——は、十分使える。それを、今までの個別的な（新宗教）教団研究から、追跡が不十分であった対象や動向にまで戦略的に広げていく。たとえば戦後の神社界ないし神社本庁については、教学機関や内部的な研究者による報告や総括は複数あるが、『神社新報』や刊行物を丁寧に追ったり調査に基づいて、その運動としての側面や社会との関わりを広く描いたような研究蓄積はほぼない。また、日本会議をめぐって明らかになったように、個別の教団や特定宗教界の枠を超えるような合同・連合的な動向に対する研究のアプローチが不足していた。こうした点を踏まえ、教団研究の新局面と同時に「宗教＋α」領域の研究に踏み入っていく必要性がある。

これまでの研究蓄積と手法を活かしつつ、個別教団研究から複合領域に視野を広げ、陣営や立場などで分断されてきた宗教史像と個別領域の統合的探究を目指すこと。戦後日本宗教史像の再構築のために必要なことであり、その一つの実験場であり突破口としての「戦後宗教の右派性」研究ではないかと考える。

参考文献

菅野完　二〇一六『日本会議の研究』扶桑社新書
塚田穂高　二〇一五『宗教と政治の転轍点―保守合同と政教一致の宗教社会学―』花伝社
塚田穂高編著　二〇一七『徹底検証　日本の右傾化』筑摩選書
寺田喜朗　二〇一七「日本会議と創価学会―安倍政権を支えるコミュニティ―」『現代宗教　二〇一七』

マックス・ヴェーバー

大谷栄一

日本におけるヴェーバーの受容

二〇世紀初め、ドイツの社会学者マックス・ヴェーバー（Max Weber, 1864-1920）が、「プロテスタンティズムの倫理と資本主義の精神」（一九〇四〜〇五年）と題した論文を発表した。これは、営利の追求を敵視する禁欲的プロテスタンティズムの宗教的エートス（倫理的雰囲気）が人々を経済行為に向かわせ、近代資本主義成立の原動力となったことを考察した有名な論考である。現在、岩波文庫にも同名タイトルで収録されている。

この論文で示された命題（プロテスタンティズムの経済倫理が近代の資本主義精神をもたらした）はヴェーバー・テーゼとして、日本の宗教研究者にも大きな影響を与えてきた。日本で禁欲的プロテスタンティズムと同じ機能を果たしたものを探そうとする研究は、内藤莞爾の論文「宗教と経済倫理―浄土真宗と近江商人―」（一九四一年）に始まり、有元正雄『真宗の宗教社会史』（一九九五年）に至るまで熱心に続けられてきた。

しかし、こうした「ヴェーバー・テーゼの日本への適用」という研究視座は、すでに賞味期限を過ぎており、その捉え直しが必要なのではないだろうか。

日本におけるヴェーバーの受容は宗教研究にとどまらず、広く人文科学・社会科学に及ぶ［シュヴェントカー 二〇一三］。その受容史を見ておこう。まず、一九〇五年から一九四五年の四〇年間はヴェーバーの紹介が中心で、続く一九四五年から一九六五年の二〇年間は大塚久雄、丸山真男、川島武宜らによる「近代主義」的な受容と創造が始まった。一九六五年から一九七〇年の五年間（およびその前後）はさまざまな成果がもたらされ、ヴェーバー研究のピークを迎えた。しかし、一九七〇年代以降になると、近代的なるものへの懐疑から、今度は逆に「近代への批判者」としてのヴェーバー像が探求されることになる［橋本 二〇〇〇］。

とくに、戦後のヴェーバー受容の背景には、明治以来の日本の近代化がいまだに達成されるざる課題であると考える「屈折した後進的文化問題」（内田芳明）があった。しかし、一九六四年に東京大学で開催された「ヴェーバー生誕百年記念シンポジウム」がヴェーバー研究の転換点となり、これ以降、「課題としての近代」の重要性が失われ、アメリカの日本学者による「近代化」論が注目をひくようになる［石田 二〇〇〇］。

日本宗教史研究におけるヴェーバーの受容

次に、日本宗教史研究におけるヴェーバーの受容について一瞥しておこう。

小笠原真は、ヴェーバー的な問題意識と分析視角にもとづく研究を、①日本の近代化の核を日本の伝統文化、とくに諸宗教の中に求める立場、②ルネサンスも宗教改革も経験しなかった日本ではそれ

表１　ヴェーバー的な問題意識と分析視角にもとづく研究
（出典：[小笠原　1994] より作成。一部、筆者補足）

(1)　日本の近代化と浄土真宗	木下尚江、原勝郎、内藤莞爾、松島静雄、森龍吉、ロバート・ベラー、三上一夫、有元正雄
(2)　日本の近代化と禅宗	中村元、大野信三、山本七平、小室直樹
(3)　日本の近代化と儒教	西田直二郎、堀江保蔵、源了圓、丸山真男、荒井孝昭、ジョージ・サンソム、ユリウス・ジャンセン、ロバート・ベラー、ロナルド・ドーア
(4)　日本の近代化と石門心学	圓谷弘、石川謙、和辻哲郎、塚本信治、宮本又次、土屋喬雄、竹中靖一、山本七平、ロバート・ベラー、ロナルド・ドーア、ハーバート・パッシン、ヨハネス・ビルシュマイア、安丸良夫
(5)　日本の近代化とキリスト教	徳富蘇峰、加田哲二、隅谷三喜男、高坂正顕、土屋喬雄

が欠如しているとする立場（欠如理論）に分け、(1)を表１のように整理する〔小笠原　一九九四〕。

じつに多様なものが取り上げられ、禁欲的プロテスタンティズムと同じ機能を果たした伝統文化を探す試みがなされてきたことがわかるであろう。

このうち、後続する研究に大きな影響を与えたのが、アメリカの社会学者ロバート・ベラー（Robert Bellah）の『徳川時代の宗教』（一九五七年）である。ベラーはアメリカの近代化論者の一人である。

『徳川時代の宗教』は、アメリカ社会学者タルコット・パーソンズの構造機能主義の分析枠組（AGIL図式）を用いて、「ヴェーバー・テーゼの日本への適用」を図った。結論として、日本では政治システムと政治価値が中心であったこと、宗教が日本における政治的・経済的合理化の過程で重要な役割を果たしたこと、日本の宗教は勤勉と節約に宗教的意味を与えたことなどを明らかにした。ベラーは「日本宗教」が西洋のプロテスタンティズムと同じ機能を果たしたと述べている。

こうしたベラーの議論に対しては、多くの批判が投げかけられた。例えば、丸山真男は「ベラー『徳川時代の宗教』について」（一九五八年）で、日本社会のトップ・レベル（国家神道）と社会的底辺（民衆宗教）での呪術性がいかに日本的な合理化＝近代化を内面的に特徴づけ、推し進めているのかという「秘密」が解明の核心であると厳しく断じた。国家神道と民衆宗教の呪術性という「日本宗教」の特徴を繰り込んだ議論の必要性を説いた。

安丸良夫の通俗道徳論

日本におけるヴェーバー研究のピークは一九六五〜七〇年だが、この時期は構造主義の登場に象徴されるような知のパラダイム変動とも重なっていた。この知のあり方の根本的な変化は西欧中心主義を相対化し、それを前提とした近代主義的なヴェーバー研究も相対化されることになる［山中・林一九九二］。いわば、ポスト近代主義的なヴェーバー研究、さらにはポスト・ヴェーバー研究と呼ぶべき成果が現れることになる。そうした研究として、安丸良夫と島薗進の研究を紹介しよう。

ベラーの研究を跳躍台として、それを批判的に乗り越える形で「ヴェーバー・テーゼの日本への適用」を図ったのが、安丸良夫による『日本の近代化と民衆思想』（一九七四年）である。

安丸はベラーの研究が非歴史的であると批判し、民衆の意識的・主観的次元に注目した「通俗道徳」論の立場から、日本の近代化と民衆の主体性形成の関係を分析した。通俗道徳とは勤勉、倹約、謙虚、孝行といった民衆の日常的な生活規範を意味し、近世中期から明治期に至る民衆的諸思想が取り上げられている。

近代主義的なヴェーバー研究では「近代化の人間的基礎」（大塚久雄）のように、近代化を担う人間の主体性が問題となったが、安丸もその視座自体は継承している。その主体性形成に際して、「解放説」と「禁欲説」があるとすれば、自分はヴェーバー＝大塚的な「禁欲説」の立場をとると明言したうえで、「問題は日本近代化過程に特有の禁欲の形態を見いだしてそれを内在的に分析し、そこにふくまれているさまざまなカラクリをも明らかにすることである」と強調した。

後年、安丸は、「「通俗道徳」のゆくえ」（二〇一一年）という論考の中で、ヴェーバー・テーゼの日本への機械的な適用を批判している。また、通俗道徳は日本の近代化を支えた主体形成に寄与した反面、抑圧と支配の拠点ともなるものだったと指摘する。通俗道徳に対する安丸の眼差しは両義的で、その肯定的側面と否定的側面を摘出し、近代化論に対しても批判的である。

安丸の研究はヴェーバー＝大塚的な「禁欲説」をベースとしながらも、ベラーの近代化論や丸山真男、大塚久雄の近代主義の批判的な乗り越えを図り、「ヴェーバー・テーゼの日本への機械的な適用」ではない、「日本の近代化と民衆思想」の関係を提示したと評価できよう。

島薗進の新宗教研究

安丸の研究に見られる合理的な宗教理解を批判するのが、島薗進「日本の近代化過程と宗教」（

九八一年）である（のちに『現代救済宗教論』（一九九二年）に収録）。島薗は安丸の通俗道徳論における呪術否定という論点の再検討が必要であるとして、日本の近代化過程ではヴェーバーの研究とは異なる「宗教と倫理、宗教と近代化の関わり方」があると問題提起する。

近代日本の新宗教における呪術的宗教性が大衆的倫理革新を引き出す力になったとして、ヴェーバーが否定的に評価した「呪術の園」としての新宗教を積極的に評価した。人間と人間、人間と世界との自然的紐帯を回復しようとする点に日本の新宗教の特徴である「生命主義的救済観」の意義を指摘する。つまり、島薗は、ヴェーバー〜ベラー〜安丸の合理的な宗教理解の限界（呪術性の否定）を批判し、新宗教の生命主義的救済観にオルタナティヴな「宗教と倫理」「宗教と近代化」の関係を見出したのである。

以上、安丸のポスト近代主義的なヴェーバー研究と、島薗のポスト・ヴェーバー研究は、「ヴェーバー・テーゼの日本への機械的な適用」から離脱するともに、日本宗教史におけるオルタナティヴな「日本の近代化と宗教」「宗教と倫理」の関係を索出したといえる。

「日本の近代と宗教」を語り直すために

一九九〇年代以降の国民国家論、ポストコロニアル研究、カルチュラル・スタディーズ、帝国史研究、トランスナショナリズム研究、グローバルヒストリー、「宗教」概念批判研究等の進展を経て、「ヴェーバー・テーゼの日本への適用」が賞味期限切れであることが明らかになった。この研究視座と前提となる「近代化」「近代」「世俗化」といった諸概念が再審に付されており、「複数の近代」や

「ポスト世俗化」といった視座から、「日本の近代と宗教」の関係を語り直すための方途を探るべきであろう。

今やヴェーバーを取り上げるにも「近代批判者としてのヴェーバー」（山之内靖）理解が不可欠となる。また、従来の「近代化」や「近代」理解を批判的に捉え直すことも重要だ。ポスト近代主義的なヴェーバー研究、ポスト・ヴェーバー研究の成果を批判的に継承し、「日本の近代と宗教」「宗教と倫理」の重層的な関係性を問い直すことが、現在、求められている。

参考文献

石田雄　二〇〇〇「一九六四年前後―日本におけるヴェーバー研究の一転機―」、橋本努・橋本直人・矢野善郎編『マックス・ヴェーバーの新世紀―変容する日本社会と認識の転回―』未來社

内田芳明　一九九〇『ヴェーバー受容と文化のトポロギー』リブロポート

小笠原真　一九九四『近代化と宗教―マックス・ヴェーバーと日本―』世界思想社

シュヴェントカー、ヴォルフガング（野口雅弘・鈴木直・細井保・木村裕之訳）　『マックス・ヴェーバーの日本―受容史の研究1905-1995―』みすず書房、原著一九九八年

橋本努　二〇〇〇「社会科学と主体―ヴェーバー研究の根本問題―」、橋本努・橋本直人・矢野善郎編『マックス・ヴェーバーの新世紀―変容する日本社会と認識の転回―』未來社

山中弘・林淳　一九九二「日本におけるマックス・ヴェーバー受容の系譜―宗教学の視点から―」『愛知学院大学文学部紀要』二二号

日本宗教史を知るためのブックガイド

① 菊地暁セレクション

末木文美士『日本宗教史』（岩波新書、二〇〇六年）

「日本宗教史像の再構築」とは「史的存在としての日本の宗教」を問い直すことにほかならない。さまざまな時代と地域で営まれてきた宗教実践を実証的解明が必要なのは当然だが、同時に、そのような時代や地域や宗派を異にする営みが、どのような全体を織りなすのか、無数のパズルピースを一枚の絵にまとめる方途が問われなければなるまい。その手がかりとして、本書は第一に参照されるべき作品である。単著の日本宗教史としては現時点の最高峰といって差し支えないだろう。鎌倉仏教研究から出発して日本宗教史全般へと守備範囲を拡大させた著者の力量には驚嘆するほかない。簡にして要を得た筆致で、神仏習合から「神道」の自覚、幕藩体制による宗教統治、国家神道の成立と解体という流れがバランスよく解説されている。そしてその視線は、日本宗教の「現在」へ、さらには、人の世の「合理」を逸脱する「宗教」そのものへと向かっている。

阿満利麿『日本人はなぜ無宗教なのか』（ちくま新書、一九九六年）

日本の宗教を考えるに当たって、「無宗教」の内実を確認することは、初歩的かつ根本的な手続きだろう。特定の信仰を持たないと表明しつつ、神社にお参りし、仏式で葬式をあげ、クリスマスを祝って怪しまない、あの「無宗教」である。NHKディレクター（高取正男の番組を担当した）を経て思想史研究者となった著者は、「創唱宗教」と「自然宗教」の区分が有効だと提案する。いわゆる「日本人」の多くは、特定の教祖、教義、経典、教団を持つ「創唱宗教」への関与を否定するものの、それらを持たない「自然宗教」はきわめて寛容に実践している。この二重構造は、世俗的な儒教の普及、寺壇制の施行、神道非宗教論など、諸々の契機により強化され、結果として日本の宗教団体は、世俗に内属することで自らの安定を確保し、多くの「日本人」が宗教を実践しつつそのことを意識しないという捻れをもたらすに至った。しかも、知識人（研究者を含む）に根強い「自然宗教」軽視が、情況理解を決定的に困難にしているという。自戒しなければならないだろう。

柳田国男『日本の祭』（弘文堂、一九四二年）

日本民俗学の泰斗・柳田国男の膨大な著作はすべてカミに触れるといっても過言ではなく、なかから一冊を挙げることは至難だが、敢えて挙げるなら『先祖の話』という見解が大勢かもしれない。子孫に祀られ先祖となることが仏教以前以後を通じた常民の理想であり、田の神も山の神も祖霊に帰一するとする「固有信仰論」ないし「柳田祖霊神学」にとって、『先祖の話』は「根本経典」であり、であるがゆえに広汎な影響を与え、多くの批判を集めてきた。思うに、史料や調査に基づいた実証的批判は当然必要だが、それだけではパラダイムは交替しない。必要なのは、そうした実証的批判を受けとめうる新たなパラダイムの提案であり、それまでは、実証的批判にまみれた「死に体」のパラダイムが延命されてしまうのも、やむを得ないだろう。ヴァージョンの更新が必要だ。『日本の祭』を「世俗化論」として読み替えるという作業も、その一助になるかもしれない。

住谷一彦『日本の意識―思想における人間の研究―』（岩波書店、一九八二年、同時代ライブラリー、一九九二年）

「日本の意識」とはDas Japantumという著者の造語の訳語であり、意識する／される存在《ベヴストザイン》としての「日本的なるもの」を指し示している。本書は広義の思想史であるが、マルクス、ウェーバーに拠って資本主義を研究する傍ら、南西諸島の神観念を民族誌的に研究してきた著者ならではのユニークさが光る。石田英一郎、原田敏明、馬淵東一など、通常「思想家」とされることの少ない民俗学者、人類学者の「思想」が俎上に載せられ、彼らが研究したさまざまな時空の神観念が、彼らを取り巻く時代状況とともに照らし出され、重層する神観念像の連鎖が鮮やかに紡ぎ出されていく。著者は「原田は家の先祖祭祀から村の氏神祭祀を説明すべく努めた柳田国男の「氏神」論を全体として否定することによって、かえって日本社会の最も根底的な要素形態《エレメンタールフォルム》である「村」の特性を、その独自な「宮座」論の視点から浮き彫りにすることに成功した」と喝破。ラディカルな提言に戦慄しなければなるまい。

高取正男『日本的思考の原型―民俗学の視角―』（講談社現代新書、一九七五年、平凡社ライブラリー、一九九五年）

京大文化史学派の「最終走者」というべき著者は『宗教以前』『仏教土着』『神道の成立』といった作品で日本宗教史を鋭く問い続けてきた。いっけん宗教史らしからぬ本書もそれらと地続きであり、宗教史を含む常民生活史の基本要素すなわち「原型」の抽出が試みられる。「エゴの本性」「裏街道の話」「土着との回路」「マレビト論再考」という四章構成の内的連関を追いかけることは簡単ではない。誤解を恐れずにいえば、そこに描かれるのは、多様な禁忌により守られた個人、前論理的な平衡感覚で保たれた共同体が、その生存維持のために外部の交通および権力と関わらざるをえず、それによって生じる不均衡の結果、共同体から疎外された聖／賤なるマレビトが不可避的に産出される、という図式だろう。そして、「すべてを預託してきた事物が解体したり、消滅しなくても信頼の基礎がゆらいだら、あとに残るのは呆然自失か、自暴自棄しかない」という諦念は、この構図に規定された近現代日本の暗転を見越しているかのようである。

折口信夫『死者の書』（青磁社、一九四三年）

神仏習合をめぐる精神史の叙述として、「小説ならありますよ」と高取正男が推したのが本書である。「発生学」という方法論視点から「マレビト」「依り代」など折口名彙と称される独自のターミノロジーを駆使し、民俗学（宗教史）、国文学、芸能史を三位一体としたユニークな境地を切り拓いた著者の学問世界は、これまた数多の批判に晒されつつも、多くの読者を刺激して止まない。著者の史的展望としては『国文学の発生』なり『日本芸能史六講』なりを挙げたほうがはるかに順当かと思われるが、あえて学問的著作とは思われない本書の可能性を考えたい。というのも、七世紀と八世紀、飛鳥と平城京を往還して織りなされる本書の叙述は、大唐帝国グローバリゼーションに巻き込まれ、文明宗教の導入により変容を余儀なくされる在来信仰の物語、いわば「敗者の精神史」であるからだ。それは、高取正男『神道の成立』が描いた「神道」自立の物語の合わせ鏡なのかもしれない。

井上智勝『吉田神道の四百年―神と葵の近世史―』
（講談社、二〇一三年）

日本宗教史の前近代と近代を架橋する作業は、いくつかのプロジェクトが試みられ、にもかかわらず十分な到達を見なかった。本共同研究でも反省点の一つだろう。とはいえ、課題克服の手がかりは着実に蓄積されつつある。「すべての神様のご利益を一所に手にできる、完璧な品揃えを誇る神様の百貨店」大元宮を産み出した吉田神道の戦国から維新に至る四〇〇年の軌跡を描いた本書は、誤解をおそれずにいえば、極上の経済小説のような趣きがある。上は将軍、信長、秀吉といった天下人から下は津々浦々の神主たちに至るまで、さまざまな新興勢力の宗教的ニーズを察知し、裁許状その他の的確なカスタマーズサービスで神道界を席巻していった吉田神道は、伊勢神宮や神祇伯白川家との熾烈な市場競争を闘い、覇権を目前に挫折する。だが、吉田神道によって各地の神々に与えられた位階は、位階を与える天皇という存在をも刷り込み、国家神道を受け入れる素地となったという。前近代と近代を往還する視点はきわめて重要だ。

村上紀夫『京都地蔵盆の歴史』（法藏館、二〇一六年）

「史的存在としての日本の宗教」は眼前に現前する。その生の事実を丹念に解きほぐしつつ、前後左右を地道に確認していく他はない。京都に夏の終わりを告げる地蔵盆は、今なお盛んに行われるが、その宗教的含意が問われることはあまりなく、通史も本書が嚆矢となる。古代の道饗祭を起源とする説は史料的根拠に乏しいと著者は一蹴、丁寧な史料探索から、織豊期から江戸初期にかけての京都市域再開発により出現した石像群が、大坂の陣の動揺さめやらぬ社会不安のなか無縁仏供養に活用され、地蔵盆の発端となったと論じる。その後、廃仏毀釈や都市整備のなかで地蔵は撤去を命じられたり黙認されたり、世の移り変わりに翻弄されつつ、絶えることなく今日に続いた（京大構内には湯川秀樹の父が祀り始めたという地蔵があり、現在も近隣町内会で地蔵盆が催される）。その営みに、自家先祖のみならず「地主先祖」をも供養する町衆コミュニティの「地縁」的宗教性を考えることも可能だろう。

岩田慶治『カミの誕生―原始宗教―』（淡交社、一九七五年、講談社学術文庫、一九九〇年）

どこまでも分析的概念をすり抜ける「生きた宗教」に実存的に寄り添おうとする態度こそが、著者の妖しい魅力の源泉だ。京大史学科で地理学を学び、東南アジアをフィールドワークした末に到達した境地は「覚悟」といって差し支えないのかもしれない。じっさい、その作品は難解で、細やかな民族誌的記述の端々に挿入される禅問答のような警句は、学術的規範からの逸脱といわざるを得ない。ただ、それが「生きた宗教」を捉えるための方法的努力の結果であることも確かだ。照葉樹林地域の農耕民に広がるアニミズムに神格の序列化が始まり、やがて世界宗教たる仏教との接触を経て複雑な重層構造を形成する、といった図式化も可能だろう。だが、本書の真骨頂はそうした図式の向こう側にある。「私の願っていることは原始宗教をたくみに解説することではない。生きたカミが誕生することである。……そのとき私は地獄に墜ちているであろう。おのれをあざむき他をあざむいた人間の業によって」。

梅棹忠夫・多田道太郎編『論集　日本文化』全三巻（講談社現代新書、一九七六年）

結局、日本宗教史という巨大な現象を前に、個々の研究者はそれぞれ任意の部分を分担する他はない。であればこそ、その部分がいかなる部分であるかを問い、部分の積み重ねを全体像へと導く工夫が必要だろう。その意味で、「共同研究」華やかなりし頃の新京都学派における討議スタイルは参考になる。本書所収の座談会「神々の分業―日本人の宗教と信仰心について―」（加藤秀俊、梅棹忠夫、林屋辰三郎、米山俊直、竹田聴洲、伊藤幹治、窪徳忠）では、宗教団体＝メーカー／信者＝ユーザーというアナロジーを通じて、宗派や時代や分野を異にする論者たちが縦横無尽に議論を繰り広げる。卑近な事実と斬新な論点を往還する丁ライヴ感たっぷりの応酬は、真面目な宗教研究者が怒りそうなところもないではないが、それでいて新地平が切り拓かれる。ユーザーは「各社の電気製品を時に応じて使うように、いろいろな神様のご利益なりなんなりを場合に応じて使うだけ」という指摘は、メーカー偏向気味な研究史に猛省を迫るだろう。

②大谷栄一セレクション

安丸良夫『神々の明治維新―神仏分離と廃仏毀釈―』（岩波新書、一九七九年）

民衆思想史の開拓者の一人である筆者は、デビュー作『日本の近代化と民衆思想』（一九七四年）を皮切りに、近代化や文明化と向き合った民衆の「生の経験」を問い続けてきた。「安丸思想史」と呼ばれる著者の研究では、通俗道徳、民衆宗教、民衆運動、国民国家、天皇制、戦後思想批判など幅広いテーマが取り上げられてきたが、宗教の占める位置は大きい。本書は神仏分離と廃仏毀釈を通じて、日本人の精神史に根本的といってよいほどの大転換がもたらされたことを、江戸後期から明治初期までの緻密な宗教社会史的記述によって明らかにした労作である。「国体神学」と近代的な天皇崇拝、政治権力と民俗的なものとの対抗、真宗の近代性、「日本型政教分離」など、継承すべき、再検討すべき論点や視点が散りばめられている。個別事象の把握にとどまらず、「歴史の全体性」を分析・記述することを強調した著者の方法論や研究視点など、汲み取るべき課題は多い。

佐藤弘夫『アマテラスの変貌―中世神仏交渉史の視座―』（法藏館、二〇〇〇年）

「神仏習合」は、日本宗教史の重要で魅力的な研究テーマである。神仏交渉史はこれまで普遍宗教である仏教の仏と、基層信仰としての土着の神との結びつきの深化の歴史として、「神仏習合→本地垂迹→反本地垂迹」という図式で描かれてきた。筆者は、こうした通説に異を唱える。「神―仏」という二分法を前提として両者の関係性を考察する従来の研究に対して、同時代の社会と思想状況全体を踏まえての神仏そのものの歴史的な変容を分析することが必要であると説く。筆者によれば、日本の中世には二種類の範疇の神仏、つまり、日に見えない彼岸の仏とその存在を実感できる此土の神仏がいた。こうした二重構造からなる中世の神仏のコスモロジーこそが、中世の人々にとってはなじみ深いものだったという。日本人の精神史を語りなおし続ける筆者の力技を堪能できる一冊。なお、「神仏習合」概念は疑問も付されており、ルチア・ドルチェ／三橋正編『「神仏習合」再考』（勉誠出版、二〇一三年）などの近年の成果も参照してほしい。

池上良正『死者の救済史――供養と憑依の宗教学――』（角川選書、二〇〇三年）

死者のいる日本宗教史を構想することが重要だ。筆者は、生者と個別的な死者たちとの直接的な交流・交渉に注目し、この世に強い未練や執着をもって死んだ「苦しむ死者」に対する生者の対処法を歴史的に考察する。その際、「祖先崇拝」や「シャーマニズム」という概念にあえて依拠せず、〈祟り―祀り／穢れ―祓い〉システムと〈供養／調伏〉システムという二つの分析概念を新たに提示。前者は「仏教インパクト」（日本での仏教の影響の一般化）以前のもので、「祟る死者」を丁寧に祀り、「穢れた死者」を祓いのける方法である。後者は「仏教インパクト」以降に形成されたもので、仏教的な供養を他者に廻施して救済し、仏法の力で邪悪な霊威を善導・教化して鎮める方法。生者と死者の個別取引に仏教という世界宗教の普遍主義的な教えがどのように関わったのか、個別の場面での世界宗教の受容・定着という課題が析出され、民俗・民衆宗教史をとらえる大きな見取り図と比較宗教学の豊かな課題が提起されている。

佐々木宏幹『〈ほとけ〉と力――日本仏教文化の実像――』（吉川弘文館、二〇〇二年）

日本における憑霊・シャーマニズム研究を長らく牽引してきた宗教人類学者による日本仏教文化論。現代の日本仏教を語る時、仏教と民俗、教学と現場、ビリーフとプラクティスなど、つねに二重性が語られる。その関係性は前者が後者に優越するものとして認識されることが多い。その背景には、日本の「宗教」「仏教」概念に西洋のプロテスタンティズムをモデルとするビリーフ中心主義が反映し、プラクティスが軽視されてきたという明治時代以来の事情がある。著者は、こうした二重性を一貫して問いなおし続けてきた。それを「教理仏教と民俗仏教」と述語化し、教理と民俗に対する僧侶、民間（俗）宗教者、檀信徒や一般人の複雑な関わり合いを「生活仏教」と名づける。生活レベルにおける仏教と民俗のあいだ（関係性）を媒介するのが「ほとけ」であり、それは生活化された仏教、つまり、日本仏教文化の特質を解明するものであると説く。『生活仏教の民俗誌』（春秋社、二〇一二年）もあわせて読んでほしい。

竹田聴洲『祖先崇拝』（平楽寺書店、一九五七年）

京都帝大で西田直二郎に師事した著者は、柳田国男の『先祖の話』（筑摩書房、一九四六年）に大きな影響を受け、祖先信仰を自らの研究テーマとした。日本の仏教がなぜ、祖先信仰と結びついているのか。それは京都の寒村にある浄土宗寺院の住職を務めた竹田の痛切な問題意識だった。その成果は主著『民俗仏教と祖先信仰』（東京大学出版会、一九七一年）にまとめられるが、ここではデビュー作『祖先崇拝』を見てみよう。「家は実に祖先崇拝の座である」。祖先信仰の社会基盤となったのが、家制度とそれと不可分の同族結合だった。また、近世の寺檀関係も「家の祖先崇拝」が仏教的に表現されたものであり、庶民の祖先信仰と仏教を濃密に結びつけ、普及させるのに決定的な役割を果たしたという。竹田にとって、祖先信仰は「時代的な特殊性」と「超時代的な普遍性」を有したものだった。こうした超時代性はのちに批判されたが、竹田のいう祖先信仰の時代性をどう解明するか、その問いは今も私たちの前にある。

森岡清美『真宗教団と「家」制度』（創文社、一九六二年）

「宗教」をどのように分析するか。さまざまなアプローチがあるが、社会学の立場から教団構造の制度面（つまり宗教制度）の解明に取り組んだのが、本書である。筆者は、真宗系諸教団の社会構造に「家」制度の視点からアプローチし、真宗教団の構成単位である寺院が住職家を中核とする檀家群の家連合であり、寺院からなる教団が本山住職家を棟梁とする譜代の主従的家連合であることを、実態調査と文書資料による歴史研究から緻密に描き出している。つまり、寺檀関係と本末制度という二つの機構を家関係として分析することで、真宗教団の近世的教団構造の基本軸を明らかにした。ただし、本書の分析は近世に留まらず、近代から第二次世界大戦後に及び、明治時代以降の寺院と教団構造が「家」制度の原理から離れていったことが示されている。真宗諸教団を事例とした近世～現代の宗教制度史というべき本書は、実証的な宗教社会学研究の金字塔的な作品である。

西山茂『近現代日本の法華運動』（春秋社、二〇一六年）

戦後日本の新宗教（民衆宗教）研究を牽引した学際的な研究者集団が宗教社会学研究会（宗社研、一九七五～一九九〇年）であり、その成果は『新宗教事典』（弘文堂、一九九〇年）等にまとめられている。宗社研の中で法華系新宗教研究を中心的に担ったのが、筆者である。本書はその四十余年に及ぶ成果をまとめた作品であり、取り上げられている対象は日蓮主義（田中智学、石原莞爾）、本門佛立講（現・本門佛立宗）、仏教感化救済会（日蓮宗法音寺）、立正佼成会、創価学会、冨士大石寺顕正会と幅広い。本書には、近代天皇制と日蓮主義的国体論の顕密変動の構造連関、法華系在家教団における内棲宗教（教団の中の教団）論、日本の新宗教にみる自利利他連結転換装置など、著者独自の切れ味鋭い視点や概念が提示されている。新宗教は世界的な現象であり、海外進出している日系新宗教も多い。本書で提示された視点や概念を適用したグローバルな比較新宗教研究が構想されてしかるべきだろう。

吉田久一『近現代仏教の歴史』（筑摩書房、一九九八年、**ちくま学芸文庫、二〇一七年**）

　二〇〇〇年前後から日本近代仏教史研究が盛り上がりを見せている。今でもこの研究領域は日本仏教史研究の傍流だが、それ以前はさらに注目度が低かった。この領域の開拓者の一人が、著者である。著者の『日本近代仏教史研究』（吉川弘文館、一九五九年）は、当該領域の記念碑的作品である。しかし、この専門書を読みこなすには一定の知識が必要となる。その知識を提供してくれるのが、この『近現代仏教の歴史』である。日本の近現代仏教の通史であり、著者の深い学識にもとづき、幕藩体制下から二〇世紀末までの日本仏教の流れがコンパクトにまとまっている。なお、筆者の研究のベースには講座派歴史学や大塚久雄、丸山真男の研究があり、『日本近代仏教史研究』には「近代的なるもの」を重視する近代主義的な姿勢が見られる。ただし、本書では「批判的近代化」という立場が表明されている。近代仏教史に向き合うことは、近代をどのように理解するのかが問われるのだ。

末木文美士・林淳・吉永進一・大谷栄一編『ブッダの変貌―交錯する近代仏教―』（法藏館、二〇一四年）

　近代仏教をトランスナショナルな視点からとらえなおし、そのハイブリッド（異種混交的）な側面を明らかにすること。これは、現在、世界各国で展開されている近代仏教研究の重要な研究のトレンドである。これまでの日本の近代仏教史研究を振り返ると、ナショナル・ヒストリーに基づく研究が中心だった。しかし、近年の研究ではそうした視点を相対化し、オリエンタリズム批判や帝国史研究などを踏まえ、トランスナショナル・ヒストリーとして近代仏教史を語りなおす傾向が高まっている。そうした問題意識に基づいて編まれた論集が、本書である。本書はもともと国際日本文化研究センターで開催されたシンポジウムが基になっており、「近代仏教と学知」「近代仏教のトランスナショナル・ヒストリー」「アジアにおける近代仏教の展開」「伝統と近代」の四部からなる。日本、中国、韓国、ドイツ、アメリカ、ブラジル、オーストラリアの研究者たちによる近代仏教研究の最先端の成果がまとめられている。

オリオン・クラウタウ『近代日本思想としての仏教史学』（法藏館、二〇一二年）

「日本仏教」とは何か。ブラジル出身の筆者は、一見、自明であるかのような問いを俎上に載せる。そして、明治期から十五年戦争期の官学アカデミズムの知識人たち（原坦山、村上専精、高楠順次郎、花山信勝ら）の言説を詳細に分析することでその答えを提示している。著者の戦略は、近代日本の国民国家形成の過程で「日本仏教」という大きな物語が知識人たちによってどのように語られたのかを検討することであり、それは同時に日本における「仏教史学」という学術的な言説の成立や定着、日本の知識人による西洋の学術的言説の受容や拒否を問いなおす試みでもある。また、本書後半では、辻善之助の「近世仏教堕落論」という日本仏教史学の有名なパラダイムの成立とその影響も再検討され、歴史叙述の機能や政治性が指摘されている。本書は、「日本仏教」という物語の成立と変容を明らかにした言説史研究であり、日本の仏教史学のメタヒストリーというべき労作である。

③永岡崇セレクション

及川高『「宗教」と「無宗教」の近代南島史―国民国家・学知・民衆―』（森話社、二〇一六年）

私たちが当たりまえのように使っている〝宗教〟という概念が、じつは近世から近代にかけての政治的状況のなかで新たに構築されていったのだという認識は、二〇〇〇年代を中心に発表された宗教概念論と呼ばれる諸研究を通じて、広く共有されるようになっている。本書はその成果を踏まえつつも、宗教概念論が為政者やインテリの言説分析にとどまってきたことを批判し、エリートの間で形成された「宗教」をめぐる学知が一般民衆に普及していった過程を追跡する。必ずしもまとまった史料を残すわけではない民衆の〝宗教〟理解を正確にとらえることは難しいが、そのために筆者が着目するのは「イメージ」という次元である。「一般人としての我々が「宗教」という言葉で直感的に想起するものの総体」がどのように変容してきたのかが、「南島」というフィールドを舞台に検証されていく。民俗学の立場から、宗教概念論の新たなステージを展望する意欲的な一冊。

高橋和巳『邪宗門』（河出書房新社、一九六六年、河出文庫、二〇一四年）

近代日本における新宗教の波乱に満ちた道程は、戦後の批判的知識人の政治的・文学的想像力を刺激した。それらが「迷信」や「邪教」という偏見にさらされ、抑圧されてきたからこそ、そこには社会体制の矛盾をするどく暴き出すエネルギーが蓄えられているのではないか。そうした発想をもっともラディカルに表現したのが、高橋和巳の長編小説『邪宗門』である。高橋はこの作品で、近代日本史上最大の宗教弾圧として知られる第二次大本事件を下敷きに、天理教や天照皇大神宮教、ひとのみち教団などといった新宗教教団の諸要素も織り込んで、「すべての宗教がその登場のはじめには色濃く持っている〈世なおし〉の思想を、教団の膨張にともなう様々の妥協を排して極限化すればどうなるか」という「思考実験」を行った。この物語の世界はもちろん虚構にほかならないのだが、新宗教運動の経験が信仰の現場から離陸し、政治的に読みなおされる過程そのものを、戦後宗教史の一側面としてとらえなおすことが求められている。

大道晴香『「イタコ」の誕生―マスメディアと宗教文化―』（弘文堂、二〇一七年）

「イタコ」。直接に目にしたことがなくとも、私たちはその言葉から、下北半島の霊場・恐山に小屋を掛け、依頼者の求めに応じて死霊の声を語る盲目の巫女の姿をぼんやりとイメージすることができる。こうしたイメージは、いったいどのように形成されてきたのだろうか。本書は、宗教とマスメディア、そしてそれらを受容し、消費する人びとの複雑な関係を丹念にたどることでこの問いに答えようとする。戦後、「日本再発見」の気運やオカルト・ブームのなかで新聞・雑誌や映画が創りあげた《恐山のイタコ》像は、地域社会で巫業を行ってきたイタコの実際からは乖離したものだが、著者によればそれはたんなる虚構やまがい物なのではなく、人びとの宗教的実践を動機づけ、聖なるものとの関わり方を再編する力を持つ。マスメディアが情報化社会の宗教的権威として登場したのである。カルチュラル・スタディーズとの接続が、宗教史研究の射程を押し広げつつある。

赤澤史朗『靖国神社―せめぎあう〈戦没者追悼〉のゆくえ―』（岩波書店、二〇〇五年）

国家神道（体制）という、ある意味ではわかりやすい〝軸〟が存在した戦前期にくらべると、信教の自由が保障された（ようにみえる）戦後日本の〝政治〟と〝宗教〟の総体的な関係図を描くことは、存外難しい。そのなかで、靖国神社をめぐる諸問題は、歴史観や宗教観、国家観、霊魂観などをめぐるさまざまな人びとの立場・思想が浮き彫りになる重要なテーマの一つだろう。本書は、「殉国」と「平和」という要素のせめぎ合いを軸に、戦後の靖国神社をめぐる複雑なポリティクスを手際よく読み解いていく。靖国神社や遺族団体、政府、政党、宗教団体などの多様な思惑はまさに戦後社会の縮図といえそうだが、本書を読むと、軍国主義のイメージが強い靖国神社の内部にも、歴史観の揺らぎや多様性があったことがよくわかる。靖国をめぐる保守／革新、右翼／左翼といった単純な対立構図を脱構築して問いを深めていく、歴史学的方法の力を静かに伝えてくれるのだ。

川村邦光『出口なお・王仁三郎』（ミネルヴァ書房、二〇一七年）

宗教運動へと身を投じることは、ときとして世界への認識を変え、社会を、そしてみずからを生成変化させていく力を人に与えるものだ。出口なおと王仁三郎、そして彼女たちを中心に展開された大本の軌跡は、そのことを鮮やかに証し立ててくれる。本書は、神がかりを起点に心身を更新させ、「水晶の世」をめざしたなお、なおの思想を読み替え、天皇制国家との危うい合作を通じてユートピアの実現へと進撃した王仁三郎の姿を、彼女たち自身の言葉によって再構築しようと試みる。著者はさらに、国体論と独自の宗教―政治思想との間で揺れる王仁三郎の矛盾に満ちた言説を顕教／秘教／密教の三様相としてとらえなおし、それが弾圧下の信徒たちの間で「メシア幻想」へと生成変化していくプロセスを描き出す。そこには、民衆宗教の越境的・流動的なダイナミズムがある。安丸良夫の名著『出口なお―女性教祖と救済思想―』（岩波現代文庫、二〇一三年）と併せて読みたい。

青野正明『帝国神道の形成―植民地朝鮮と国家神道の論理―』（岩波書店、二〇一五年）

神道は古代から現代まで変わることなく受け継

がれる日本人の民族宗教である、といった物言いはもはや通用しなくなったが、神道の歴史をめぐる議論が、依然として〝日本〟というナショナルな枠組みに大きく規定されていることは否めない。書名にある「帝国神道」は、そうした状況に一石を投じる挑発的な概念だ。本書の主題は国家神道の論理の形成過程だが、それが探求されるのは植民地朝鮮という舞台である。植民地朝鮮にも国家神道はあった、というのではない。植民地朝鮮にこそ「国家神道のより本質的な姿」があったというのだ。著者によると、朝鮮総督府の宗教政策のなかで生まれた「帝国神道」は、単一民族主義的ナショナリズムによる序列意識と多民族帝国主義的なナショナリズムとの共犯関係の上に成り立つ神道概念で、それは〝内地〟の神道概念にも影響を及ぼすことになった。概念の有効性については議論の余地もあるが、トランスナショナルな神道史研究の展開を予見させる問題提起であることはたしかだ。

幡鎌一弘編『語られた教祖―近世・近現代の信仰史―』(法藏館、二〇一二年)

新宗教研究の花形といえば、長らく教祖研究だった。波乱に満ちた生涯、新たな信仰を生み出す創造性、卓越したリーダーシップ。彼らが研究対象として抜群に魅力的なのはたしかだが、教祖中心に構築された新宗教観が、私たちの視野を狭めていることも否定できない。本書は、宗教運動が教祖によって創りあげられたものであると同時に、後世の人びとに語られることによってはじめて教祖が教祖として存在しうるのではないか、と問いかける。親鸞・日蓮・中山みき・赤沢文治といった祖師・教祖、学神としての平田篤胤など、宗教的・学問的伝統の創始者のイメージがどのように形成されていったのかが、多角的な視点から検証されている。語られることによって、教祖は教団組織を安定化させるだけではない。メディアの展開とともに教団の枠を越え、大衆的に消費されることもあれば、政治的に読み替えられることもある。教祖を語って止まない新宗教研究もまた、こうした宗教文化の系譜に連なる営みなのだ。

島薗進『〈癒す知〉の系譜――科学と宗教のはざま――』（吉川弘文館、二〇〇三年）

　こり固まった〝宗教〟のイメージを解きほぐし、宗教史をより豊かなものへと作りなおすためには、宗教が他のジャンルと交わる領域に注目するのが好適である。たとえば〝癒し〟。それはかつて宗教がもっとも得意とするフィールドの一つだったが、近代における西洋医学の到来とともに、〝癒し〟の世界は大きく変貌した。西洋医学はその治療能力と国家的な支援によって日本社会を席巻し、信仰治療を「迷信」として抑圧・排除していく。だが、近代とは医学の限界やすき間を衝いて、代替的《オルタナティブ》な〝癒し〟の思想や運動が多様に展開した時代でもあった。本書は近代日本の正食（マクロビオティック）運動や森田療法（精神療法）を取り上げ、それらが近代的な科学と宗教的な世界観のはざまで揺れながら、その両者を融合させようとした営みであったことを明らかにする。〝それは〝医学史〟の拡張なのか、〝宗教史〟の拡張なのか。〟むしろ、そうした分類のあり方自体が問われているのかもしれない。〟

マーク・マリンズ／高崎恵訳『メイド・イン・ジャパンのキリスト教』（トランス・ビュー、二〇〇五年）

　キリスト教には〝洋風〟の〝外来宗教〟というイメージがつきまとう。今日にいたるまで信者人口が全体の約一%にとどまっていることも、キリスト教が日本社会に根づかない、異質な宗教（文化）だという通俗的な語りに根拠を与えている。〟こうした語りは、日本／西洋というお馴染みの二分法を反復しており、日本文化の特殊性を強調する言説にもつながる。本書は、西洋の教会との関係が深い〝主流派〟教会ではなく、キリスト教を在来の宗教伝統と接続させることで「自分自身の宗教」へと変容させてきた土着運動に注目し、単純な二分法に異議を申し立てている。従来のキリスト教史では軽視されてきた、ややマイナーな教団が登場するが、トリヴィアリズムというわけではない。〝真正の〟キリスト教への執着から離れることで、日本宗教史をもっと多彩なものとして想像することができ、グローバルな潮流のなかで理解することも可能になる。そのようなメッセージを本書から受け取ることができるはずだ。

武内房司編『越境する近代東アジアの民衆宗教――中国・台湾・香港、ベトナム、そして日本――』（明石書店、二〇一一年）

〝民衆宗教〟という概念が、天皇制国家に対抗する、あるいはそこから自立した民衆の運動を発見するという戦後歴史学的な問題意識のもとで〝創出〟されたのだとしたら、その研究が一国史観的な限界を抱えこむことは必然だったといえるかもしれない。だが他方で、もしほんとうに民衆宗教が国民国家の求心力を相対化しうる性格を内包するのだとしたら、それがネイションの枠組みを越え、変容していくこともまた、必然なのではないだろうか。本書に収録された各論考は、中国を中心とする東アジアの各地で発生したさまざまな民衆宗教の思想・実践が、一九〜二〇世紀の政治的・社会的文脈のなかで国境を越え、互いに関係を結びながら活動を展開させていった様子をとらえている。コロニアル・ポストコロニアルの東アジアにおける複雑なポリティクスのなかに置きなおしたとき、日本の民衆宗教像はどのように変貌を遂げるのか。新たな問いを導いてくれる書である。

（資料）京都大学人文科学研究所　共同研究「日本宗教史像の再構築」の軌跡

実施期間　二〇一四年四月～二〇一七年三月（三年間）

研究会（特別講演含む）　全二六回

国際ワークショップ　全三回

見学会　一回

連続セミナー　全四回

※開催場所は断りがない限り、京都大学人文科学研究所本館。

二〇一四年度

①第一回研究会　二〇一四年四月二六日（土）

「共同研究班「日本宗教史像の再構築」発足にあたって」

②第二回研究会　二〇一四年六月二八日（土）

ワークショップ「神の声を聴く―カオダイ教、道院、大本教の神託比較研究―」

③第三回研究会　二〇一四年七月二七日（日）

公開研究会「近代日本宗教史における「皇道のポリティクス」」

④第四回研究会　二〇一四年一〇月五日（日）

ワークショップ「帝国日本と民間信仰」

⑤第五回研究会　二〇一四年一一月一六日（日）

公開研究会「近世仏教像の新たな構築に向けて―真宗論からのアプローチ―」

⑥（特別企画（国際ワークショップ））「Asian Buddhism: Plural Colonialisms and Plural Modernities」

⑦第六回研究会　二〇一五年二月二七日（金）

特別講演会「秘教的コネクションと近代世界」

⑧第七回研究会　二〇一五年三月一五日（日）
ワークショップ「宮座をめぐる冒険　肥後和男『宮座の研究』とその周辺」

⑨〈特別企画〉皇學館大学原田敏明毎文社文庫の見学会

⑩第八回研究会　二〇一五年三月二九日（日）
ワークショップ「宗教のつなぎ方—大本の宗教提携と平和運動をめぐって—」

二〇一五年度

①班員会議＆特別講演　二〇一五年四月二五日（土）
ケヴィン・ドーク（ジョージタウン大学）「シカゴ大学と私の日本研究」

②〜⑤〈連続セミナー〉「日本宗教史再入門」（全四回）
六月四日（木）「京都から見る近代仏教」（大谷栄一×近藤俊太郎）
六月一一日（木）「南島キリスト教交流史入門—〈貫流〉〈循環〉〈越流〉をキーワードに—」（一色哲）
六月一九日（金）「君は他人様の墓に参ったことがあるか?!」（角南聡一郎×土居浩）
六月二六日（金）「治せば分かる—霊術家たちの不思議な世界—」（栗田英彦×吉永進一）

⑥第九回研究会　二〇一五年七月一一日（土）
ワークショップ「「異端的宗教活動」の近世—キリシタン・かくれ念仏・民衆宗教—」

⑦第一〇回研究会　二〇一五年七月二五日（土）
公開研究会「近代日本のメディアと宗教」

⑧〈特別研究会〉「神智学研究サマーセミナー」二〇一五年八月一八日（火）

⑨第一一回研究会　二〇一五年九月一二日（土）
ワークショップ「身体と政治—近代日本の霊的な心身技法と国家論—」

⑩第一二回研究会　二〇一五年一〇月日（土）

ワークショップ「聖なるものとその複製」

⑪第一三回研究会　二〇一五年一〇月二四日（土）
公開研究会「寺社組織の近世化を問い直す」

⑫〈特別企画（国際ワークショップ）〉"Modernization, and Spiritual, Mental and Physical Practices: From Yoga to Reiki"（近代化と霊的・精神的・身体的実践—ヨガからレイキへ—）、二〇一五年一二月一二〜一三日

⑬第一四回研究会　二〇一六年一月二三日（土）
研究会「日本宗教史像の再構築に向けての準備体操」

⑭第一五回研究会　二〇一六年二月二七日（土）
ワークショップ「日本宗教史資料整理の実際—日本心霊学会資料を素材として—」

⑮第一六回研究会　二〇一六年三月五日（土）　於大阪大学豊中キャンパス豊中総合学館四〇一号室
書評会「弔い、そして死者との共闘—川村邦光『弔いの文化史』を読む—」

二〇一六年度

(1) 第一七回研究会（特別講演）　二〇一六年四月二三日（土）
鈴木正崇（慶應義塾大学名誉教授）「日本宗教史における「神と仏」」

(2) 第一八回研究会　二〇一六年七月三〇日（土）
ワークショップ「安丸宗教史を読みなおす」

(3) 第一九回研究会　二〇一六年八月一〇日（水）
ワークショップ「図書館と宗教」

(4) 第二〇回研究会　二〇一六年八月一九日（金）
ワークショップ「宗教とメディアの一九二〇年代」

(5) 第二一回研究会　二〇一六年一〇月二三日（日）
公開研究会「日本仏教史像を解きほぐす」

(6) 第二二回研究会　二〇一六年一二月一一日（日）
ワークショップ「高取正男を読みなおす」

⑦第二三回研究会　二〇一六年一二月一七日（土）
ワークショップ「日本心霊学会から人文書院へ　新資料調査の中間報告」

⑧第二四回研究会（国際ワークショップ）　二〇一七年三月一一日（土）
Round-table Workshop: Modernity and Esoteric Networks: Work in Progress and Future Directions

⑨第二五回研究会　二〇一七年三月二〇日（月）
シンポジウム「「日本の近代化と宗教」を捉え直す——「日本宗教史像の再構築」のために——」

あとがき——日本宗教史と京大人文研

京都大学人文科学研究所（以下、人文研）は、二〇一〇年、「全国共同利用・共同研究拠点」となるにともない、共同研究の課題および責任者（班長）を公募する「公募研究A」という制度を導入した。これにご応募いただいた研究計画が採択されたことにより、共同研究「日本宗教史像の再構築」（二〇一四年四月～二〇一七年三月、通称「大谷班」）がスタート。大谷栄一班長、田中雅一副班長の下、私が研究会の世話人を務めさせていただくこととあいなった。以下、世話人視点から本書出版に至る経緯を述べてみたい。

本共同研究は、人文研の共同研究史上でも画期的だった。というのも、「日本宗教史」を主題とした共同研究は、これが初めてだったからである。人文研の前身の一つ、一九二九年設立の東方文化学院京都研究所に「支那宗教史研究室」が設置されたことに始まり、仏教を中心とした東洋宗教の研究が脈々と続けられてきたのに対し、西洋部、日本部（現在は統合されて人文部）では、日本の宗教が主題化されることはなく、人類学や比較史の共同研究において部分的に取り上げられるに過ぎなかった。このこと自体、戦後の人文研のいわゆる「近代化論」的パースペクティブのなかで、「宗教」にさはど重要な位置が与えられなかったことを示すように思える（といったら、乱暴すぎる概括かもしれないが）。もとより、上山春平、吉田光邦、飯沼二郎など、日本の宗教に関して著述のある所員も少なくないのだが、にもかかわらず、その問題意識が共同研究という形で展開しなかったことは事実である。その意味で、共同研究「日本宗教史像の再構築」は、確実に人文研の新生面を切り拓いた。

これを世話人の実感に即して述べると、確かに他の共同研究とは仕事が違っていた。単純なところ、班員の所属機関に宗門系あるいはミッション系大学が多く、宗教法人に所属される方もおられ、研究会に法衣で現れる参加者までいたのは新鮮だった。また、来日された研究者（特に仏教プロパー）にベジタリアンが多く、研究会前後の食事処に配慮が必要となったが、百万遍近辺にはその手の店が多く、研究所のはす向かいの「ＴＯＳＣＡ」のお世話になることで事なきを得た（なお、ベジタリアン参加者のない場合は、さらにそのはす向かいの中華料理屋「龍門」で気焔を上げた）。そのほか、本プロジェクトによる公開講座「日本宗教史再入門」（二〇一五年六月実施）にしても、「世俗的」な講座とは客層がずいぶん異なり、「寺と大学の街」京都における「宗教」というテーマの持つポテンシャルを、いまさらながら再認識させられた次第である。

それより想定外だったのは、「研究会好き」が多く、ユニークな企画が次から次へと飛び出てきたことだ。これは、共同研究を本務とする組織が構造的に産み出す「研究会疲れ」に接してきた私にとって、けっこう意外だった。結果、共同研究公募規定に示された開催数の目安を余裕でクリアし、毎月のように斬新なワークショップが開催され、世話人はテンテコ舞いしつつ、不手際でご迷惑をおかけしつつ、班員諸氏の斬新な企画力に感心させられることとなった。付言すれば、単著を世に問い、学会賞を受賞していく油の乗った若手班員が少なくなかったことも、研究会のテンションを大きく高めたように思う。これも世話人冥利に尽きる。

　とはいえ、だからこそ、もっと工夫ができたのではと思うことも少なくない。日本宗教史像を再構築するために試みるべき思考実験は、①時代区分をはずしてみる、②国境をはずしてみる、③組織をはずしてみる、④民衆とエリートという区別をはずしてみる、⑤宗教という言葉をはずしてみる、の五点であると長老格班員の吉永進一さんは喝破された。自明視されるフレームワークを方法的に攪乱し、そこから切り拓かれる地平を虚心坦懐に受け止めよ、という提言である。なるほどその通りだ。が、それを実現できたかというと、少なからず心もとない。

　比較的よくできたと思うのは、②のトランスナショナルな視点。毎年のような国際ワークショップ開催もあり（その活躍は一部で「国際部」と称された）、その成果は本キーワード集のほか、人文研の紀要『人文学報』一〇八号（二〇一六年）の「特集　日本宗教史像の再構築―トランスナショナルヒストリーを中心として―」として刊行することができた。こちらは京都大学のリポジトリで公開されているので、本書と併せてご参照いただけたら幸いである。

　一方、①の時代区分の越境は、過去いくつかの研究プロジェクトがこれに挑んで乗り越えられなかったのと同様、本研究班でも課題が積み残された。近代、前近代の双方の研究領域で従来の研究史が更新されつつあることは、個々の研究会を通じて如実に感じられたのだが、その結果、前近代から近代へのプロセスをどう描き直すのかというグランドデザインは提示できなかったように思う。本キーワード集にしても、編著者の三人が「近代に軸足を置いている」ことは認めざるをえない。日本宗教史の近代と前近代を架橋することは、かくも難題であるらしい。たしかに、日本近代における宗教の変革はそれだけ甚大だったのだろう。しかし、それ以上に、近代と前近代の宗教史研究をめぐる研究状況の差異であるように感じられるのだが、どうだろうか。

プロジェクトを通じて筆者自身が感じたのは、「創唱宗教」と「自然宗教」をめぐる研究状況の深刻な断絶である。誤解を恐れずに言えば、研究対象のレベルで「宗教」と「非・宗教」との境界に対峙するがゆえに「どこまでが宗教か」という概念規定に拘泥せざるをえない「自然宗教」研究に対して、「創唱宗教」研究は研究対象自身が「宗教であること」を宣言してしまうため、それ以上の概念規定が要求されず、カテゴリーが自明視されてしまうように見受けられる。加えて問題なのが、いわゆる「自然宗教」軽視。「創唱宗教」のみを「宗教」と理解し、「自然宗教」を認識外に放置しがちな宗教観は、研究者・知識人のみならず広範な大衆的宗教観とも連続し、そのことじたいが「国家神道」を「自然宗教」に埋め込み普及させることを可能にした、という先学の指摘もある（本書の関一敏「プラクティス／ビリーフ」参照）。筆者自身が「自然宗教」に軸足を置く者であることの偏りは認めざるをえないが、古典的で教科書的すぎる観もある「創唱宗教」と「自然宗教」という区分の内実は、日本宗教史の実態に即して今一度きちんと捉え直されねばならないだろう。

結局のところ、「宗教」という一見分かりきった言葉でありながら、その実、複雑多岐きわまりない現象にアプローチすることは、どう転んだところで「群盲象をなでる」を地でいく他はない。問題は、その「群盲」なりの象の「なで方」だ。もとより、個々の研究者は、それぞれのテーマを究明すべく、必要な概念や枠組みに磨きをかけ、テクストやフィールドに向き合っていくしかない。であればこそ、ときに、その自らが対峙するテーマが、どのような地域、時代、局面における現象なのか、人類史の上に位置付け、自分の分担する部分を部分として再確認することも必要だろう。そして、そうした部分が自動的に「全体」に組み上がることはない以上、どのような組み立てが可能なのか、仮説を仮設し続けることこそが、「全体」なるものを垣間見る唯一の方策ではなかろうか。本書がそういった仮設作業の一端を担えているのであれば、編著者としては望外の喜びだ。その点、読者の御批判を待ちたいと思う。

ともあれ、この「ヘンな本」の共編著者である大谷栄一さん、永岡崇さんと、あれこれと突っ込んだ意見交換ができたことは、ハードではあったが、楽しく、そして大いに勉強になった。お二人に感謝したい。無茶な注文に応えてご寄稿いただいた著者のみなさま、ワークショップを支えていただいた班員、ゲスト、参加者のみなさま、本書を担当していただいた慶應義塾大学出版会の飯田健さん、平原友輔さんにもだ。本当に、ありがとうございました。

そんなわけで、「日本宗教史」をめぐる共同研究の運営と、その成果の編集について、相応の経験値を積むことができたと「世話人」は勝手に自負している。もう一回やることがあれば、きっと、もっと面白くできるだろう。本書に改善点を見出された方は、ヴァージョンアップのため、ぜひ「公募研究A」にご応募いただきたい。もし、無事採択されることがあれば（この過程に筆者は関与できないが）、ふたたび「世話人」を務めさせていただきたいと今は思っている。

菊地　暁

編著者・執筆者紹介

編著者

大谷栄一（おおたに　えいいち）
佛教大学社会学部教授。1968年生まれ。東洋大学大学院社会学研究科博士後期課程修了。博士（社会学）。専門分野：宗教社会学、近代仏教研究。主要著作：『近代日本の日蓮主義運動』（法藏館、2001年）、『近代仏教という視座』（ぺりかん社、2012年）、『近代仏教スタディーズ』（共編著、法藏館、2016年）、ほか。

菊地暁（きくち　あきら）
京都大学人文科学研究所助教。1969年生まれ。大阪大学大学院文学研究科博士後期課程修了。博士（文学）。専門分野：民俗学。主要著作：『柳田国男と民俗学の近代――奥能登のアエノコトの二〇世紀』（吉川弘文館、2001年）、『身体論のすすめ』（編著、丸善、2005年）、『今和次郎「日本の民家」再訪』（共著、平凡社、2012年）、ほか。

永岡崇（ながおか　たかし）
大阪大学大学院文学研究科招へい研究員。1981年生まれ。大阪大学大学院文学研究科博士後期課程単位取得退学。博士（文学）。専門分野：日本宗教史、日本学。主要著作：『新宗教と総力戦』（名古屋大学出版会、2015年）、「宗教文化は誰のものか」『日本研究』47集（2013年）、「近代日本と民衆宗教という参照系」『日本史研究』663号（2017年）ほか。

執筆者（掲載順）

鈴木正崇（すずき　まさたか）
慶應義塾大学名誉教授。

大澤絢子（おおさわ　あやこ）
龍谷大学世界仏教文化研究センター博士研究員。

日沖直子（ひおき　なおこ）
南山宗教文化研究所研究員。

川村邦光（かわむら　くにみつ）
大阪大学名誉教授。

角南聡一郎（すなみ　そういちろう）
元興寺文化財研究所総括研究員。

林　承緯（りん　しょうい）
國立臺北藝術大學建築与文化資産研究所副教授。

佐藤守弘（さとう　もりひろ）
京都精華大学デザイン学部教授。

土居　浩（どい　ひろし）
ものつくり大学技能工芸学部准教授。

長谷川雄高（はせがわ　ゆたか）
大谷大学非常勤講師。

関　一敏（せき　かずとし）
九州大学名誉教授。

幡鎌一弘（はたかま　かずひろ）
天理大学文学部教授。

村上紀夫（むらかみ　のりお）
奈良大学文学部准教授。

田中　悟（たなか　さとる）
摂南大学外国語学部准教授。

西村　明（にしむら　あきら）
東京大学大学院人文社会系研究科准教授。

村山由美（むらやま　ゆみ）
南山宗教文化研究所非常勤研究員。

平野直子（ひらの　なおこ）
駒沢女子大学非常勤講師。

栗田英彦（くりた　ひでひこ）
南山宗教文化研究所非常勤研究員。

吉永進一（よしなが　しんいち）
舞鶴工業高等専門学校教授。

板井正斉（いたい　まさなり）
皇學館大学教育開発センター准教授。

渡部圭一（わたなべ　けいいち）
琵琶湖博物館学芸技師。

小林奈央子（こばやし　なおこ）
愛知学院大学文学部准教授。

坪井　剛（つぼい　ごう）
京都造形芸術大学芸術学部准教授。

大橋幸泰（おおはし　ゆきひろ）
早稲田大学教育・総合科学学術院教授。

岩田真美（いわた　まみ）
龍谷大学文学部准教授。

石原　和（いしはら　やまと）
国立民族学博物館プロジェクト研究員。

赤江達也（あかえ　たつや）
関西学院大学社会学部教授。

佐藤哲朗（さとう　てつろう）
日本テーラワーダ仏教協会編集局長。

一色　哲（いっしき　あき）
帝京科学大学医療科学部教授。

佐藤文子（さとう　ふみこ）
本願寺史料研究所研究員。

林　淳（はやし　まこと）
愛知学院大学文学部教授。

上野大輔（うえの　だいすけ）
慶應義塾大学文学部准教授。

朴澤直秀（ほうざわ　なおひで）
日本大学法学部教授。

藤田和敏（ふじた　かずとし）
大本山相国寺寺史編纂室研究員。

金　泰勲（きむ　てふん）
四国学院大学文学部准教授。

川瀬貴也（かわせ　たかや）
京都府立大学文学部准教授。

中川剛マックス（なかがわ　つよし　まっくす）
愛知学院大学大学院博士後期課程。

新野和暢（にいの　かずのぶ）
名古屋大谷高等学校教諭。

斎藤英喜（さいとう　ひでき）
佛教大学歴史学部教授。

岡田正彦（おかだ　まさひこ）
天理大学人間学部教授。

ゴダール・クリントン
東北大学大学院国際文化研究科准教授。

對馬路人（つしま　みちひと）
元関西学院大学教授。

松金直美（まつかね　なおみ）
真宗大谷派教学研究所助手。

碧海寿広（おおみ　としひろ）
龍谷大学アジア仏教文化研究センター博士研究員。

福島栄寿（ふくしま　えいじゅ）
大谷大学文学部教授。

名和達宣（なわ　たつのり）
真宗大谷派教学研究所研究員。

ユリア・ブレニナ
大阪大学日本語日本文化教育センター特任講師。

近藤俊太郎（こんどう　しゅんたろう）
本願寺史料研究所研究員。

塚田穂高（つかだ　ほたか）
上越教育大学大学院学校教育研究科助教。

日本宗教史のキーワード
——近代主義を超えて

2018年8月30日　初版第1版発行

編著者　大谷栄一・菊地暁・永岡崇
発行者　古屋正博
発行所　慶應義塾大学出版会株式会社
〒108-8346　東京都港区三田2-19-30
TEL〔編集部〕03-3451-0931
〔営業部〕03-3451-3584〈ご注文〉
〔　〃　〕03-3451-6926
FAX〔営業部〕03-3451-3122
振替　00190-8-155497
http://www.keio-up.co.jp/
装　丁　コバヤシタケシ
印刷・製本　株式会社理想社
カバー印刷　株式会社太平印刷社

Printed in Japan　ISBN978-4-7664-2535-2